ANGELA

La memoria

1032

Esmahan Aykol, Gian Mauro Costa,
Alicia Giménez-Bartlett,
Marco Malvaldi, Antonio Manzini,
Francesco Recami, Gaetano Savatteri

Il calcio in giallo

Sellerio editore
Palermo

2016 © Sellerio editore via Enzo ed Elvira Sellerio 50 Palermo
e-mail: info@sellerio.it
www.sellerio.it

Per il racconto di Alicia Giménez-Bartlett «Una siniestra esperanza»
© Alicia Giménez-Bartlett, 2016
Traduzione di Maria Nicola

Per il racconto di Esmahan Aykol «Mülteci»
© Esmahan Aykol, 2016
Traduzione di Şemsa Gezgin

Questo volume è stato stampato su carta Palatina prodotta dalle Cartiere di Fabriano con materie prime provenienti da gestione forestale sostenibile.

Il calcio in giallo. - Palermo: Sellerio, 2016.
(La memoria ; 1032)
EAN 978-88-389-3520-6
853.92 CDD-22   SBN Pal0288565

CIP - *Biblioteca centrale della Regione siciliana «Alberto Bombace»*

Il calcio in giallo

Alicia Giménez-Bartlett
Una sinistra speranza

Garzón era molto abbattuto quella mattina. Entrò nel mio ufficio e mi salutò con la brevità concentrata con cui si fanno le condoglianze a una vedova a un funerale. Alzai gli occhi dal cumulo di documenti che stavo leggendo solo per vedere che mi posava sulla scrivania una nuova pila di fogli pinzati.

«E quelli cosa sarebbero?».

«Verbali» mi rispose, e aggiunse con voce sibilante: «A dopo, ispettore».

Interruppi il suo movimento verso la porta con una domanda:

«Dove diavolo sta andando?».

«Ad affrontare una nuova giornata di lavoro».

«Con quel passo mi sembra Napoleone che affronta la ritirata di Russia».

Si strinse nelle spalle. E dal momento che non dava indizi sul motivo di quello stato d'animo cimiteriale, decisi di interrogarlo direttamente:

«Qualcosa non va, viceispettore?».

«Sono vecchio, ispettore».

«Dubito che sia una novità per lei».

«Sì, però adesso so di essere entrato in pieno nella

terza età. L'altro giorno sono andato dal medico, mi ci ha costretto mia moglie, ed è venuto fuori che ho il colesterolo alto, la pressione alle stelle e una serie di altre magagne per niente belle. Dovrò fare attenzione a quello che mangio e prendere una pastiglia tutte le mattine».

«Be', sono cose molto comuni. Non vedo alcun pericolo di morte imminente».

«Per me sarebbe meglio morire. Che cos'è la vita se non puoi mangiare quello che ti pare? E soprattutto, ha idea di come ci si sente a dover prendere un farmaco tutti i giorni?».

«Santo cielo, Fermín! Questi sono capricci. Ha idea di quante persone, anche giovanissime, muoiono ogni giorno di gravi malattie in questo paese? Lei non ha il diritto di lamentarsi o di deprimersi per un po' di pressione alta».

«Lo sapevo!».

«Che cosa sapeva?».

«Che se lo raccontavo a lei potevo solo aggiungere un cazziatone a tutti i problemi che ho già».

In quel momento, dopo aver bussato in modo del tutto simbolico, un agente si affacciò alla porta.

«Ispettore Delicado, il commissario vuole vedervi immediatamente».

«Ecco!» esclamò stancamente Garzón. «Servizio completo. Adesso i cazziatoni saranno due».

Ci incamminammo verso la stanza del capo. Garzón mi seguiva masticando a voce bassa imprecazioni contro chissà cosa. Coronas, come sempre, era di cattivo umore. Sarà una prerogativa degli uomini non mostrare mai un po' di allegria sul lavoro?

«Signori, ho un caso per voi. Un caso assai incasinato, se mi permettete il gioco di parole. Stamattina hanno trovato un tizio accoltellato in casa sua. Abitava da solo, quindi era lì da almeno tre giorni. L'hanno colpito all'addome ed è morto dissanguato. Uno che lavorava con lui è andato a cercarlo a casa, e dato che non apriva, ha chiamato noi. Sembra che la vittima non avesse telefono, né fisso né mobile».

«C'è qualche idea su chi possa essere stato?».

«No. Questa è la parte peggiore. Nessuno ha visto niente, non ci sono testimoni».

«E la parte migliore qual è?».

«Proprio migliore non è, ma magari vi diverte sapere che lavoro faceva la vittima».

«Dica, ho voglia di ridere».

«Era arbitro di calcio».

«Cazzo!» si lasciò scappare Garzón, concedendosi una volgarità che il commissario non volle disdegnare.

«Sì, cazzo! Ma non pensiate a un arbitro di serie A, di quelli che si vedono in televisione. No, era uno che guadagnava quattro soldi arbitrando partite di terza divisione».

«Ah» fu il commento deluso del mio collega.

«Comunque fare l'arbitro non è tra le attività più comuni su questa terra e diciamo che questo costituisce uno degli aspetti positivi del caso».

«Commissario, tra aspetti positivi e negativi non ci capisco più niente».

«Non mi stupisce. Cerco di confondervi di proposito perché non vi inquietiate per la cosa più drammatica di tutte».

La nostra espressione sconcertata lo obbligò a continuare:

«Il defunto arbitro non aveva altri parenti che l'anziana madre, ospitata in casa di riposo e... il decesso non le è ancora stato comunicato. Quindi toccherà a voi l'ingrato compito. Basta che ci vada uno solo».

«Io non so assolutamente nulla di calcio» replicai.

«Non dovrà commentare con la signora l'ultima partita del Barça contro il Real Madrid, e poi lo sa qual è la prassi. Le donne sono più adatte per dare questo tipo di notizie, hanno più sensibilità. Quindi se ne dovrà occupare lei, ispettore».

«Ma...».

«Non voglio sentire nessun ma. Nel frattempo il viceispettore Garzón riceverà tutte le informazioni dall'ispettore Pinilla che era presente al primo sopralluogo. E adesso viene la parte pratica: siamo sommersi dal lavoro, quindi non c'è tempo da perdere. Non ammetto errori né ritardi. Non potrò assegnarvi degli agenti che vi assistano e in più ho mal di testa. Quindi, marsch! Potrei dire che il Signore sia con voi, ma data l'indole sportiva del caso preferisco dirvi: vinca il migliore».

All'uscita dal suo ufficio i ruoli tra Garzón e me erano ribaltati. Lui aveva dimenticato i suoi problemi di salute e appariva baldanzoso, io mi sentivo come se mi avessero dato una mazzata sulla testa. Come si fa a dire a una madre, alla fine della sua vita, che suo figlio è stato assassinato? Che sensibilità si presume abbiano le donne? Perché in realtà, per fare una cosa del genere, quello che ci vuole è precisamente l'insensibilità di una pietra. Chiusi gli occhi e smisi di pensare. Nel frattempo il mio collega si era perso in un monologo su quella che secondo lui era la strana vocazione dell'arbitro. Mi sintonizzai brevemente sulla sua chiacchierata per sentirgli dire:

«Se già è strano che qualcuno abbia voglia di fare un lavoro di merda come quello, se poi è un povero Cristo che arbitra solo partitelle senza importanza...».

«Ma è così terribile fare l'arbitro di calcio?».

«Tremendo, tutti ti odiano, nessuno accetta le punizioni... per non parlare degli insulti, "figlio di puttana" è ancora la qualifica più leggera. Adesso che va a trovare la madre del morto, perché non lo chiede a lei?».

Mi indignai delle sue risate.

«Molto spiritoso, Fermín. Per farle passare la voglia di ridere, le ricordo che adesso deve andarsi a studiare la documentazione. E senza panino al salame di metà mattina».

«Questo è un colpo basso, ispettore».

Considerando che ormai eravamo pari, ci salutammo con un grugnito per dedicarci ai nostri rispettivi incarichi.

Prima di salire in macchina – la casa di riposo si trovava nei dintorni di Sabadell – mi domandai se a quell'ora del mattino fosse prudente esaltare o inibire la mia sensibilità femminile con un bicchierino di cognac. Decisi di sì, entrai in un bar e lo buttai giù sull'attenti come un cosacco. Poi partii per la mia sacra missione di uccello del malaugurio con un certo bruciore di stomaco, e lo stesso livello di angoscia che mi tormentava all'inizio.

Il posto non era affatto deprimente, visto da fuori. Al contrario, era una vecchia casa di campagna riattata per la sua funzione attuale. Tutto era dipinto di fresco, alberi e siepi circondavano l'edificio e nulla poteva far pensare alla vecchiaia o alla morte. Ciò nonostante premetti il campanello con una certa apprensione.

Venne ad aprirmi una ragazza con un allegro grembiule che poteva sembrare una maestrina d'asilo. Ma non era un giardino d'infanzia quello che mi circondava. Sulle panche e sulle sedie disseminate lungo i vialetti sedevano uomini e donne di età avanzatissima che prendevano il sole semiaddormentati. Altri passeggiavano lentamente, incrociandosi senza una parola. Chiesi della direttrice, mi era indispensabile parlare con lei prima di agire. Dovevo conoscere lo stato di salute della donna che mi sarei trovata di fronte e chiedere se qualcuno poteva assistermi durante il penoso colloquio.

La direttrice fu cortesissima, rimase molto sorpresa quando le spiegai il motivo della mia visita. Come quasi sempre succede, non riusciva a credere che un uomo semplice, un bravo figliolo, così lei lo definì, avesse potuto fare una fine del genere.

«Salustio era una persona per bene» sentenziò, e in quel momento mi resi conto che non conoscevo neppure il nome della vittima. Salustio? Santo Dio, quella coltellata finale non era la sola disgrazia che si era abbattuta su di lui.

«Veniva qui tutte le settimane a trovare sua madre» aggiunse la solerte direttrice, «di solito il sabato, perché la domenica aveva le partite. Se la portava a casa tutto il giorno, oppure pranzava con lei in qualche trattoria nei dintorni. Non aveva molte possibilità economiche, altrimenti non avrebbe avuto diritto al posto presso di noi. Abbiamo molte richieste, sa, ispettore? Sempre di più. La popolazione invecchia e non tutti possono permettersi le cure che richiede un genitore anziano».

«Lei sa di che cosa viveva Salustio?».

«Certo. Siamo molto scrupolosi nelle verifiche prima di accettare un nuovo ospite. Il poveretto riceveva un assegno di disoccupazione, la fabbrica in cui lavorava ha chiuso un anno fa. E poi c'era la sua attività sui campi di calcio, che gli fruttava qualcosa e lo teneva attivo. Secondo me è stato uno di quei tifosi fanatici ad ammazzarlo. Sua madre non era affatto contenta che facesse l'arbitro, non le è mai piaciuto».

«In che condizioni è la signora?».

«La madre di Salustio Rodríguez è ancora abbastanza autosufficiente. Esce da sola, capisce tutto, mangia con appetito... anche se negli ultimi tempi devo dire che ha avuto una specie di crollo. È così che si invecchia, ispettore. Si sta più o meno bene finché un giorno... zac! il crollo. Il deterioramento non è progressivo come si pensa, noi qui lo constatiamo ogni volta. Immagini di vedere un grafico: linea orizzontale, tutto procede normalmente, e poi, di colpo, un piccolo malore, basta un'influenza, e la linea si spezza verso il basso. La signora non ha perso la mobilità, ma comincia a non starci più molto con la testa. Si distrae, ha qualche mania infantile...».

«Per esempio?».

«Non so, mastica gomme anche se è proibito, fa i capricci su certi orari che prima le erano sempre andati bene...».

«È proibito masticare gomme qui dentro?».

Passò subito al contrattacco:

«Guardi, ispettore, noi siamo un'istituzione che concede libertà quasi assoluta ai suoi ospiti. Entrano, escono, si muovono a loro piacimento... Ma ci sono alcuni aspetti riguardanti la salute e l'igiene personale che dobbiamo tenere sotto controllo. Se permettessimo di fumare o di masticare gomme in continuazione...».

«Lo so, lo so, era solo per curiosità. E saprebbe dirmi come devo fare per dare a questa signora la terribile notizia? C'è forse qualche accorgimento da prendere, in considerazione del suo stato?».

«Se lo desidera posso chiamare il nostro psichiatra».

Mi sentii come un naufrago cui viene gettato un salvagente, l'avrei baciata su tutte e due le guance per pura gratitudine.

«Sì, la prego, per me sarebbe molto più facile!».

«Allora provvedo subito. Vuole attendere qui o preferisce che intanto qualcuno la accompagni a visitare la nostra struttura? Qui tutto è alla luce del sole, non abbiamo segreti da nascondere».

Le dissi che sarei volentieri rimasta nel suo ufficio e maledissi mille volte di averle fatto quella domanda sulla gomma da masticare che l'aveva resa diffidente. Dopo dieci minuti tornò in compagnia di un uomo giovane e sorridente. Ci presentammo e subito gli chiesi:
«In che modo mi consiglia di darle la notizia?».
«Nel modo più naturale».
La risposta mi lasciò di stucco. Che cosa può esserci di naturale nell'informare qualcuno che suo figlio è stato assassinato? Credeva forse che ammazzare la gente fosse un'attività sociale come un'altra? Dovevo capirlo da sola che ogni tentativo di trovare la forma più indolore era del tutto inutile.
«Ispettore, non si preoccupi della reazione della signora. Disponiamo di tranquillanti, e se dovesse sentirsi male le inietteremo un sedativo per farla dormire».
«Questo non significa che imbottiamo di tranquillanti i nostri degenti per la minima cosa» intervenne fulminea la direttrice.
Salimmo nelle stanze e lì la vidi per la prima volta. Era brutta, con una messa in piega mezzo disfatta e occhiali spessi come un fondo di bicchiere. Stava seduta vicino alla finestra, accanto a un tavolino. La stanza doveva essere condivisa con un'altra degente, perché i letti erano due. Non ci guardò nemmeno, quando entrammo, aveva lo sguardo perso nel vuoto. Lo psichiatra, con una voce che sarebbe stata adatta tutt'al più a un bambino di tre anni, le spiegò chi ero. Mi sedetti di fronte a quella sconosciuta e le snocciolai un discorso della più burocratica neutralità:

«Signora Rodríguez, mi dispiace immensamente di doverle annunciare che suo figlio Salustio è stato trovato senza vita nel suo appartamento. Pensiamo che sia stato assassinato. Abbiamo già avviato le indagini e lei verrà informata di ogni nostro passo avanti. Può stare sicura che faremo l'impossibile per scoprire l'assassino di suo figlio e consegnarlo alla giustizia».

Assoluto silenzio. Dubitai che avesse capito. Ma poi, molto lentamente e senza cambiare espressione, l'anziana donna portò entrambe le mani alla nuca e chinò la testa sul petto. Rimase in quell'innaturale posizione senza muoversi. Dopo un minuto che mi parve eterno, il medico si avvicinò e le disse:

«Atanasia». Evidentemente quella dei nomi spaventosi era una tradizione di famiglia. «Si sente bene? Ha capito quello che le ha detto l'ispettore?».

Non ci furono reazioni. L'uomo cercò con delicatezza di disfare il nodo delle sue mani, ma lei, a quanto pare, faceva resistenza. Con parole rassicuranti e gesti più decisi, fece un altro tentativo senza risultati. Quella povera madre era bloccata nella sua posizione con energia sorprendente. Il medico si voltò verso di me e mi disse sottovoce:

«Usciamo».

Nel corridoio mi disse:

«Vada pure, ispettore, non si preoccupi. Credo abbia capito perfettamente. Penserò io ad aiutarla quando tornerà in sé».

«Il fatto è che volevo parlarle, chiederle delle frequentazioni di suo figlio, eventuali fidanzate».

«Adesso non è il momento, come vede. Torni un altro giorno, sarà meglio».

Uscii di lì col cuore stretto, sconfitta. Era stata un'esperienza orribile, come si poteva prevedere. Ecco che cosa mi capitava per aver voluto adottare un tono distaccato e professionale. Forse sarebbe stato meglio andare lì e dirle: «Suo figlio l'hanno ammazzato con una coltellata, signora». Eppure nessuno poteva sapere che cosa era passato per la testa di quella donna già disturbata, perduta nel suo mondo interiore.

Prima di rientrare in commissariato mi fermai alla Jarra de Oro e ordinai una birra. Più che dell'effetto euforizzante dell'alcol avevo bisogno del conforto di un ambiente rumoroso, leggero, impersonale. Di giorno, la gente che frequenta i bar è semplice e allegra, crea con la sua sola presenza un'atmosfera di affaccendata normalità.

Poi me ne tornai nella tana del lupo, dove mi aspettava Garzón pronto a sbranarmi.

«Ci ha messo un mucchio, ispettore!».

«Mi sono concessa il tempo di una piccola birra».

Alzò gli occhi dal computer e mi guardò come se lo avessi offeso nel più profondo del cuore.

«È questo il suo concetto della solidarietà? Poteva chiamarmi e sarei venuto a farle compagnia».

«Ci ho pensato, ma ho capito che non le avrei fatto del bene. Se lei fosse venuto con me a prendere una birra, una quantità di *tapas* untissime l'avrebbero indotta in tentazione. Le ho risparmiato un brutto momento».

«O forse no, il modo migliore per sottrarsi alle tentazioni è caderci dentro».

«Non era lei che aveva il colesterolo alto?».

«Non me ne frega niente! La avverto che non sono disposto a farmi condizionare da nessuna donna. Ho già mia moglie a rompermi le scatole a casa. E sia ben chiaro che io, quando ne ho voglia, mi mangio tutte le cose untissime che mi capitano a tiro».

«Per me può anche mangiarsi un maiale vivo. Ha finito con la sua filippica, o ha ancora qualcosa da aggiungere? Glielo dico perché sarebbe utile se ci mettessimo al lavoro immediatamente. Prenda tutto il materiale e andiamo nel mio ufficio».

Mi seguì senza dire una parola. Seduta al computer, aprii la cartella con i verbali del sopralluogo in casa della vittima. In quel momento lo sentii schiarirsi la gola:

«Mi scusi, ispettore, sono stato brusco. È che questa condizione di malato mi rovina l'umore».

«Per l'amor di Dio, Fermín, lei non è malato! Ha solo un piccolo squilibrio che le passerà, anche se spero che le passi prima il malumore. E adesso non mi obblighi a leggere quello che c'è scritto qui, mi racconti».

Cercò di concentrarsi come se si riscuotesse da un brutto sogno. Tornò a schiarirsi la gola:

«Quel Salustio, che già aveva un nome che sembra uno scherzo di cattivo gusto, aveva cinquantatré anni. Sembra che fosse un tipo normalissimo, ma molto solitario. I vicini non l'hanno mai visto con amici, mai con una donna. Ma non avevano niente contro di lui: era gentile, salutava, pagava le spese regolarmente.

Eppure nel mondo del calcio pare che fosse un arbitro discusso».

«E questo cosa vuol dire?».

«Be', nel suo caso non lo so esattamente, ma capita che certi arbitri abbiano la tendenza a inimicarsi sempre tutti: fischiano per la minima cosa, distribuiscono punizioni di continuo, espellono giocatori per niente».

«Non lo sapevo».

«Dice sul serio?».

«Io di calcio so molto poco, Garzón. Al massimo posso dire che in ogni squadra ci sono una dozzina di giocatori».

«Come una dozzina? Una squadra è fatta di undici giocatori, ispettore, non sa nemmeno questo?».

«Sì, ora che me lo dice è vero. Ho sempre trovato strano che fossero undici. Perché non un numero pari? Sei, dodici... e invece undici, pensi un po'!».

Garzón alzò gli occhi al cielo. La mia ignoranza in fatto di calcio doveva sembrargli una forma di analfabetismo inimmaginabile nel mondo civilizzato.

«Posso andare avanti? Insomma, la vittima era un arbitro di quel tipo, il che complica parecchio le cose».

«E perché dovrebbe complicarle?».

«Perché qualunque tifoso furibondo potrebbe essere andato a cercarlo per ficcargli una coltellata in pancia».

«Diamine, mi sembra eccessivo!».

«Lei non se lo immagina come sono certi fanatici, Petra! Quando si esaltano possono commettere qualunque atrocità».

«Come vede, ho i miei buoni motivi per disinteressarmi del calcio. Ad ogni modo, se non ci sono segni di colluttazione e la porta non è stata forzata, è difficile pensare che sia stato un tifoso. Dovremmo piuttosto immaginare qualcuno che la vittima ha fatto entrare spontaneamente. Qualcuno che conosceva».

«Il fanatismo di quei decerebrati si accende e si spegne come pigiando un interruttore, sono terribili, mi creda».

«Meno male che lo sport rasserena gli animi».

«Lo sport c'entra poco, ispettore, qui si tratta di gente messa male, senza lavoro o con un lavoro di merda, con famiglie disastrate, relazioni frustranti. Cercano solo una scusa per sfogare la rabbia che hanno dentro. In serie A è diverso, il pubblico ha una composizione sociale più varia, ma a questi livelli la tifoseria viene da quartieri degradati dove non c'è nulla per i giovani».

«Quindi, secondo lei, dovremmo cercare un giovane maschio senza cervello, un tifoso arrabbiato».

«Ammetto che è presto per fare congetture, ma questa mi sembra l'ipotesi più probabile».

Scorsi il materiale che ci era stato consegnato. Dall'autopsia non risultava alcun segno di lotta, la coltellata era stata una sola e ben data. La vittima si era accasciata e non si era più mossa da dov'era. Non c'erano impronte sospette e neppure era stata trovata l'arma omicida. Testimoni, zero. Un inizio assai poco promettente.

«Mi piacerebbe vedere la vittima».

«Viva o morta?» mi chiese il viceispettore. «Perché se lo vuole morto, è all'obitorio. Se invece preferisce vederlo in azione, al servizio documentazione hanno fatto un buon lavoro. Ci hanno procurato alcuni filmati di emittenti locali che ce lo mostrano in tutto il suo splendore».

«Lo preferisco in scatola, a dir la verità».

Il mio collega uscì e un attimo dopo era di ritorno con una chiavetta. La infilò nel computer e mise una sedia accanto alla mia.

«Hanno montato un video con diverse riprese. Adesso vedrà che cos'è un arbitro discusso».

Sullo schermo comparve una scena che avevo visto mille volte, senza mai concederle la minima attenzione: un incontro di calcio. È strano, ma in quel momento mi tornarono in mente tutti gli uomini della mia vita intenti a seguire una partita. Provai un'assurda nostalgia per quello che per me era un ricordo piacevole: mio padre, il mio primo marito, il secondo e anche il mio marito attuale, tutti si erano seduti davanti a un televisore a guardare una partita. Io, nel frattempo, rimanevo nelle vicinanze a leggere o entravo e uscivo dalla stanza affaccendata in altre cose. Mi faceva ridere sentirli imprecare per un tiro sbagliato o esaltarsi per un gol. Mi sembravano tutti così inoffensivi e infantili in quei momenti, anime semplici e domestiche con le quali si poteva convivere senza timori. Garzón mi diede subito la stessa sensazione, gli bastò vedere i giocatori correre sul prato per immergersi nello spirito del gioco dimenticando completamente perché fossimo lì a guardare quelle immagini. Finalmente potei vedere l'arbitro defunto in un piano ravvicinato che il mio collega fermò.

«Le presento Salustio Rodríguez, la nostra vittima. Lo vede che faccia ha, ispettore?».

Molto bella non l'aveva, dovevo ammetterlo. Era un uomo normalissimo, per niente attraente, con la faccia giallognola e le orecchie a sventola. Le gambe e le braccia erano coperte di peli folti, e nel suo sguardo non si indovinava nulla. In quel momento decisi che non sarei andata a vedere il corpo all'obitorio se da vivo era così poco interessante. Il motivo di quel primo piano non era altro che uno dei suoi tanto discussi cartellini rossi, così mi spiegò il viceispettore. Gli spettatori urlavano contro di lui, lo insultavano con espressioni volgari: «Figlio di puttana, rottinculo, bastardo!». Da parte loro alcuni giocatori gli si erano avvicinati per inveire, e tutto faceva supporre che l'avrebbero volentieri aggredito.

Il filmato saltava da una partita all'altra, ma la situazione si ripeteva: Salustio fischiava un fallo e faceva indignare i tifosi, distribuiva ammonimenti che sembravano ingiusti e ogni volta scoppiava la baraonda: insulti, proteste, grida. Pensai che nemmeno la plebe di un circo romano doveva essere così belluina. In una di quelle occasioni il povero Salustio, che cominciava a farmi compassione, usciva dal campo scortato da due agenti della Guardia Civil. Orde di tifosi volevano linciarlo.

«Che cosa ne pensa, ispettore?».

«Che se io fossi al potere, il calcio sarebbe uno sport proibito».

«Non è meglio che l'aggressività delle masse si incanali in questo modo, ispettore?».

«Non è solo questione di aggressività, Garzón, anche di estetica. Perché i giocatori devono sputare continuamente sul prato? E perché si conciano in quel modo? Tatuati fino agli occhi, con quei tagli di capelli da selvaggi... è un pessimo esempio per la gioventù».

Il viceispettore si mise a ridere e mi guardò come si guarda un caso irrecuperabile.

«Forse lei non lo sa, Petra, ma l'eleganza è l'ultima cosa che preoccupa la gente! Comunque, adesso ha capito che cos'è un arbitro discusso. E ora le domando: comincia a sembrarle possibile che un tifoso fuori di sé abbia ficcato una coltellata in pancia a un tipo simile?».

«Sinceramente, considerato quello che ho visto, l'ipotesi non mi pare del tutto da scartare».

«Perfetto. Da dove cominciamo?».

«Cominciamo dall'ambiente della vittima. Cerchi di capire qual è stata l'ultima partita che ha arbitrato e se ci sono stati problemi. Poi, bisognerà passare all'associazione degli arbitri, se esiste qualcosa del genere. Magari lì sapranno in quali ambienti si muoveva. Per solitario che fosse, doveva pur conoscere qualcuno, no?».

Quella sera Marcos rimase molto sorpreso quando gli accennai al caso di cui mi stavo occupando. Non che mio marito fosse un appassionato di calcio, ma la cosa attirò la sua attenzione. Però mi disse:

«Non sai dove vai a infilarti, Petra! Il mondo del calcio è complesso e piuttosto aggressivo, a volte addirittura brutale».

«Sì, mi sono già accorta che non è un passatempo da gentiluomini».

«In realtà non ci sono più sport da gentiluomini. Una volta il tennis lo era, ma adesso anche lì gli spettatori fanno un tifo sfegatato, i giocatori emettono suoni bestiali a ogni colpo di racchetta e alcuni scendono in campo vestiti in modo impresentabile».

«Se ti sentisse Fermín. Mi ha trattato da signora con la puzza sotto il naso quando me la sono presa con certe abitudini dei calciatori».

«Perché non sa quanto è importante l'estetica per te. In fondo ci sarà un motivo se mi hai sposato, no?».

Il giorno dopo, con il senso estetico ben chiuso in borsetta, mi ritrovai con il mio sottoposto in commissariato. Dovevamo incontrare i presidenti delle due squadre che si erano affrontate nell'ultima partita arbitrata da Rodríguez: il Santa Cecilia F.C. e il Brugat. Con loro c'era il responsabile della sicurezza dello stadio. Dato che io non avrei avuto la minima idea di cosa chiedere, fu Garzón a condurre l'interrogatorio. E in effetti volle sapere cose che a me non sarebbero mai venute in mente. Per esempio: le due squadre avevano una tifoseria organizzata? Le risposte furono positive in entrambi i casi. I presidenti, due signori di mezz'età con un'aria da bifolchi, si affrettarono a dire che si trattava di associazioni di sostegno alle rispettive squadre, senza intenzioni aggressive.

«Sono bravi ragazzi, gente sanissima» disse il patron del Santa Cecilia. «Vengono a incoraggiare la squadra del cuore. Il fatto è che i giovani sono impulsivi per natura, e qualche parola un po' pesante può sempre scappare».

«Ci sono stati problemi quel giorno con Rodríguez?» chiese Garzón.

Il presidente del Brugat prese la parola:

«Niente, un paio di ammonizioni verso la fine della partita. È che ha favorito sfacciatamente il Santa Cecilia».

«Assolutamente no!» saltò su il presidente dell'altra squadra. «Se avete commesso dei falli non potete dire che l'arbitro era dalla nostra parte... Il problema è che Salustio Rodríguez era un tipo un po' particolare. A me spiace moltissimo quello che è successo, e chiunque sia stato deve pagare, ma lui aveva fama di voler fare il protagonista, e ogni volta che una partita la arbitrava lui era garantito che qualcuno s'incazzasse».

«Questo è vero» confermò l'altro. «Girava voce che siccome Salustio era un tipo strano, un povero nessuno deluso dalla vita, cercava di rifarsi sui giocatori. Come se dicesse: la mia vita sarà anche una merda, ma in campo comando io e ve ne accorgerete».

«E nessuno insinuava che Salustio fosse un venduto, che accettasse denaro per favorire certe squadre?».

Abbandonarono le loro posizioni rilassate per rispondere quasi in coro:

«Ma queste sono storie senza fondamento, non esiste la corruzione nel calcio, soprattutto a questi livelli!».

Garzón non si lasciò intimidire. Li guardò con calma.

«Se ripeto la domanda la formulerò esattamente allo stesso modo, quindi non fatemi perdere tempo».

Si guardarono l'un altro, sospirarono e, con aria indifferente, rispose il patron del Brugat:

«No, Rodríguez non aveva fama di essere un venduto. Anzi, direi il contrario. Lui era uno tutto d'un pezzo. Per questo non l'hanno mai fatto fuori dal Comitato, anche se di fastidi ne dava».

«Lei è d'accordo?» chiese il mio collega al presidente del Santa Cecilia.

«Sì».

Rivolgendomi al responsabile della sicurezza, parlai per la prima volta:

«E lei, avrebbe qualcosa da osservare per ciò che riguarda in modo specifico il suo compito? Le pare che quel giorno fossero presenti all'interno dello stadio soggetti particolarmente violenti? Sono stati notati comportamenti inappropriati?».

«No, niente. È sempre tutto sotto controllo, e poi...» guardò uno dei due presidenti con una rapida occhiata.

«E poi sono tutti bravi ragazzi» conclusi la frase per lui.

«In generale, sì».

Se ne andarono un po' offesi, senza averci minimamente aiutati. Mi buttai addosso l'impermeabile e indicai con un cenno a Garzón di venire con me.

«Andiamo a sentire che cosa ci raccontano i suoi colleghi arbitri».

Al Comitato Arbitri della Catalogna ci accolse un impiegato che ci fece accomodare in una saletta. Il responsabile, un giovanotto dall'aspetto gioviale, non si fece attendere a lungo.

«Quando ho saputo quel che è successo a Rodríguez ho immaginato che sareste passati a trovarci. Sarei venuto io stesso a cercarvi se avessi avuto qualcosa di utile da raccontare. Ma vi assicuro che qui nessuno sa niente. Ne abbiamo parlato tra di noi. Come potete capire la notizia ci ha molto scossi, ma non abbiamo idea di cosa possa essere successo. Noi siamo un po' le bestie nere del calcio, dobbiamo mandar giù ogni genere di insulti e scorrettezze, adesso ci manca pure che ci ammazzino».

«Questo significa che secondo lei potrebbe averlo ucciso un tifoso?».

«Non lo so, dicevo per dire».

«Ma la ritiene un'eventualità possibile?».

«Questo non mi sento di sostenerlo. Ci sono tanti pazzi nel mondo del calcio! Ma ce ne sono anche nel mondo in generale».

«Lei sa se Salustio Rodríguez avesse ricevuto minacce, lettere anonime, negli ultimi tempi?».

«Minacce allo stadio, tutte quelle che vuole, ma sempre quand'era in campo. Se poi ne ha ricevute d'altro tipo, io non lo so, lui non ce lo ha mai riferito».

«Che tipo era Salustio?».

«Era strano. Parlava poco, era molto sulle sue. Quando cercavamo di fargli capire che doveva essere più cauto con gli ammonimenti, che non gli conveniva sollevare sempre discussioni, non ci dava retta. E poi era difficile entrare in contatto con lui, non aveva neppure il telefono».

31

«Aveva amici, tra gli altri arbitri?».

«Credo di no. L'ho visto un paio di volte con sua madre, una signora parecchio anziana che ogni tanto si portava dietro».

«Non sa se avesse una compagna, un gruppo di amici?».

«Non ne ho idea. E poi non creda che i membri del comitato si facciano vedere spesso qui in sede».

«Ha idea se frequentasse qualche circolo, qualche locale, se dopo le partite vedesse qualcuno?».

«Be', c'è un bar dove va molta gente del calcio, non certo di serie A, per intenderci. Si chiama La Escuadra e si trova in periferia, già quasi a Badalona. Credo che ogni tanto lui ci capitasse, era nato da quelle parti».

Verificò sul telefono l'indirizzo esatto, che Garzón si scrisse e che poi digitai sul navigatore dell'auto. Mentre guidavo sentii sospirare il mio vice con una certa ansia.

«Questo caso ci dà più filo da torcere di quanto pensassimo, vero Fermín?».

«L'unica cosa che mi consola è che siamo diretti verso un bar».

«Credevo fossero i crucci del lavoro a farla sospirare».

«Figuriamoci, è la fame! Lo sa cos'ho mangiato oggi a colazione? Una barretta di cereali, un frullato di frutta e una tazza di tè. Lei crede che questa sia un'alimentazione adatta a un essere umano?».

«Per cani non è».

«Molto spiritosa, ispettore! E allora mi ascolti bene: io non so che cosa avrà da offrire quel maledetto bar di calciatori di mezza tacca, ma se vede un chorizo, lo consideri già nel mio stomaco».

Soddisfatto della sua spacconata come il Cid dopo la riconquista di Valencia, se ne rimase tranquillo senza dire una parola fino a destinazione.

La Escuadra era un tipico bar di quartiere, con l'unica particolarità che lì dentro ogni centimetro di spazio trasudava passione per il calcio: stemmi di squadre celebri, fotografie di formazioni storiche, maglie incorniciate, coppe e trofei, statuine di giocatori col pallone attaccato al piede... un museo degli orrori. Per fortuna tutta quella densità decorativa di assoluta specializzazione calcistica vietava che il locale esibisse l'orrida testa di toro impagliata che presiede molti bar nazionali. E questo era già qualcosa.

Garzón, che non era in vena di considerazioni estetiche, si affrettò a compiere un'ispezione del bancone e delle sue proposte ad alto contenuto di grassi saturi. Io mi rivolsi direttamente al barista, che aveva l'aria di essere il proprietario. A quell'ora nel locale c'erano solo quattro vecchietti intenti a giocare a domino, che non mostrarono il minimo interesse nei nostri confronti.

Non ebbi il tempo di specificare la mia qualifica nel corpo della Policía Nacional che già Garzón stava indicando certi salamini piccanti che nuotavano in un mare d'olio alla paprika.

«Potrei avere due di questi, per favore?».

Presentai anche il viceispettore. Il proprietario mise in un piatto i salamini con la loro corrispondente cucchiaiata d'olio rosso e ci aprì un paio di birre.

«Ha idea del perché siamo qui?».
«All'incirca. Per la storia dell'arbitro, no?».
«Ebbene sì».
«Ne parlano tutti».
«E che cosa dicono?».
«Mah. Che era un tipo strano, che se l'era cercata, che erano in molti ad avergliela giurata. E poi ci sono quelli che dicono che mica si può ammazzare uno perché ha il fischietto facile, che adesso il calcio non è più come una volta, che c'è troppa violenza. E si sa che la gente parla perché ha la lingua in bocca e alla fine nessuno sa come stanno le cose veramente».

«A giudicare da questi commenti sembra che tutti attribuiscano il delitto a qualcuno dell'ambiente».

«Cosa vuole, questo è un bar di calcio, quindi tutto quel che si dice qui dentro va a parare lì, è normale».

«Lei conosceva personalmente la vittima?».

«Ma certo, era un cliente. Nel mio bar vengono tutti, dopo le partite locali, parlano, commentano i gol, le tattiche di gioco, discutono... E quando c'è una partita di quelle importanti vengono a vederla in televisione. Vivo di questo».

«E che tipo di cliente era, Salustio, secondo lei?».

«Era strano, sempre da solo, non dava confidenza a nessuno. Veniva, ordinava la sua birra e rimaneva al banco. Salutava, questo sì, ma non parlava. Se qualcuno gli chiedeva qualcosa, rispondeva giusto l'indispensabile. Ma non era una cattiva persona, no, non litigava mai con nessuno, non si ubriacava, pagava quello che prendeva».

«E con lei parlava?».

«Non troppo, anche se gli ero simpatico, credo. Gli altri gli facevano le solite battute: "Hai rischiato grosso, domenica, un giorno o l'altro le prendi!". Lui faceva finta di non sentire. Ma io lo trattavo bene, lo rispettavo, e questo gli piaceva».

«È mai venuto qui con qualcuno?».

«No, mai. Credo che di amici non ne avesse».

«Le ha mai raccontato qualcosa della sua vita?».

«Poco, ma qualcosa sì. Tempo fa mi aveva detto che aveva dovuto mettere sua madre in casa di riposo perché non si fidava più a lasciarla sola. Un'altra volta mi ha raccontato che stava risparmiando per comprarsi una macchinetta, anche di seconda mano. Ah, e la fidanzata! Diceva che la macchina gli serviva per portare in giro la fidanzata. E allora gli ho chiesto: "Ma tu hai una fidanzata, Salustio?". E lui: "Sì, da poco". E poi basta. Era molto riservato».

«Le ha detto per caso il nome di questa donna? Qualcosa che ci permetta di rintracciarla?».

«No, niente. E se mi ha detto qualcosa me lo sarò scordato, ispettore. Lei capisce che qui parlo con molta gente».

«Quanto tempo sarà passato da allora?».

«Dal discorso della fidanzata? Oh, non so, parecchi mesi, un anno, forse».

«Ce lo farebbe il favore di chiamarci se si ricorda qualcosa?» gli dissi, porgendogli un biglietto da visita.

«Ma sì, certo! Si figuri se mi piace che ammazzino la gente, e poi Salustio a me faceva un po' pena. Era un pover'uomo, uno che faceva una brutta vita. La volete un'altra birra? Siete ospiti della casa».

Mentre aspettavamo il secondo giro, vidi che il viceispettore aveva già fatto fuori i salamini e, preso un pezzo di pane, stava per intingerlo nell'olio fritto. Lo fermai.

«Fermín, va bene il chorizo, ma le sembra proprio necessario fare scarpetta nel piatto?».

Si trattenne, posò il pane nel cestino e mi guardò afflitto.

«Ha ragione, Petra, ma cosa vuole che le dica, per me è drammatico dovermi privare di qualcosa».

«Lo fa perché glielo ha detto il medico. Capirei se le avessero impedito di ascoltare una sinfonia di Beethoven o di leggere un'opera di Shakespeare, ma amareggiarsi per un pezzo di pane inzuppato d'olio fritto...».

Guardò tristemente il piatto e rispose:

«Rimanere senza Beethoven sì che sarebbe stata una tragedia».

Una volta tornati in commissariato cercammo di tirare le somme. La conclusione era delle più deprimenti: non eravamo venuti a capo di nulla e la sola pallida novità era una presunta fidanzata non identificata.

«L'unica cosa che mi viene in mente è andare a chiedere ai vicini di casa. Magari qualcuno ha visto questa donna».

È possibile che al giorno d'oggi, quando tutti sono continuamente interconnessi e hanno una vita sociale cui è difficilissimo sfuggire, esista un uomo che vive solo, veramente solo, solo nel senso più assoluto del termine? Evidentemente sì. Salustio Rodríguez, in apparenza un tipo normalissimo, era riuscito nell'impresa di vivere ai margini di ogni comunità umana. Uno che non possiede telefono, né cellulare, né computer dimostra che non gliene importa un fico secco del resto del mondo. Se poi si è scelto un'attività anomala come quella di arbitro sui campi di calcio, allora ci troviamo di fronte a un esemplare della nostra specie assolutamente atipico e bizzarro.

Incaricai Garzón dell'inchiesta tra i vicini – detesto quel tipo di compiti – e presi la macchina per tornare alla casa di riposo. Nutrivo la speranza che la madre di Salustio conoscesse la fidanzata del figlio e che avesse recuperato la lucidità sufficiente per ricordarsene.

Non dirò che fui accolta con i fuochi d'artificio, si sa che un poliziotto non è mai il benvenuto nelle istituzioni private, ma nessuno ostacolò il mio desiderio di incontrare l'anziana signora. Però la direttrice mi avvertì:

«Non so se potrà servirle parlare con lei. Da quando ha saputo della disgrazia le sue condizioni psichiche sono molto peggiorate. Mangia di meno, è sempre nel suo mondo, e di notte presenta sintomi ansiosi che hanno reso consigliabile un sedativo per aiutarla a dormire».

«Almeno devo provarci. Lei sa se ha mai accennato a una fidanzata del figlio?».

«Questo non glielo saprei dire».

«Sarebbe così gentile da chiederlo in giro mentre io le parlo? Provi con le persone che hanno più spesso a che fare con lei: operatori, donne delle pulizie, inservienti, eventuali altri ospiti che le sono più vicini».

«La signora Rodríguez non è mai stata incline alle confidenze, ma proverò».

Mi accompagnò in una saletta arredata per la conversazione: un tavolo rotondo con una tovaglia fino a terra e qualche poltrona di vimini. Tutto nel più puro stile impersonale caro alla sanità pubblica e privata. Se non altro, incorniciato da un'ampia finestra, il giardino dava un po' di serenità a quell'insieme così poco accogliente. Dopo una decina di minuti che cominciarono a sembrarmi un po' troppo lunghi, comparve quella povera donna piegata dagli anni e dal dolore. Con lei c'era una ragazza che la trattava con l'affetto indifferente che si mostra a un ritardato mentale:

«Ecco, brava, benissimo. Così. Un altro passettino e siamo arrivati. Si sieda qui, cara. Rimarrà un momentino con questa bella signora e poi verrò a prenderla. Sta comoda?».

Aspettai che la ragazza se ne fosse andata per cominciare a parlare, e ovviamente mi rifiutai di farlo sullo stesso tono. La madre di Rodríguez era rimasta perfettamente immobile, ma mi guardava con la coda dell'occhio senza voltare la testa.

«Signora Rodríguez, si ricorda di me? Sono stata qui giorni fa. Sono un ispettore di polizia».

Lei non mi rispose e non batté ciglio. Portava un cardigan grigio molto spesso. Infilò una mano ossuta dentro una tasca e ne tirò fuori una gomma da masticare. La scartò con abilità e se la mise in bocca. Era la viva immagine di un ruminante.

«Stiamo cercando l'assassino di suo figlio Salustio, signora, e avrei bisogno di chiederle una cosa che potrebbe aiutarci nelle indagini».

Sembrava che non mi ascoltasse, quindi volli accertarmene:

«Mi sente? È disposta a rispondere?».

Un'occhiata fugace mi fece pensare a un assenso.

«Lei sa se suo figlio aveva una fidanzata? Le ha mai parlato di una signora con cui usciva?».

Spostò la gomma da un lato e con voce atona rispose:

«Mio figlio faceva l'arbitro. Ma adesso no, non più».

Aspettai altre parole, che non vennero.

«Lo so che faceva l'arbitro, e so anche che l'hanno assassinato. Sono qui per trovare il colpevole. Per questo è molto importante che lei mi dica se le ha mai parlato di una fidanzata o di una donna con cui usciva abitualmente».

«Mio figlio era buono e faceva l'arbitro. Ma adesso no. Adesso non è né buono né cattivo perché non c'è più. Questa è la vita».

Dio, quella donna era suonata come una campana. Feci un ultimo tentativo.

«Se suo figlio aveva una fidanzata gliene avrà parlato. Un figlio parla di queste cose con sua madre. Forse le avrà anche detto come si chiamava, le avrà spiegato che lavoro faceva. Se ne ricorda?».

Lei si irrigidì. Il suo sguardo lampeggiò di furia e disse:

«Voglio andarmene, subito».

Ormai persuasa che non sarei riuscita a cavarle nient'altro, mi alzai in piedi.

«Chiamo l'operatrice».

Appena lo dissi, lei fece una cosa davvero sorprendente. Si tolse la gomma di bocca, alzò la tovaglia che copriva il tavolo e la appiccicò sotto il piano di legno. Era una bambina che non voleva essere scoperta a fare una cosa proibita. Provai una gran compassione per quella mente confusa e quel corpo malconcio. Poi si alzò in piedi da sola e con passo abbastanza saldo uscì dalla stanza.

Niente, non avevo ottenuto niente da quella testimone che non poteva nemmeno definirsi tale. L'unica cosa di cui mi aveva dato la certezza era la desolazione del suo stato. Fu questo quel che riferii al viceispettore. Lui, invece, qualche scoperta doveva averla fatta, perché era tutto gongolante.

«Che cos'ha trovato?».

«Poco, ma a quanto capisco, qualcosa in più di lei».

Qualche mese prima la dirimpettaia di Salustio aveva visto un biglietto appiccicato alla porta della vittima. Dopo aver ripetuto venti volte che lei si faceva gli affari suoi, che non era una ficcanaso e che l'aveva letto soltanto perché, venendo su per le scale, non poteva non vederlo, ne aveva recitato il contenuto parola per parola: «Salustio, oggi non posso venire. Ci vediamo domani alle cinque nel solito posto». Firmato: Lupita.

«Dato che quel cretino non aveva il cellulare, quella poveretta è dovuta andare fino a casa sua per disdire un appuntamento» esclamò il mio collega euforico. «Quindi la fidanzata esiste».

«Esisterà, ma dove?».

«Be', almeno abbiamo un elemento da cui partire».

Quella sera andai a cena fuori con Marcos e una coppia di amici che non vedevamo da tempo. Erano amici molto cari e mi faceva piacere parlare con loro. Eppure non avevo ancora finito il primo piatto quando sentii la vibrazione del cellulare. Risposi con discrezione, ma quando capii chi mi chiamava mi alzai da tavola. Era il padrone del bar La Escuadra.

«Ispettore, disturbo? Non so se quello che sto per dirle vi può interessare, ma poco fa è passato uno che fa l'allenatore di una squadra giovanile e abbiamo parlato dell'assassinio del povero Salustio. E così, parlando, lui mi ha detto che ogni tanto Salustio andava a veder giocare i suoi ragazzi con la fidanzata. Siccome lei mi chiedeva proprio di questo, ho pensato che magari...».

«Dove posso trovare quell'uomo?».

«Allena i ragazzi la mattina presto in un campetto comunale. Credo che se va verso le sette o le otto lo trova lì. Se ha da scrivere le do l'indirizzo».

Tornai al tavolo come un tornado e mi feci dare una biro e un pezzo di carta. Una volta scarabocchiati quei dati a tutta velocità, mi sedetti a fissare i miei commensali con la mente ormai perduta in un'altra galassia. Per quanto mi sforzassi, non riuscii più a essere veramente lì, a godermi la cena, la compagnia e l'atmosfera della serata. Il mio stato di imbambolamento era tale che la nostra amica mi chiese:

«Stai lavorando a un caso importante, Petra?».

«Sono immersa nel mondo del calcio».

«Ah, quello sì che è l'ambiente degli eccessi e dei soldi facili» commentò lei. Non volli contraddirla, l'avrei talmente delusa che non ne valeva la pena.

Finita la cena, chiamai Garzón e gli diedi appuntamento per l'indomani alle sette meno un quarto. Lui mi confessò di essere mezzo addormentato sul divano e mi chiese che cosa dovevamo fare di tanto urgente a quell'ora.

Una volta a casa, quando venne il momento di andare a letto, mi accorsi che mio marito mi guardava con aria di rimprovero:

«Un'altra serata rovinata. Non potresti spegnere il cellulare almeno quando usciamo a cena?».

«No, Marcos, lo sai che non posso».

Avvertì una stanchezza così profonda nella mia voce che mi stampò un paterno bacio sulla fronte e non insistette più.

Chi non era in vena di baci, il giorno dopo, era il viceispettore. Alzarsi alle sei del mattino era stato un trauma per lui, e mentre ci dirigevamo in macchina verso la periferia della città non la smetteva di brontolare:

«E che diavolo, Petra! Non li potevano allenare a un'ora più decente questi ragazzi?».

«Si vede che dopo devono andare a scuola, a lavorare, che ne so! È lodevole che sacrifichino delle ore di sonno per praticare uno sport».

«Sport le palle, ispettore! Tutti questi poveracci delle squadrette giovanili sperano solo di essere scelti per una grande squadra che li faccia guadagnare soldi a palate. Solo così avranno quello che a loro interessa veramente: belle macchine, belle donne, la bella vita... Il calcio non è più uno sport, è uno specchietto per le allodole per i ragazzi più sfortunati».

Non gli risposi perché in fondo io la pensavo esattamente allo stesso modo. Ma quando arrivammo a destinazione e vedemmo tutti quei ragazzi che saltellavano in un campetto squallido con un freddo boia, non potei fare a meno di compatirli. Ci avvicinammo a quello che doveva essere l'allenatore, un sessantenne con il panzone da birra avvolto in una voluminosa giacca a vento blu. Ci presentammo e spiegammo il motivo della nostra visita. Lui diede istruzioni ai ragazzi perché facessero flessioni e piegamenti mentre si allontanava con noi a bordo campo.

«Lei era amico di Salustio Rodríguez?» volle sapere Garzón per cominciare.

«Amico è una parola grossa. Salustio non era molto socievole, però ci conoscevamo. Veniva spesso perché da giovane si era allenato qui. Voleva fare il calciatore, ai suoi tempi. Però non gli è andata come sperava e si è messo a fare l'arbitro».

«Veniva con la fidanzata?».

«Sì, da un annetto a questa parte veniva con una ragazza. Seguivano il torneo che facciamo con le altre squadre di juniores».

«È importante che mi dica tutto quello che ricorda di quella donna».

«Era molto più giovane di lui, messicana. Era venuta in Spagna per lavorare».

«Sa dove lavorava?».

«Bah» sbuffò. «So che aveva fatto le pulizie in una palestra, ma che adesso era cameriera in una di quelle catene che si usano adesso, quei bar che danno solo caffè e colazioni, ma il nome non me lo ricordo».

«E si chiamava Lupita?».

«Sì, Lupe, proprio così».

«Lupe e che altro?».

«Non ne ho idea, ispettore! Non pensi che io le abbia parlato molto. Un giorno Salustio me l'ha presentata perché mi ero avvicinato alla tribuna. Mi aveva stupito vederlo accompagnato. Di solito lo salutavo da lontano, alzavo il braccio e basta».

Bene, cominciavamo a stringere il cerchio nell'antichissimo gioco del *cherchez la femme*, ma Garzón era ancora di un umore spaventoso.

«Sarà divertente, adesso, ispettore, cercare una cameriera messicana in tutti quei posti fasulli dove non metterei piede nemmeno se mi pagassero. Se almeno fosse una catena di panini al salame!».

A Barcellona c'erano quattro catene di caffetterie di quel tipo. Passammo il resto della mattinata a girare come trottole da un punto vendita all'altro, per l'infelicità del viceispettore che, con mia sorpresa, si concesse un semplice caffè e tirò fuori una barretta dietetica di accompagnamento. Evidentemente aveva finito per accettare la sua «invalidità» temporanea e forse per questo era così scontento. Nel sesto locale che visitammo il nome di Lupita fece suonare un campanello. Il responsabile ci disse che una certa Guadalupe Barrios, di nazionalità messicana, lavorava in cucina. Andò a chiamarla, e ci comparve davanti una ragazza di non più di trent'anni, scura di pelle e non troppo carina. Bastò la faccia spaventata con cui ci accolse per farci capire che avevamo trovato la donna misteriosa. Spiegandole nel migliore dei modi che nessuno pensava di arrestarla, la pregammo di venire con noi.

Appena mise piede in commissariato scoppiò a piangere disperata. Come facciamo sempre in questi casi le offrimmo un caffè della macchinetta e lei accettò. Tra un sorsetto e l'altro riuscì a dire:

«Nei giorni in cui hanno ammazzato Salustio io ero a Madrid. Ogni anno ci mandano una settimana alla sede centrale a fare un corso sulle novità: muffin, croissant ripieni, torte salate, quelle cose lì. Potete controllare».

Garzón andò a telefonare al direttore del locale per verificare l'alibi. Io uscii in corridoio per permettere alla ragazza di calmarsi. Meno di cinque minuti dopo Garzón tornò facendomi un cenno affermativo. Rientrammo nella stanza e tentai il tutto per tutto:

«Chi ha ucciso Salustio Rodríguez?» chiesi.

«Sua madre» rispose la ragazza senza esitare un istante. La nostra faccia di assoluta perplessità la esortò a continuare. «Sua madre è una donna terribile, non l'ha mai amato, lo ha sempre maltrattato, non gli ha permesso di avere una vita sua».

La esortai a essere più precisa:

«Cominciamo dall'inizio, Lupe. Lei sa che la madre di Salustio è rinchiusa in una casa di riposo?».

«Sarà anche così» replicò lei con il suo pittoresco accento messicano. «Ma può uscire».

«Quella donna non è nelle condizioni di fare nulla da sola» intervenne Garzón.

«Forse ha fatto la commedia per voi, per non darvi modo di sospettare. È furba, ed è molto cattiva, credetemi».

Decisi di lasciarla parlare.

«Il fatto è che Salustio lei l'ha avuto da signorina. Salustio non ha mai conosciuto il suo papà. Tutta la vita lei l'ha odiato e l'ha tenuto al guinzaglio, come se fosse un cagnolino. Sperava che diventasse un calciatore famoso, che la coprisse d'oro. Per questo l'ha mandato ad allenarsi fin da piccolino. L'ha trattato come uno schiavo, mi creda. Ne ha fatto un infelice. E poi c'è rimasta male perché lui poverino non aveva la stoffa del campione. Grazie al Cielo e alla Vergine benedetta ha conosciuto me quando lavoravo alla palestra e ci siamo voluti bene. Ma lui era sempre triste, e non osava dirlo a sua madre. Finché un giorno ha trovato il coraggio ed è scoppiato il finimondo. La signora mi voleva ammazzare, nel vero senso della parola. Gli ha proibito di vedermi. Salustio non la sopportava più, ma lei aveva un enorme potere su di lui, come se fosse ancora un bambino piccolo. Alla fine l'ha convinto e lui mi ha lasciata, però l'ha messa in casa di riposo e ha fatto togliere il telefono, altrimenti lei chiamava giorno e notte. Lei era molto arrabbiata per questo, anche se si vedevano tutti i sabati perché lui era un bravo figlio e un'anima santa. E poi col tempo abbiamo ricominciato a uscire insieme. Sono sicura che lui le ha detto che voleva vivere con me e allora lei è andata lì e l'ha accoltellato!».

Garzón ed io eravamo increduli a quella telenovela messicana. Ci guardavamo incerti su cosa dire. Lui riuscì a reagire per primo:

«Se è così sicura di quello che dice, perché non si è presentata alla polizia quando ha saputo del delitto?».

Lei scoppiò di nuovo a piangere sconsolata, non potevamo nemmeno offrirle un altro caffè per farla smettere.

«L'ho saputo dal giornale gratuito che danno in metropolitana, sono stata malissimo. Cosa volete che facessi? Io ho solo il mio lavoro. Mando i soldi a casa e aiuto i miei fratelli. Se mi metto in qualche guaio e faccio delle assenze mi buttano fuori. Avete visto la faccia del mio capo quando avete detto che dovevo venire con voi. E poi nessuno poteva restituirmi Salustio, l'amore della mia vita. Ma adesso capisco che ho sbagliato, andate a prendere quella strega, che io al processo ci voglio venire!».

«Si calmi. Ora il viceispettore Garzón la riaccompagnerà sul posto di lavoro e parlerà con il suo capo per chiarire che lei non è indagata, ci sta solo aiutando nelle indagini».

Rimasi sola a riflettere. Il racconto della ragazza continuava a sembrarmi un drammone inverosimile. Eppure, perché no? Certo, poteva aver trasformato il suo odio in congetture strampalate. Ma la sua storia d'amore con quel povero Cristo sembrava verosimile. Per non parlare della figura della madre possessiva che opprime il figlio al di là del ragionevole. Però ci volevano delle prove, come sempre. Ed era nostro compito cercarle.

Il mio collega tornò con aria abbattuta:

«Povera ragazza, non ha smesso di piangere per tutto il tragitto! Che vita fa certa gente, eh, Petra? Adesso mi sento davvero in colpa per aver fatto tante scene, ultimamente. Che importanza ha mangiare un salamino in più o in meno in confronto alle situazioni veramente drammatiche della vita?».

«Mi compiaccio che questa riflessione la induca a mettersi il cuore in pace riguardo ai salumi, ma mi piacerebbe sapere che cosa pensa di tutto questo dal punto di vista investigativo».

«Le assicuro che non so cosa pensare. Bisognerebbe capire se l'ipotesi di Lupita è verosimile oppure no».

«È quello che penso anch'io. Andiamo per gradi. Si faccia fare un estratto di nascita di Salustio così vediamo se davvero era figlio di madre nubile. Io intanto andrò alla casa di riposo e cercherò di capire se il giorno dell'omicidio la signora Rodríguez era effettivamente uscita o se suo figlio era venuto a prenderla».

Ci applicammo ai nostri compiti con esiti disuguali. Garzón ottenne conferma di quanto le aveva detto la messicana. Il povero Salustio non risultava avere un padre. Quanto a me, la direttrice del pensionato diventò una belva quando le dissi quello che volevo. Mi rispose trattenendo a stento l'indignazione: «Noi non registriamo le uscite dei nostri ospiti. Questo non è un carcere». Punto e fine. La pregai di farmi sapere, almeno, se qualcuno degli operatori ricordava che cosa aveva fatto la loro ospite quel giorno, ma non ottenni nulla.

«Quindi siamo al punto di partenza» disse Garzón, nuovamente scoraggiato.

«Se siamo al punto di partenza significa che dobbiamo fare le cose che non abbiamo fatto quando siamo partiti, pensando che le avessero già fatte i colleghi».

«Come per esempio?».

«Come per esempio un sopralluogo nel domicilio di Rodríguez».

«Però l'ha detto lei, lo hanno già fatto i colleghi».

«D'accordo, ma noi adesso abbiamo qualcosa che loro non avevano: un sospetto».

Era già sera quando entrammo nell'appartamento di Salustio. Un posto orribile: piccolo, scuro, arredato con mobili malandati, non troppo pulito. Per colmo di squallore il tipo aveva tappezzato le pareti con grandi poster di calciatori.

«Che tugurio!» esclamai.

«Il fiume di denaro in cui nuota il mondo del calcio non è passato di qui neanche per sbaglio. Comunque, ispettore, i nostri uomini hanno già fatto un sopralluogo minuzioso e non hanno trovato niente che...».

«Cerchi sotto tutti i mobili, Garzón: il tavolo, le poltrone, quel tavolino là...».

Se fosse stato un cane, il viceispettore avrebbe girato la testa e alzato le orecchie in segno di perplessità, ma non batté ciglio. Mi misi immediatamente all'opera io stessa e, forse perché sapevo quello che cercavo, quasi subito lo trovai sotto un tavolino. Mi infilai un guanto usa e getta, tirai fuori una bustina di cellophane e vi deposi il reperto che avevo staccato dal legno.

«Che cos'è?» volle sapere il mio collega.

«Una gomma masticata».

«E allora?».

«La madre di Salustio mastica sempre gomme, e quando le sputa, le attacca sotto un mobile».

«Ma che sciocchezza! A noi a che cosa serve? È ovvio che le tracce della madre qui sono dappertutto, era l'unica a venire in questa casa, e poi non costituisce alcuna prova del delitto».

«Può darsi di no, ma non dimentichi che abbiamo una squadra scientifica molto efficiente. Loro sapranno dirci quando è stata masticata questa gomma, e se la data dovesse coincidere con quella del delitto...».

La scientifica ci disse che potevano darci una risposta attendibile nel giro di un giorno. Non fu necessario aspettare di più. Il responso era chiaro: quel tipo di gomma indurisce a una velocità determinata e si poteva stabilire con buona approssimazione che era stata appiccicata lì lo stesso giorno della morte di Salustio. Bastava fornire ai colleghi un campione di materiale organico della madre, e avremmo saputo se il DNA coincideva.

Per me non erano necessari tanti particolari, ma il prelievo di un campione biologico della signora Rodríguez era una scusa fantastica per andare a trovarla ancora una volta, forse l'ultima.

Garzón non era ottimista quanto me. Perché dar retta ai presentimenti di una ragazza imbottita di telenovelas che non si era nemmeno presentata alla polizia quando era stato ucciso il suo fidanzato?

«Però tutto quello che ci ha raccontato è plausibilissimo, Fermín. E non dimentichi che ci muoviamo nel mondo del calcio».

«Che c'entra il calcio? Se non si spiega meglio, ispettore...».

«Un tifoso infuriato per la punizione di un arbitro forse può diventare un assassino. Ma non conosco pazzo più furioso di un genitore che si aspetta dal figlio che diventi un campione. Le racconterò una cosa: mi è capitato un paio di volte di accompagnare Hugo, il figlio di mio marito, a una partita del torneo scolastico».

«E allora?».

«Lì ho avuto modo di assistere a uno degli spettacoli più spaventosi e ripugnanti che avessi immaginato. I genitori facevano il tifo in modo furibondo, spietato, feroce. Vedendoli gridare di rabbia o di entusiasmo, mi domandavo da dove fossero usciti quei mostri e com'era possibile che sottoponessero i loro figli a una simile pressione. Una cosa orrenda: inveivano contro l'arbitro, avrebbero volentieri ammazzato qualunque ragazzino avesse commesso un fallo ai danni del loro, schiumavano se la loro creatura sbagliava un rigore o si lasciava portar via il pallone. Deprimente, mi creda. Al punto che ho pregato Marcos di non costringermi mai più ad accompagnare il piccolo giocatore. Io odio il calcio con tutte le mie forze, Garzón».

«Ma quella violenza si disattiva appena la partita finisce. Una madre, secondo lei, potrebbe ammazzare un figlio solo perché non è un campione?».

«Una madre sola, sfortunata e un po' fuori di testa potrebbe uccidere un figlio perché è un fallito e perché quel fallimento la condanna a non avere più speranze nella vita».

«Ma Salustio aveva già una certa età, la signora avrebbe potuto eliminarlo parecchio tempo prima. Dev'essersi capito abbastanza presto che il tipo non era una promessa del pallone».

«Ma nell'ultimo anno è entrata in scena la messicana. La signora Rodríguez era riuscita a fare di suo figlio un infelice, un asociale, un poveretto, ma riusciva a tollerare il suo fallimento perché lo aveva a sua completa disposizione. Ed ecco che un giorno compare una ragazza, e Salustio non solo si innamora, ma trova il coraggio di decidere con la sua testa e mettere la signora madre in casa di riposo. Troppo per una donna già instabile».

«Dubito che una gomma da masticare, per quanto masticata nei giorni del delitto, possa servirci come prova per incastrarla».

«Ma noi faremo qualcosa di più, viceispettore, la indurremo a confessare».

«Dio! Non so proprio come farà a far cantare una donna che dà i numeri e che vive in una casa di riposo per anziani!».

«Io lo so, invece».

Decidemmo la spedizione per il mattino dopo, organizzandola nel modo che a me sembrava più propizio.

Le cose cominciarono subito male perché quando la direttrice mi vide arrivare accompagnata, insistette affinché lo psichiatra fosse presente alla «riunione», come lei la definì. Dovetti impuntarmi e scoprire in parte il nostro gioco.

«Direttrice, credo che qui ci sia un piccolo equivoco. Noi non siamo venuti per portare i cioccolatini alla signora e neppure per farle un po' di compagnia. Noi siamo poliziotti e stiamo facendo il nostro dovere».

«In questo caso, venga con un mandato giudiziario».

«Davvero vuole un mandato del giudice? Se è così, me lo farò fare, però dovrò mettere la signora Rodríguez in stato di fermo. Decida lei».

A quel punto ci ripensò e ci lasciò passare. La signora era nella sua stanza e non si agitò minimamente vedendo me e Garzón. Presi una sedia e mi misi davanti a lei, il mio vice rimase in piedi.

«Signora Rodríguez, sappiamo che lei è stata a casa di suo figlio, due settimane fa, e che in quell'occasione lo ha ucciso. È così, vero?».

L'anziana donna accentuò la sua espressione assente per dire:

«Mio figlio faceva l'arbitro alle partite».

«Sappiamo anche questo. Lei sperava che diventasse un grande campione, una stella del calcio, ma non è andata così. Cos'è successo quel giorno per renderla capace di assassinare suo figlio?».

Lei guardò fuori dalla finestra e si mise a canticchiare un motivo vago. Mi spazientii. Feci un cenno al viceispettore. Allora lui aprì la porta e fece entrare Lupita, che era rimasta ad aspettare nel corridoio. Appena la vide, la signora si alzò con energia e il suo volto si coprì di un'ombra sinistra:

«Che cosa ci fa qui?».

Io non avevo previsto la reazione della messicana, che si avvicinò alla vecchia, la prese per il golfone grigio e si mise a strattonarla.

«Hai ucciso il mio amore, strega maledetta, l'hai ucciso e ora io non ho più nessuno!».

Saltammo sulla ragazza per immobilizzarla, ma constatammo che la signora era riuscita a divincolarsi con forza sorprendente.

«No! Lui non era il tuo amore, non era niente per te! Niente!» gridava come una forsennata. Sperai che le invettive facessero il loro corso, come infatti avvenne. «Mi hai portato via mio figlio, me l'hai rubato!».

«Come osa? Lei odiava Salustio, lo maltrattava, per lei era un fallito, una disgrazia di figlio. Non l'ha mai lasciato vivere, diventare un uomo!».

La signora Rodríguez tornò a sedersi, sospirò, si risistemò i vestiti. Lupita piangeva. Di colpo la vecchia disse:

«Sì, l'ho ammazzato. Non ne potevo più. Non dormivo di notte pensando che io ero chiusa qui dentro e lui faceva i suoi porci comodi a letto con quella sgualdrina».

Lupita lanciò un grido acuto, si divincolò per liberarsi dalla stretta immediata del viceispettore. In quel momento, lo psichiatra fece irruzione nella stanza.

«Che cosa succede qui?».

Vidi la possibilità di una mossa magistrale. Presi Lupita per le spalle e la passai al medico.

«Cerchi di tranquillizzarla» gli dissi. Li spinsi fuori dalla stanza tutti e due e chiusi la porta. La vecchia rideva sottovoce. «E adesso cerchiamo di calmarci anche noi» aggiunsi. «È vero quello che ha appena detto, signora, che Salustio l'ha ucciso lei?».

La donna riprese la sua aria assente, ricominciò ad accennare il motivo di quella canzone. Pensai che era stato tutto inutile, ma di punto in bianco la sentii sillabare molto lentamente:

«Sì, l'ho ucciso. È stato facile, lui non se lo aspettava. Mi sono umiliata, gli ho chiesto di lasciarmi tornare a vivere con lui, anche tutti e tre insieme, con la sgualdrina, pur di tornare a casa mia. Lui mi ha detto di no, di no, che quella storia non gliel'avrei rovinata. Rovinata!». Riprese a canticchiare, chiuse gli occhi, continuò: «Tutta la vita dedicata a lui, tutta la vita a tirarlo su, a trascinarmelo dietro, ad ammazzarmi di lavoro per lui, per poi sentirmi dire che gli rovinavo le sue tresche. È stato facile: sono andata in cucina, ho preso un coltello, mi sono avvicinata e gliel'ho piantato nella pancia. Sono rimasta lì ad aspettare che si dissanguasse. Quando ho visto che era morto, sono tornata qui col pullman».

«Porca miseria...» mormorò Garzón. Poi le chiese: «Che cosa ne ha fatto del coltello?».

Lei rise a bassa voce, in preda alla sua follia, e rispose:
«L'ho sepolto nel giardino».
«Nel giardino qui fuori?».
«Sì».
«Ricorda dove?».

«Sì».
«Può mostrarci il posto?».
«Sì».
Senza che dovessimo dirle altro, si alzò in piedi e si mise in marcia. Corsi ad assicurarmi che il corridoio fosse sgombro, in un momento così delicato non potevamo permetterci un'altra scena madre. A passo lento guadagnammo il giardino. Ero combattuta tra l'impulso a dare il braccio alla signora e la profonda ripugnanza che provavo all'idea di toccarla. Se neanche due settimane prima era stata capace di uscire dalla casa di riposo, prendere un autobus, assassinare suo figlio con una coltellata e tornare, perché adesso si muoveva con tanta difficoltà?

Ci condusse a un'aiuola dov'erano piantate tre palme nane. Indicò un punto nel mezzo. In effetti, la terra appariva smossa. Non fu difficile recuperarlo. Era un coltello da cuoco di buone dimensioni. Lo raccogliemmo con un fazzoletto di carta e lo infilammo in un sacchetto.

«Vada a vedere come sta Lupita» dissi a Garzón. «Spieghi lei alla direttrice che la signora Rodríguez non può uscire di qui né ricevere visite».

La donna continuava a canticchiare quella sua musichetta strana, sorrideva, guardava le chiome degli alberi.

«Adesso chiamate la televisione, voglio raccontare quello che vi ho detto, tutti devono sapere. Alle partite insultavano sempre me. "Figlio di puttana, figlio di puttana!" gridavano. Bene, adesso sapranno cos'ha fatto la puttana».

Tutt'a un tratto mormorò:

«Ho sonno, tanto sonno» e si lasciò scivolare fino a terra. Garzón cercò si sorreggerla, ma non fu necessario, un paio di operatori sanitari stava accorrendo.

Lupita se ne era già andata, per non fare tardi al lavoro. Noi ci rimettemmo in macchina. Viaggiavamo l'uno accanto all'altra in silenzio.

«Caso risolto» dissi con un sospiro.

«Che caso di merda! E non si faccia illusioni, ispettore, quella donna non ci sta più con la testa. Vedrà che non la processeranno».

«Be', mi dispiace proprio, perché dovrebbe pagare, non solo per la morte del figlio, ma anche per avergli rovinato la vita. Allora sì che era capacissima di intendere e di volere».

«Ma questo la legge non lo punisce».

«Lo so, Fermín, lo so. Ma dovrebbe».

Quella sera avevamo i figli di Marcos a cena da noi. Quando arrivai a casa, Marina era già lì, a fare i compiti in camera sua. Marcos ed io ci preparammo un piccolo aperitivo e scambiammo le solite chiacchiere sugli avvenimenti della giornata. Alla fine glielo dissi:

«Abbiamo risolto il caso dell'arbitro».

«Ah, e chi è l'assassino?».

Stavo per rispondere quando mi accorsi che Marina era sulla porta. Aveva l'abilità di comparire dal nulla come un folletto. Non dissi una sola parola, ma fu lei a chiedermi:

«Chi è l'assassino, Petra?».

«Un criminale».

«Ma...».

«Niente ma, un criminale è un criminale, punto e basta. Aiuta tuo padre ad apparecchiare la tavola prima che arrivino i tuoi fratelli».

Se ne scappò via, molto offesa. Peggio per lei. Non avevo nessuna intenzione di raccontare in sua presenza una storia scabrosa come quella. Una madre castrante, un figlio disgraziato... non erano argomenti adatti a una bambina.

Preparammo la cena cercando di non sfiorare argomenti pericolosi. Alle otto in punto arrivarono Hugo e Teo, già nel pieno di un litigio, come sempre.

«Potevo essere qui un'ora fa» protestava Teo. «E invece no, ho dovuto aspettare questo cretino che era andato all'allenamento».

«Ti converrebbe fare un po' di sport anche tu, pappamolla!» rispose Hugo.

«Perché, il calcio è uno sport?».

«Tu cosa pensi che sia?».

«Una cosa da ignoranti!».

«Ah, certo, troppo da sfigati per te! Tu sai solo rincoglionirti sui libri e stare al computer».

«Basta, adesso!» tuonò Marcos. «Avete cinque minuti per lavarvi le mani e sedervi a tavola».

Mentre stavo servendo, Marina disse:

«Non vi ho parlato fino adesso perché sono molto arrabbiata».

Dato che nessuno le chiese la ragione del suo malumore, lei dopo un minuto specificò:

«Sono arrabbiata perché Petra non vuole dirmi chi è stato ad assassinare quell'arbitro».

Quattro occhi ansiosi si fissarono su di me. Mi sedetti a mangiare facendo finta di niente.

«L'avete trovato?» chiese Teo.

«Sì» risposi asciutta. «E non mi piace parlare di lavoro mentre sto cenando».

«Tanto lo cerchiamo domani su internet».

«Per me potete cercarlo anche sotto le pietre, io non ho intenzione di dirvi nulla. Parliamo d'altro».

«Di calcio, per esempio?» azzardò Teo sogghignando.

«Di calcio, non una parola» dissi categorica.

«Allora non so di cosa possiamo parlare» si lamentò Hugo.

«Ve lo dico io» prese l'iniziativa suo padre. «Parleremo di musica classica, e visto che siete una banda di incolti che non ne sa niente, potremo cenare senza sentirvi. Sei d'accordo, Petra?».

«Perfettamente».

«Molto bene. Che cosa ne pensi della Quinta di Beethoven, cara?».

«Trionfale».

«E delle sonate di Chopin?».

«Delicate che più non si può».

«Benissimo, così mi piace».

Finalmente riuscimmo a cenare in pace e serenità.

Gian Mauro Costa
Il passo dell'anatra

«Vedi perché le odio?». Filippo Inguaggiato, il poliziotto amico di Enzo Baiamonte, non tratteneva la sua rabbia. «Quando pensi finalmente di aver trovato un buco per posteggiare, in mezzo a una fila di macchine, ecco che, arrivati a due metri di distanza, ti spunta il culetto di una Smart pronto a sfotterti: *ti sei illuso, pezzente, credevi davvero che ti lasciavo libero un posto?*».

In un altro momento per Baiamonte sarebbe stato un invito a nozze. Avrebbe attaccato con la sua teoria inconsapevolmente post-marxista: la vera lotta di classe, da combattere a ogni incrocio e semaforo fino all'ultima lamiera, vedeva a Palermo Mercedes e Bmw da una parte e Fiat, Opel e Renault dall'altra. Enzo decise invece di tacere per non fomentare ulteriormente il malumore di Filippo e aspettò con pazienza che il poliziotto trovasse un angolo di marciapiedi dove sbarazzarsi in modo non del tutto ortodosso, soprattutto per un rappresentante delle forze dell'ordine, della sua Corsa: «Dai che comincia la partita. E mio nipote se non mi vede sin dall'inizio non me lo perdonerà mai».

Baiamonte non si era potuto sottrarre alla proposta di Inguaggiato che gli aveva chiesto di accompagnarlo all'incontro di un torneo giovanile di calcio, per rinfoltire il gruppetto di tifosi. Il nipote tredicenne era in realtà il figlio di una delle innumerevoli cugine che avevano in comune la moglie del poliziotto e Rosa, la sarta compagna dell'investigatore.

Giocava come attaccante nelle file della Bacigalupo, gloriosa e famigerata formazione palermitana di dilettanti rinata dopo il declino seguito all'abbandono del suo padre fondatore: il senatore Marcello Dell'Utri, condannato per mafia.

Baiamonte aveva appena risolto un caso che gli era stato affidato dai dirigenti di un centro commerciale alle porte della città: una serie di furti e taccheggi contro i quali non era stato sufficiente l'argine di metronotte e addetti alla sorveglianza. E ancora una volta si era rivelata preziosa la disponibilità di Inguaggiato che lo aveva già agevolato nell'acquisizione del patentino da investigatore privato. Non che per l'indagine fosse stato decisivo l'aiuto del poliziotto. No, i balordi, una banda di ragazzini, erano stati incastrati solo grazie a quella che Enzo giudicava una botta di culo: la fortuita collisione di un donnone carico di spesa con uno dei ladri imberbi, in seguito alla quale era cascato per terra un iPad appena sottratto. Baiamonte era stato, appunto, fortunato a trovarsi lì a due passi dall'incidente. E a quel punto era stato un gioco da ragazzi arrivare anche ai complici.

Prima però Inguaggiato aveva messo a disposizione, e anche condiviso, la visione di decine di videoregistrazioni. Avevano passato al setaccio immagini, visi scoperti o mascherati, gesti e modalità operative di ladri e rapinatori, alla ricerca di qualcuno che potesse rassomigliare agli approssimativi identikit raccolti da Enzo nel centro commerciale. Adesso il meno che potesse fare l'investigatore era tifare per un'ora e mezza, accanto all'amico, in un campetto di periferia. Non che poi gli pesasse tanto. Il calcio gli piaceva, anzi, lo appassionava. A patto che si trattasse di roba da dilettanti. Aveva fatto questa scelta di vita già da ragazzino, disgustato dalle continue risse tra interisti, milanisti e juventini, in cui i suoi compagni volevano a tutti i costi metterlo in mezzo, e dalle ripetute delusioni che gli rifilavano i rosanero del Palermo, colori ai quali non si era mai realmente affezionato.

«Non vuole prendere posizione, Enzuccio, lasciatelo stare, lui preferisce leggere i fumetti d'avventura. O magari giocare con le bambole» lo prendevano in giro, adombrando nella sua mancata partecipazione alle discussioni più sanguigne il dubbio di una scarsa virilità. C'era poi a tormentarlo, e a rafforzare in lui il convincimento di essere oggetto di un atteggiamento persecutorio, un curioso grido che risuonava spesso quando gli capitava di incrociare i ragazzi del quartiere mentre tiravano quattro calci nello spiazzo davanti alla scuola elementare Colozza. Nelle fasi più concitate del gioco qualcuno gridava *Enz!* e subito si scaldavano gli animi. Il fatto di essere chiamato e scatenare quindi rabbiose reazioni tra gli avversari lo aveva convinto che il suo nome veniva ormai considerato, e pubblicamente, alla stregua di uno dei peggiori insulti da lanciare a un avversario. Solo parecchi, ma parecchi anni dopo, Baiamonte aveva scoperto che si era trattato di un increscioso equivoco. Guardando uno degli innumerevoli film della sua collezione di cassette si era imbattuto in un dialogo tra due attori, uno dei quali cercava di farsi capire dall'altro, ignaro della sua lingua. E il primo indicava al secondo le sue mani, compitando: *hands, capito? Queste si chiamano hands, mani...* Insomma, i ragazzacci non ce l'avevano con lui: *Enz* era solo la versione sicula, di strada, del fallo di mano nel football inglese. Per questo gli altri se la prendevano tanto...

Le scelte di vita però erano già state fatte, ed erano decisamente più consone alla sua indole tranquilla. Aveva deciso di andare controcorrente, per tenere a distanza il popolo ribollente del calcio, e di tifare quindi per la piccola squadra di una cittadina in provincia di Messina, l'Igea, che aveva tra l'altro la bizzarra abitudine di variare il nome sociale: ora diventava Nuova Igea, ora tornava semplicemente Igea, ora aggiungeva un altisonante Virtus.

A dare ulteriore alibi alla sua passione, la circostanza che a Barcellona Pozzo di Gotto, il paesone natale dell'Igea, era legato da lontani vincoli familiari. Ciò gli consentiva, alla bisogna, di sfoggiare, con studiata nonchalance, origini esotiche: *veniamo da Barcellona*, lasciando volutamente in sospeso, dopo una pausa a effetto, la conclusione... *Pozzo di Gotto*.

Leggeva e talvolta ritagliava tutti i resoconti di cronaca sui giornali locali o sulle pagine regionali della «Gazzetta», collezionava, quando possibile, le relative, e in verità sparute ma proprio per questo ancora più preziose, figurine della Panini, seguiva, anche se molto occasionalmente, le partite della «sua» squadra quando era impegnata in una gara nelle vicinanze di Palermo. In quei campetti polverosi si sentiva a casa. Rimarginate ormai le ferite adolescenziali alla sua autostima, poteva ritrovare odori antichi e familiari: l'afrore inconfondibile fatto di bucato alla buona, con il sapone di marsiglia coperto dal sudore crescente provocato dalle maglie sintetiche, il tanfo quasi da concime delle zolle di terra smosse dalle pesanti falcate dei giocatori e, se il vento era magnanimo, anche un lontano richiamo di salsedine o di piscio dagli spogliatoi. Pure i suoni, con un po' d'immaginazione, erano gli stessi, e senza il filtro delle distanze e la maleducazione degli altoparlanti: i commenti del pubblico sparuto, le invettive dei calciatori, i richiami belluini degli allenatori, le imprecazioni degli uni, degli altri e degli altri ancora, creavano una sgangherata sinfonia di partecipazione corale. Come si fosse tutti assieme su una stessa barca in mezzo a una tempesta benigna, che poi ti concede di toccare la riva con il cuore in tumulto e l'animo soddisfatto. Be', ci si voleva tutti bene, in fin dei conti, dall'arbitro cornuto agli avversari a cui non erano stati risparmiati calci negli stinchi e sputi, alle fazioni contrapposte di tifo. Ci si odiava per un paio d'ore, perché era questo il gioco, e ci si abbracciava alla fine, magari continuando a insultarsi o a menarsi ancora un po'. Perché il gioco, appunto, era questo. Baiamonte lo aveva imparato, eccome, a poche centinaia di metri dal suo quartiere, nel campetto di pietre e polvere dei Danisinni nato dallo sventramento provocato da vecchi bombardamenti e più recenti smottamenti. Ci andava di nascosto, quando sfuggiva al controllo dei suoi, contrari alla promiscuità con quella tribù di disperati che viveva in baracche di lamiera e capanne di paglia e argilla. Ma lì, in mezzo ad acquitrini malsani e impasti di fango, Enzo aveva scoperto un mondo. Quei ragazzi si dannavano l'anima per conquistare un pallone rattoppato, lottavano sino allo sfinimento per guadagnarsi un applauso dei compagni, del pugno di adulti ubriachi di vino acetoso che li seguiva tra scherno e compiacimento, oltrepassavano la linea sghemba lasciata dal gesso alle spalle del portiere come se sfondassero le porte del paradiso. C'era una drammaticità, c'era una inevitabile commozione che accelerava il respiro come se lo stesso Enzo corresse accanto a loro per superare il centrocampo delle paure e dei sogni. Niente a che fare con le ammucchiate cialtrone e prepotenti dei suoi coetanei di quartiere. Quelle partite, ai Danisinni, sembravano sfidare la luce, la stessa ineluttabilità della notte e della morte. Enzo tornava a casa, ligio, all'ora di cena, lasciandosi alle spalle sagome ansimanti, pipistrelli capaci di captare al buio il pallone, insensibili alla fame connaturata, ribelli a ogni autorità familiare e sociale. Forse, aveva pensato talvolta, quelle partite non terminavano mai, solo perdevano per strada i protagonisti per sostituirli con altri, come soldati in una guerra di trincea. Quello era il calcio di cui si era innamorato. Quello era il calcio. Un calcio con i monopattini di legno marcio a bordo campo, non con le Smart e le luci artificiali come quelle che si erano appena accese sul rettangolo di erba sintetica dove stavano giocando i ragazzini della Bacigalupo.

«Più rabbia, Tonino! Buttati nei contrasti senza paura di romperti le gambe. O di romperne qualcuna...».
L'ultima frase, rivolta al nipotino in difficoltà per andare in gol, Filippo Inguaggiato l'aveva sussurrata tra i denti, ma non tanto da non essere afferrata da Baiamonte, che sbirciò l'amico come se al suo posto fosse improvvisamente comparso un marziano verdognolo. Ma, guardandosi intorno, si accorse che forse era lui a essere rimasto l'unico abitante della Terra. Pareva che si fossero tutti trasformati in trucidi extraterrestri degni del film *Mars Attacks!* di Tim Burton quei cento parenti assiepati nella gradinata di tubi Innocenti: padri con vistosi orologi al polso e giubbotti dai risvolti impellicciati, madri lucide di rossetti e collane, nonni e anziani padrini flatulenti di imprecazioni e cattiveria. A muoversi come calabroni ubriachi dietro le linee laterali, una pattuglia di uomini malmostosi in tuta, massaggiatori tracagnotti, riserve scalpitanti, intrusi autorizzati per diritto territoriale o meriti extrasportivi, dirigenti olezzanti di piccoli poteri e dopobarba dozzinali: tutti coinvolti, all'apparenza, come se in palio ci fosse l'onore personale o il loro conto in banca.

Baiamonte cercò di far buon viso al cattivo gioco che avveniva in campo e intorno al campo e tentò di riprendere contatto con l'amico, mentendo per ricondurlo alla normalità: «Niente male, tuo nipote Tonino. Si vede che ha grandi doti tecniche. Gli ho visto fare un paio di scatti e un dribbling...». Ma Inguaggiato era ormai davvero in un altro pianeta. Per ritrovare il placido agente di polizia, sempre di buonumore e sempre pronto al rito di una tazzina di caffè nel bar giusto, Enzo dovette aspettare il triplice fischio dell'arbitro che sancì la fine di una gara terminata zero a zero, inutile come il dispendio di muscoli e ventricoli. E assistere alla sarabanda di abbracci, baci sulle guance da scambiare con tutti i componenti della famiglia di Tonino, come se avesse fatto la prima comunione. Poi la carica aggressiva di Filippo si incanalò verso la carovana di Smart e fuoristrada spetezzanti per guadagnare la via di fuga della circonvallazione e si placò finalmente davanti a una birra, consumata in piedi al chiosco di corso Olivuzza.

«Vieni a mangiare un boccone da me? Loredana ha preparato la busecca con melanzane e patate. Lo possiamo dire pure a Rosa... Non abbiamo ancora festeggiato la conclusione della tua indagine...».

«Grazie, Filippo, si è fatto tardi. E stasera sono puntato con gli amici di scopone».

«Tu e questo scopone...».

«Che dici? Sarà da almeno un mese che non gioco... Ed è ormai una delle poche occasioni in cui posso incontrarmi...».

«Gli amici te li sei ormai dimenticati, vero, Enzuccio? È da un mese che non ti fai vivo. Cos'è, il cacazzo di perdere il vassoio di cannoli?» lo prese in giro un paio d'ore dopo Massimo Lo Cascio, accogliendolo nel suo appartamento di via Muta, a poche decine di metri dal suo ufficio-deposito di latticini. Gli altri compari di scopone erano già intorno al tavolo e sgranocchiavano calia innaffiandola di vermuth: Mariano Lopez, tabaccaio, e Nicolino Prestigiacomo, dipendente comunale in pensione.

«Se cominciate così, me ne vado subito» si schermì Baiamonte minacciando un improbabile e repentino abbandono.

«Sse, sse... vattene dalla tua sarta che te la conza lei la scopa...» infierì Nicolino, acido come il vino d'annata che tentava di propinare ogni tanto agli amici. Enzo sorvolò benevolo sul riferimento alla sua Rosa che, in altre circostanze, lo avrebbe fatto avvampare di astio e scatenato un'irosa, e per lui quanto mai inappropriata, reazione. E cercò anzi la solidarietà dello storico trio di compagni sfogandosi per il pomeriggio calcistico appena trascorso.

«Ma tu ti vai a infilare nella tana del Bacigalupo e poi ti lamenti?» lo redarguì, ma comprensivo, Lo Cascio. «Sempre fighetti sono stati, sin dai tempi di quello lì... Ci giocavano i figli delle famiglie ricche, della zona di via Libertà, gli studenti dei preti, anche il nostro presidente...».

«... Grasso, il capo del Senato, sì» completò la frase Mariano. «Ma non è vero che c'erano solo i tischi toschi di buona famiglia. C'erano anche i picciotti di quartiere. E se per questo anche picciotti e basta».

«Comunque quella è storia chiusa. La vecchia Bacigalupo non esiste più. Così come è stato inghiottito dal cemento il suo campo di Resuttana e tutti gli altri campi dove giocavo da ragazzo anch'io, al Malvagno, all'Ancione, ai Cantieri Navali...» cercò di metterci una pietra sopra Nicolino che palesò la sua voglia di cominciare lo scopone scoprendo una carta a testa per stabilire a chi toccasse aprire le danze. «Questi sono ragazzini che forse giocano a malapena nella Regionale Allievi. Portano il nome ma...».

«Sì, un po' come la storia del giornale "L'Ora"» tentò di indirizzare la discussione su livelli più intellettuali Lo Cascio, che si sentiva l'uomo di mondo del gruppo. «Quello famoso, da serie A, chiuse poche settimane prima delle stragi. Ogni tanto spunta per qualche giorno un quotidiano con lo stesso nome. Ma si capisce subito che è proprio di un altro campionato...».

«Sono i campionati che piacciono a Enzo, no? Quelli dei paesani» punzecchiò Nicolino, di fede nerazzurra, a cui intanto era capitato di essere in coppia proprio con Baiamonte. «Lui ha il naso sottosopra, la puzza la sente solo in alto... quando si tratta di grandi squadre come l'Inter».

«E fa bene in quel caso a sentire puzza» provocò al volo Massimo, juventino da sempre e protagonista di zuffe memorabili con l'amico nerazzurro che avevano messo talvolta a rischio la conclusione delle partite di scopone.

«Non ricominciate voi due» cercò di far da paciere Mariano che, in quanto milanista, si era ritagliato un ruolo di centro moderato tra le due ali estreme. «A volte penso che ha ragione Enzo a prendere le distanze. Con tutto lo schifo che abbiamo visto in questi anni».

«Proprio tu non dovresti lamentarti del calcio scommesse» non perse l'occasione Prestigiacomo, mentre Lo Cascio distribuiva le nove carte a testa della variante scientifica dello scopone. «Come tabaccaio ti ci sei fatto i bagni. E anche quando c'era l'acqua sporca».

«Per carità, non mi lamento» fu costretto a fare un passo indietro Mariano Lopez. «Anche se ora le cose stanno cambiando. E chissà se in peggio. Chi le controlla più tutte le puntate con Internèt? C'è più attenzione, è vero, alle partite di richiamo. È diventato difficile manipolare un risultato di serie A e pensare di farla franca. E infatti, mi dispiace dirlo, Enzo, ma i giri più strani ormai avvengono sulle partite dalla Lega Pro in giù. Mi dicono, e mi risulta, che sulle gare di Eccellenza, il campionato della tua Igea Virtus, arrivano puntate pure dall'Asia e dai paesi arabi».

«A proposito, Enzo, è vero che la tua Igea va forte quest'anno?» intervenne, bonario, Lo Cascio, sistemando le carte con un sorriso che lasciava intendere il possesso di almeno due sette.

Sino a quel momento Baiamonte era rimasto silenzioso. E pensieroso: avrebbe voluto raccontare agli amici l'esito dell'indagine al centro commerciale ma la sua testa era già indirizzata alla ricerca di un nuovo incarico, e magari di un certo peso, per rassicurarsi che con il suo nuovo lavoro di investigatore, dopo aver chiuso la bottega di elettrotecnico, ci si poteva pure campare, come sosteneva la sua più appassionata sostenitrice, Rosa. Già, Rosa... Avrebbe dovuto essere con lei, quella sera, a condividere la busecca offerta da Inguaggiato e poi fermarsi a casa sua... Allontanò l'insorgente molestia del senso di colpa e si ripromise di portarla in pizzeria, la sera successiva, e fare con lei il punto della situazione. Evitando magari di affrontare l'argomento che faceva capolino ogni qual volta si parlava di futuro lavorativo: quello di una possibile convivenza. Afferrò dunque l'opportunità scacciapensieri offertagli da Lo Cascio: «Va forte, va forte. Siamo primi in classifica. E domenica prossima c'è uno scontro, forse decisivo, con l'Atletico Monterizzo, in provincia di Catania».

«Decisivo per cosa? Per la Coppa del Nonno?» inacidì il discorso Nicolino, che sembrava assorto nel calcolo della carta di una prima possibile rottura.

«Per la promozione in serie D» rispose invece, serio, Enzo.

«Ti piacerebbe andarci?» intervenne Lo Cascio che, a dedurre dallo sfoggio di generosità, di sette in mano doveva averne addirittura tre. «Io devo andare domenica proprio da quelle parti, per un mitìng della Muscarà con i distributori di latticini. Mi sbrigo presto, in un'ora o due al massimo. Se vieni con me... Ma prima vediamo come finisce lo scopone, va...».

Lo scopone, per la coppia Lo Cascio-Lopez, andò benissimo. Massimo, che di sette ne aveva davvero tre, non ebbe difficoltà a concludere il primo giro con un punteggio schiacciante che fu poi saggiamente amministrato sino al tetto dei 21 della vittoria finale.

Ed Enzo, per addolcirsi l'amaro dei cannoli persi, gettò in segno di resa le carte e chiese: «Vale sempre l'offerta per l'Igea?».

«Vale, vale. Domenica fatti trovare sotto casa alle otto».

Non era stato difficile farla digerire a Rosa. La sarta, con un sorriso, gli aveva annunciato che avrebbe approfittato del giorno libero di festa per andare a far visita a una delle sue tante cugine. Ma aveva voluto a tutti i costi lasciare la sua impronta imponendo a Baiamonte un sacchetto con panini imbottiti e un vecchio thermos colmo di caffè.

«Ti manca solo la sciarpetta di lana» cominciò a sfotterlo Lo Cascio, arrivato puntuale alla guida della sua Giulietta ultimo tipo. «A pensarci, ti potevi far fare da Rosa una sciarpa con i colori dell'Igea. A proposito, quali sono?».

«Giallo e rosso. Giallo come il colore delle tue mozzarelle irrancidite e rosso come i coloranti delle schifezze che fai mangiare alla gente» rispose pronto Baiamonte. E i due amici furono davvero pronti a godersi la cavalcata attraverso la Sicilia. Dato lo stato di strade e autostrade dell'isola, «godersi» era di sicuro un eufemismo e «cavalcata» da prendersi invece alla lettera con il beneficio di un deciso ottimismo. Ma per Baiamonte ogni rara occasione di uscire da Palermo diventava un'avventura inebriante. E l'opportunità, una volta spezzati i riti dello scopone, di un confronto più intimo con i suoi amici. Lo Cascio, poi, era forse quello che sentiva più vicino. Sotto la scorza greve dell'uomo d'affari e del donnaiolo impenitente, alla faccia della sbandierata rispettabilità familiare, era la persona che aveva seguito con sincero e affettuoso interesse la sua nuova vita, quella di investigatore, incoraggiandolo e offrendogli, comunque, se le cose si fossero messe male, il rifugio sempre pronto di un posto da contabile nel suo deposito.

L'aria era ancora frizzante ma il sole cominciava a solleticare appetiti e leggerezze. Parlarono di Mariano, delle sue cicliche tentazioni di mollare la tabaccheria e ritirarsi nel paese della moglie, di Nicolino, sempre più permaloso e insofferente da quando era andato in pensione e diventato nonno. Parlarono poco di lavoro e molto di donne, quelle di Lo Cascio naturalmente, con dovizia di particolari su conquiste passate e futuribili tra provoloni e cosce di prosciutto. A Rosa, «una signora da non confondere con quelle lì», Massimo, dopo la doverosa precisazione, dedicò invece solo una domanda discreta, tanto per saggiare la resistenza della corazza scapolare dell'amico: «Non voglio pensarci a mettere su casa» fu la laconica risposta di Enzo e la discussione si fermò lì. Complici i cd di un vecchio Morandi e di un decrepito Celentano, erano intanto arrivati allo svincolo dell'autostrada, in direzione dello stabilimento caseario della Muscarà. Enzo declinò l'invito di Lo Cascio a entrare nei locali dell'azienda: «Mi faccio due passi. Ho visto che c'è un bar nella stazione di servizio a mezzo chilometro da qui. E ne approfitto per fumarmi un toscano».

«Non dimenticarti i panini di Rosa» lo ammonì senza malizia Lo Cascio. «Io penso che mangerò qualcosa là dentro. In questi casi offrono sempre un buffetto. Ma, come ti ho detto, non farò tardi. E non ti preoccupare per la partita: conosco una strada provinciale che ci porterà a Monterizzo in tempo. Intanto le chiavi della macchina tienile tu».

Lo Cascio fu di parola. Enzo si era goduto la passeggiata riuscendo a cancellare dal paesaggio e dalle sue orecchie il traffico molesto. All'orizzonte, sotto un cielo azzurro che gli sembrò di non aver mai visto a Palermo, notò un piccolo sbuffo nerastro. Glielo spiegarono al bar di che si trattava: «È l'Etna anticchia nirbusa, stamatina. Poi ci passa», scoprendo che per la gente di Catania quella irritabilità non poteva che essere prerogativa di una femmina, di una madre montagna, e non di un virile vulcano. Al suo ritorno fece appena in tempo a mangiare uno dei panini della sarta e bere un altro caffè dal thermos («troppo dolce, glielo devo ricordare a Rosa di non mettere zucchero») che Lo Cascio era già pronto a mettersi alla guida: «Le solite minchiate» liquidò la riunione. «Possiamo andare».

Massimo sembrava a suo agio, in quelle strade, come se si muovesse nel suo quartiere. Tornò indietro, superò il distributore di benzina, girò per una stradina laterale, imboccò un sottopassaggio della ferrovia, e dopo un paio di chilometri costeggiati da campi coltivati, sbucò in un'arteria più grande ma priva di traffico: «Da qui in meno di mezz'ora arriviamo a Monterizzo». E poi, anticipando un'eventuale richiesta di spiegazioni: «Ma tu lo sai per quanti anni da picciotto ho girato la Sicilia col furgoncino?».

La strada cominciò con dolci tornanti a inerpicarsi sulle colline, incontrando solo qualche macchina e piccole pattuglie di ciclisti. Fino a quel momento, nonostante non avessero alcuna fretta, Lo Cascio aveva guidato a velocità sostenuta. Ma a un certo punto fu costretto a decelerare perché il tragitto si era fatto più tortuoso: «E chiamale fesse. Si sono sistemate qui perché si va piano e uno è costretto a taliarle».

Enzo capì subito che l'amico si riferiva a un filare di donne di colore, in piedi o sedute su sgabellini di plastica, con luccicanti vestiti inguinali e trucchi vistosi. Accanto a loro una piccola processione di auto, da cui si protendeva ogni tanto una mano sguaiata, accompagnata, per quel che si poteva capire, da un commento lascivo. Fecero silenzio: Lo Cascio si preparò a un lungo e approfondito lavoro di sguardi, Baiamonte all'esercizio congenito della curiosità. Avvicinandosi, si accorsero che la fila si estendeva a perdita d'occhio, e scandiva, come pietre miliari ravvicinate, il percorso della strada.

«Miiiii....» fu il solo commento di Lo Cascio e cadde anche questo nel silenzio. Quando arrivarono all'altezza della prima donna in esposizione, su una sedia impagliata, furono schiaffeggiati dalla sorpresa: «Ma questa è una picciridda» esclamò il detective e l'amico annuì: «Non deve avere più di quindici anni». La ragazza fece un sorriso spento, che risultò una inconsapevole smorfia, e allargò le gambe per mostrare uno spettacolo che Baiamonte avrebbe, con istintivo moto pudico, occultato con una coperta. Il trucco pesante, intorno agli occhi e alla bocca, le scivolava sulle guance sotto i colpi del sole.

«Questa invece puzza ancora di latte. Quanto ci ha, dodici anni?» quasi gridò Lo Cascio. E aggiunse: «Che schifo... mischina. E quest'altra ancora? Con l'ombelico di fuori?». E diede un colpo di acceleratore. Superò in gran fretta la coda senza accorgersi, cosa invece che non sfuggì a Enzo, che nel filare, oltre ai virgulti, c'era anche qualche donna sulla trentina, più disinvolta ma non per questo meno provata. Ci vollero almeno tre minuti, e un chilometro buono di strada, perché potessero lasciarsi alle spalle il patetico show. Per diradare la cappa di tristezza che lo aveva avvolto, Baiamonte accese la radio. Giunse la voce di un cronista che dava le ultime notizie sul derby tra Roma e Lazio di lì a poco di scena all'Olimpico.

«Che si sganghino le corna tra di loro» riprese quota Lo Cascio. «E della partita dell'Igea non se ne occupano, eh, Enzù?» cercò di pungolare, ma senza molta convinzione, rivelando che anche a lui era venuto un po' di magone. In soccorso ai due amici arrivò un vecchietto che, a un incrocio di campagna, vendeva panierini colmi di arance: «Quelle rosse che coltivano da queste parti sono insuperabili» sentenziò il rappresentante di latticini. Si fermarono, ne comprarono uno a testa e ripresero il viaggio: «Tra cinque minuti siamo allo stadio» annunciò Lo Cascio. E cinque minuti dopo si trovavano già davanti al botteghino, una finestrella in penombra in mezzo a una colata di cemento sbiadito. Quindi varcarono un enorme portone di legno e si ritrovarono ai piedi di una gradinata per salire sulla quale Baiamonte pensò, lui miscredente, che sarebbe stato opportuno farsi il segno della croce. Erano in duecento, duecentocinquanta al massimo, a distribuirsi su quelle lunghe, approssimative, panche che portavano il segno del maltempo, dei tacchi consumati e delle scatarrate di trinciato. Enzo, seguendo un suo impulso igienista, pensò bene, prima di sedersi, di stendere un foglio di «Gazzetta»: «per mettere al riparo le tue chiappe rosate» commentò, implacabile, Lo Cascio. Intorno a loro, i tifosi del Monterizzo, con qualche bandiera biancoverde tra le ginocchia, sembravano assorti in discussioni di famiglia, o forse di affari, e comunque del tutto estranee al calcio. Parlavano un siciliano aspro, incomprensibile eppur avvolgente, seduttivo. Enzo, disorientato, cercò in cielo un segnale di fumo, dell'Etna o di qualche amico indiano delle sue cassette western, e si chiese se aveva fatto bene ad accettare la proposta dell'amico. O se non sarebbe stata da preferire una delle sue solite domeniche casalinghe, con la radio in sordina, il taccuino di appunti e gli odori della pasta al forno preparata dalla signora del piano di sotto.

Poi apparve Cannavò. Enzo lo riconobbe anche se era la prima volta che lo vedeva a figura intera e non sulle fototessera con le quali era ritratto nelle scarne cronache dei giornali regionali. Se l'era immaginato più alto, l'attaccante di punta della sua Igea, appena rientrato nei ranghi dopo un brillante campionato in Promozione nella vicina Rocca di Caprileone, più zazzeruto e anche più adulto. Ma le occasioni di conoscere il volto dei suoi giocatori erano davvero rare. L'onore delle immagini veniva solitamente riservato all'allenatore barbuto e scarmigliato che adesso si avviava verso la panchina. Baiamonte sapeva però a memoria la formazione, riserve comprese. E la sfoggiava agli amici quando quelli attaccavano con le poesiole dell'infanzia: Sarti, Burgnich, Facchetti... oppure Zoff, Gentile, Cabrini... E lui si tirava fuori: Inferrera, Dall'Oglio, Di Stefano... per poi concludere con un pirotecnico Cannavò, Isgrò, Crifò che, con tutte quelle accentate suonava, alle sue orecchie, di gloria calcistica quasi come il mitico cinguettio brasiliano del trio Didì, Vavà, Pelè.

Giallorossi e biancoverdi si schierarono a centrocampo. Peccato non poter dare neanche adesso identità ai volti: nelle serie inferiori ai calciatori non veniva riconosciuto il diritto di mettere il nome dietro la maglia. Combattenti destinati alla clandestinità, militi ignoti da sacrificare alla bandiera delle esigue casse societarie. Eppure anche lì, in quel campo spelacchiato e pesante, stava per andare in scena, con le dovute proporzioni, lo stesso rito del Meazza e dell'Olimpico. Anche lì si potevano scatenare sogni ed emozioni. Anche lì, a rincorrere il pallone, c'erano i figli di un Dio, minore sì, ma pur sempre Dio. Tra le file dell'Atletico Monterizzo, anche due ragazzi di colore: «Guarda quello, somiglia preciso a Evra» notò, da buon juventino, Lo Cascio. «Lo sai, vero, che Evra ha cominciato a giocare in Sicilia, nel Marsala?». Qualcuno, dunque, riusciva ogni tanto a tranciare il filo spinato dei campi dilettanti di concentramento e raggiungere l'America.

La partita si presentò subito condizionata dal tatticismo degli allenatori. L'Igea puntava soprattutto al possesso palla (mostrando di accontentarsi di un pareggio che l'avrebbe lasciata indisturbata al vertice), il Monterizzo badava soprattutto a difendersi, anche se soltanto una vittoria avrebbe potuto rilanciarla in zona play-off. Il gioco ristagnò a lungo a centrocampo, interrotto da continui falli mai così cattivi però da far scattare le ammonizioni. Tiri in porta, velleitari, solo da lontano. Alla fine del primo tempo non si era vista una sola azione degna di nota.

«È questo il calcio che ti piace?» lo schernì Lo Cascio. Ed Enzo non fu in grado di ribattere. Quasi per scusarsi, offrì all'amico un ghiacciolo all'arancia. Il secondo tempo non si scostò dal copione del primo. Cannavò tentò un paio di fughe solitarie ma i suoi cross in area si spensero in mezzo a un nugolo di maglie biancoverdi. Poi, a cinque minuti dalla fine, il colpo di scena. Un innocuo passaggio indietro al portiere dell'Atletico Monterizzo si trasformò in un maligno pallonetto che scavalcò il numero uno per insaccarsi in rete. Protagonista del disgraziato autogol uno dei due giovani di colore, quello che portava la maglia numero 5, che si mise le mani nei capelli e poi ciondolò attonito con uno scomposto movimento di gambe, all'apparenza incapace di riprendersi dopo l'errore fatto. Disperazione dei biancoverdi, incredulità e gioia dei giallorossi, lazzi dei tifosi, rabbiosa, ma sterile e tardiva, reazione dell'Atletico. Il pubblico, che nel frattempo si era misteriosamente moltiplicato sino a raggiungere il migliaio, sfollò come risucchiato da un potente aspirapolvere.

Il sipario era già calato, il sole, prima del tramonto, batteva in pieno sugli occhi di Lo Cascio che aveva tirato fuori un paio di lenti scure e si era ben guardato dal ripercorrere la strada dell'andata: «Non c'è motivo di passare da lì» sentì il bisogno di giustificarsi. «Da qui ormai andiamo dritti verso l'autostrada. Ma dimmi, ti è rimasto uno dei panini di Rosa? Mi venne uno strano pititto...».

In auto calò il silenzio, quello che a Enzo non dispiaceva quando era in compagnia di un amico, perché segno di confidenza, di complicità. E calò, con lo scorrere dei chilometri, anche la penombra. E con la penombra la malinconia di un'altra domenica che andava a morire. Senza gloria e senza gioia. Pure di quella vittoria trovata per caso c'era poco da gioire. Perché in fin dei conti il calcio non era più forte della vita, poteva riempirne, forse impreziosirne, solo qualche momento. Così come il buon esito dell'indagine al centro commerciale, anch'esso dovuto a un colpo di fortuna, non aveva la capacità di colmare né l'orgoglio, né le tasche, né tantomeno il futuro dell'investigatore, che ancora una volta era costretto a chiedersi se e come insistere a inseguire un sogno, un'illusione coltivata nell'adolescenza ormai lontana come quella dei giocatori-fantasma dei Danisinni. Gli tornarono per un attimo davanti agli occhi, complice il buio dell'autostrada, le sagome palpitanti di quei ragazzi dietro a un pallone. Chissà che fine aveva fatto ognuno di loro: chi morto ammazzato, chi caduto da un'impalcatura di un palazzo in costruzione, chi disoccupato e con sette figli, chi, magari, arrinisciuto e contento. E ripensò al ragazzo di colore, al maldestro numero 5 dell'autorete, alla sua serata triste, ai suoi tormenti sportivi e di sopravvivenza. Chissà da dove veniva, se aveva una famiglia, se andava a scuola... Rivide nitidamente la cinica parabola del pallonetto, le mani tra i capelli, l'inebetito movimento delle sue gambe dopo la catastrofe. Saltellava su un piede dopo essersi piegato in avanti, ciondolava l'altra gamba, dondolava la testa. Sì, se ci fosse stato un concerto rock, nel povero stadio di Monterizzo, quella sarebbe stata la perfetta imitazione del famoso passo dell'anatra inventato da Chuck Berry. Sorrise all'immagine di uno dei padri del rock and roll contrapposta a quella di un giocatore anonimo di una squadretta di provincia. Poi, poi... ritornò ancora su quel movimento, rievocò ogni singolo gesto. E un lampo, ma solo nella sua testa, spezzò il buio del ritorno a casa.

«La prossima volta ci vediamo almeno Palermo-Juve» si congedò Lo Cascio.

«Non credo proprio» ribatté Baiamonte. «E grazie di tutto, Massimo».

Enzo guardò l'orologio. Si erano fatte le otto, colpa del consueto ingorgo domenicale alle porte di Palermo. Non sarebbe passato da casa di Rosa. Solo una telefonata e poi a letto dopo un piatto di pasta. L'indomani, ormai era inevitabile, doveva tornare da Filippo Inguaggiato.

«Filì, te lo prendi un caffè?» fu la proposta di Baiamonte che, alle 9 in punto, si trovava già davanti al portone della questura.

«L'ho appena preso, ma ne bevo volentieri un altro con te» rispose l'amico che, come al suo solito, aspettò di sorbirsi l'ultimo goccio prima di affrontare qualsiasi argomento impegnativo.

«Avrei bisogno di rivedere alcuni di quei filmati sulle rapine» lo attese al varco della torrefazione Enzo.

«E che fu?» reagì, sorpreso, Inguaggiato. «Hai incastrato un innocente e hai ripensamenti? Non ti bastò averlo colto con le mani nel sacco della spesa? Ti vuoi tirare fuori qualche oscuro complotto dei tuoi?».

«No, no, Filippo. Si tratta di un'altra storia. Poi ti racconto. Può essere solo una minchiata, ma tu fammi questo favore». Pochi minuti dopo, erano di nuovo davanti a un monitor. La memoria di Baiamonte fu utile per restringere la ricerca a una mezza dozzina di videoregistrazioni. Arrivati alla quarta, il detective si agitò: «Ecco, è questa. Mettila al rallentatore. Da quando escono dalle due auto rubate e si avvicinano al deposito. Già, una è una Smart, manco a farlo apposta... Aspetta, guarda questo qui, leggermente indietro rispetto ai tre compari. Noti niente?».

«Che devo vedere? Sono incappucciati, grosso modo della stessa altezza, tutti vestiti di scuro...».

«No, no. Lo vedi come si muove?».

«Sì, fa un cazzo di movimento... che vuoi dire? Che è nervoso, forse epilettico? E allora? Magari si era fatta una sniffata...».

«No, Filì, quello è il passo dell'anatra. Esattamente identico a quello che ho visto io».

«Il passo dell'anatra? Cos'è, un gioco di bambini? Vuoi andare a fare qualche blitz negli asili?».

E Baiamonte, dopo aver rivisto tre-quattro volte la scena, gli confidò tutti i suoi sospetti. Alla fine, Inguaggiato si convinse: «Ok, fammi prendere informazioni su questo giocatore del Monterizzo Virtus».

«Non fare minchiate, Filì. Si chiama Atletico Monterizzo. La Virtus è un'altra cosa».

Passò quasi una settimana: «Non è stato facile, che ti pareva?» lo svegliò al telefono il poliziotto. «In questo cazzo di campionati dilettanti, controlli, documenti, tesseramenti, sono un casino. Comunque: il tuo numero 5 è un ragazzo nigeriano. Ha diciannove anni, si chiama Memeke Karves, se poi il suo vero nome è questo. Sai, quando sbarcano, mica hanno il passaporto in mano... A volte anche l'età e la nazionalità sono fasulle. Dichiarano quello che conviene e che gli suggeriscono di dire. E i controlli... Comunque il ragazzo è arrivato con un barcone in Sicilia otto mesi fa. Risulta tesserato dal Monterizzo Virtus...».

«Atletico Monterizzo, Filì...».

«Sì, vabbè... quattro mesi fa. Per ottenere un permesso di soggiorno provvisorio, l'allenatore, un certo Mario Drago, gli ha fatto avere un contratto. E gli ha offerto la residenza presso casa sua, a Paternò, in contrada Giummarra, via Cavanera 25. Infatti i due indirizzi corrispondono. Una specie di adozione, l'avrà preso a cuore».

«Magari è proprio come dici tu, Filippo. E che facciamo?».

«Che facciamo? A questo punto andiamo a trovarlo. Magari scopriamo che è solo un fan di quel Cicco Berri...».

«Escluderei che sia un appassionato di rock and roll. Lui, il passo dell'anatra ce l'ha, chissà come, nel sangue. E gli viene spontaneo farlo in alcuni momenti... difficili».

«Come nel caso di un autogol? Un modo di esultare al contrario? Totti si metteva il dito in bocca, Montella faceva l'aeroplanino, non mi ricordo chi faceva la danza intorno alla bandierina del calcio d'angolo... e questo disgraziato fa invece il passo dell'anatra se segna nella sua rete?».

«O quando magari ha l'adrenalina in circolo poco prima di aver fatto un colpo».

«Martedì ti va bene?» lo interruppe il poliziotto.

«Martedì? Per fare cosa?».

«Per andare a ballare il passo dell'anatra assieme. Ti vuoi tirare fuori a questo punto? Martedì ho il giorno libero. Così se è solo una tua minchiata, non faccio danno».

Martedì mattina, alle sette perché Inguaggiato, mattiniero d'abitudine, si era impuntato, il cielo era nuvoloso e prometteva acquazzoni. Stavolta, Enzo era senza il panierino di Rosa: non ci aveva neanche provato, la sarta, dato che il suo uomo era «in missione di lavoro» e lo spuntino in macchina sarebbe stato poco decoroso per un professionista dell'indagine. Imboccarono l'autostrada senza particolari problemi di traffico: «Arriveremo comodi in un paio d'ore» annunciò il poliziotto. «L'allenatore abita alla periferia di Paternò».

All'altezza di Bagheria, il primo scroscio di pioggia. Inguaggiato rallentò e passò a Enzo le ultime informazioni raccolte: «Il ragazzo è sbarcato, pare senza familiari, a Lampedusa. Da lì è stato portato in nave a Palermo. Ha dichiarato di essere fuggito dalla guerra che c'è nel suo paese e si è appellato al diritto di accoglienza. Dopo qualche settimana è stato trasferito al Cara di Mineo, sai cos'è? È il centro che ospita i migranti in attesa di vedere accolta la richiesta di asilo politico. Ho controllato: il periodo che ha trascorso a Palermo include la data in cui è avvenuta la rapina in provincia, a Bolognetta, di cui abbiamo visto le immagini. Poi, dopo qualche mese passato al Cara, è arrivato il tesseramento nella squadra di calcio. Questo passaggio, mi hanno detto i colleghi, non è del tutto chiaro. C'è chi sostiene che quelli in attesa d'asilo non possono avere alcun tipo di contratto... Ma i signori e signorotti del calcio sanno fare chissà quali magagne per raggiungere i loro scopi...».

Baiamonte rimuginava le informazioni. Poi si interrogò sulla sua presenza in quell'auto: che c'entrava lui? Era forse un poliziotto? Quello per cui si trovava in autostrada, sotto un acquazzone, era forse un caso per il quale era stato ingaggiato e pagato? Era solo spinto dalla curiosità, dalla riconoscenza nei confronti di Inguaggiato? Dall'autocompiacimento? Giudicò inutile darsi una risposta. E si concentrò sulle pozzanghere sollevate dalla macchina in corsa.

Quando Filippo mise la freccia per lo svincolo di Paternò, aveva finito da un pezzo di piovere anche se le nuvole non si erano del tutto diradate. Arrivati alle prime costruzioni del centro abitato, il poliziotto individuò un bar: «Proviamo il caffè che fanno da queste parti e chiediamo informazioni su questa contrada Giummarra dove abitano i nostri amici».

«Ti dispiace se resto in macchina? Non ho voglia di caffè, mi sento un po' di acidità...».

Inguaggiato lo guardò come se Enzo avesse appena confessato un omicidio. Poi calò la testa, rassegnato. Tre minuti dopo era di ritorno: «Uno schifo. Pare che ci mettano dentro lo zolfo dell'Etna». E senza aggiungere altro seguì, senza apparente difficoltà, le indicazioni che aveva raccolto.

Contrada Giummarra si trovava a cinque chilometri dal paese, in direzione Catania, in mezzo a una spianata di orti sterminati, terreni brulli, capannoni industriali, agrumeti, caseifici, depositi di rottame. Un campionario concentrato di ogni possibile attività del sottobosco siciliano. Imboccarono una strada sterrata, ora dritta ora improvvisamente tortuosa senza un motivo apparente se non quello di rispettare chissà quale confine territoriale. Un precario cartello di legno comunicava, con una scritta approssimativa fatta a mano, che erano in via Cavanera. Centellinarono i numeri civici non sempre a disposizione, e a intervalli talvolta di qualche centinaio di metri, sino a giungere al 25. Sulla destra, due colonne di pietra con un cancello di ferro arrugginito e spalancato. Si guardarono negli occhi e decisero tacitamente di proseguire con l'auto. Dopo un breve rettilineo e una curva scorsero una costruzione moderna a due piani, con una vasta spianata di cemento davanti, balconi bombati sul prospetto piatto, una scala esterna che arrivava sul tetto da cui facevano capolino due massicci ombrelloni. Nessuno in vista, neanche un'auto, solo un trattore e un rimorchio abbandonato accanto a un grande ulivo. Scesero dalla macchina, timorosi per il possibile arrivo di qualche cane da guardia. Niente, né un volpino né tantomeno un pitbull. E il «C'è nessuno?» rimase senza risposta. Aggirarono la casa e videro una piscina di medie dimensioni, vuota. Intorno, cespugli, qualche albero da frutto e poi una distesa di vigneti. Sulla destra notarono finalmente un segno di vita: due cavalli legati a una staccionata accanto a un capanno di tufo. Si avvicinarono. «Questo un mulo è» disse Inguaggiato. «Non sai da quanto tempo non ne vedo uno...». Ma Baiamonte si girò di scatto. Aveva sentito un fruscio provenire dall'interno della casupola e, senza esitazione, a rapidi passi ne varcò la soglia. Al suo ingresso, il fruscio si trasformò in un rumore metallico: una ciotola di alluminio gli rotolò tra i piedi. Abituatisi alla penombra, gli occhi di Enzo misero a fuoco una figura umana, per terra. Sopra un giaciglio composto da un lercio materasso c'era un ragazzo, con una coperta sbrindellata sulle ginocchia. Per terra, i resti del pastone che si trovava dentro la ciotola, e una bottiglia di plastica a metà riempita d'acqua: «Ciao, Memeke» lo salutò Baiamonte. «Non ti spaventare. Non siamo tifosi arrabbiati per il tuo autogol». Ma il detective capì subito che la sua forzata giovialità era del tutto fuori luogo.

«Lo capisci l'italiano?» chiese Filippo che si era all'improvviso materializzato.

Il ragazzo si limitò ad annuire. Ci vollero cinque minuti buoni perché Memeke si rassicurasse sulle intenzioni dei due estranei e decidesse di uscire dal capanno, con il sollievo dei due amici provati nella vista e nell'olfatto. Si sistemarono su un muretto di cemento. Memeke si accovacciò di lato, su un pietrone. Filippo chiese innanzitutto notizie del padrone di casa: «Allenatore non c'è» fu la risposta.

«E dov'è?».

«Al campo. Ad allenare».

«In casa non ci abita nessun altro?».

«No, solo donna pulizie qualche volta».

«Ma tu perché non ti alleni con gli altri?».

Nessuna risposta. Allora Enzo: «Sei stato punito, messo fuori squadra, per il tuo errore?».

Ancora niente. Poi il ragazzo reagì: «Perché tutte queste domande? Perché devo rispondere?».

Filippo cominciò a spazientirsi: «Sono un poliziotto. Ti ho chiesto...».

Intervenne Baiamonte: «Tranquillo, lui è poliziotto. Ma io no. Siamo solo venuti a chiarire. A chiarire per evitarti guai. Forse è solo un equivoco... capisci equivoco?».

Memeke rispose solo con uno sguardo di traverso.

E Filippo: «Dove ti trovavi la sera del 23 marzo?».

«Come faccio io a sapere?».

«Ti aiuto a ricordare? Eri forse a Bolognetta?».

«Io mai stato in Italia. Io solo in Sicilia».

«E di Sicilia stiamo parlando. Di quando ti trovavi a Palermo. Ti dice niente un deposito di medicinali? Ti dice niente la cassa di un deposito di medicinali?».

«Medicinali? Io solo preso medicinali quando arrivato a Lampedusa».

Enzo pensò di intervenire e di prenderla alla lontana: «Sei stato a Mineo, vero? Al centro...».

«Sì» confermò stavolta Memeke.

«Ma dove hai imparato a giocare a calcio? Sei bravo, ho visto... Quell'errore può capitare a tutti, non significa niente».

«Io sempre giocato nel mio paese. Ogni giorno partite con altri ragazzi».

«E come sei finito nell'Atletico Monterizzo? Come ti ha scoperto Drago, il tuo allenatore? Giocavi pure dentro il centro?».

«Sì, nel centro giocavo. Ogni giorno. Qualcuno lì dentro amico dell'allenatore. E lui mi ha voluto provare».

«Lo hai convinto e ti ha preso per la sua squadra. Ti ha pure dato la residenza. Ma, dimmi, tu abiti qui o nella casa?».

Memeke sgranò gli occhi tanto la domanda gli apparve paradossale: «Casa? No, no» gli sfuggì quasi una risata. «Questa mia casa» e indicò il capanno.

«Ah, il tuo allenatore ci tiene a te, per trattarti così bene» diventò inevitabilmente ironico Baiamonte. «Ma rispondimi stavolta: perché oggi non sei andato ad allenarti?».

«Io non sempre in campo per allenamenti. Io lavoro anche qui, per pagare alloggio e cibo».

«E cosa fai per guadagnarti questo ben di Dio?» intervenne Inguaggiato.

Memeke lo guardò con insofferenza: «Lavoro... campi, raccolta, carico, scarico, animali...».

«Insomma, il maggiordomo...» sbottò il poliziotto. «E quanto ti paga? Ah, già, niente. Serve per compensare il cinque stelle che ti ha messo a disposizione».

«Paga un poco Atletico» disse Memeke, che ora sembrava più rilassato e giocherellava con tre sassolini trasferendoli da un dito all'altro con un sapiente movimento delle nocche.

«Ah, e quanto?» incalzò Filippo.

«Non facile da dire. Bisogna vedere partite giocate...».

Il poliziotto tornò alla carica cercando lo sfondamento: «Vabbè, vabbè, ricominciamo... Come ti sei ritrovato a Bolognetta? Chi ti ha assoldato per fare il colpo? Chi sono i tuoi complici? Guarda che abbiamo un video che ti incastra...» bleffò, ben sapendo che un passo dell'anatra non avrebbe fatto ballare nessun magistrato. Filippo guardò sconsolato Baiamonte, come a dirgli: qui non concludiamo niente, cosa abbiamo in mano? E magari, in aggiunta: sì, Enzù, ho perso un giorno di riposo per andare dietro a una tua minchiata...

«Ma quale colpo? Complici? Io solo compagni di squadra...» reagì Memeke, nervoso. E i sassolini gli caddero dalle dita. Il ragazzo si chinò a raccoglierli e la maglietta gli si sollevò scoprendo un pezzo di schiena. Baiamonte notò subito una specie di disegno, un'incisione sulla pelle. Non si trattava di un tatuaggio, di quei draghi o fiori o chissà che cazzo d'altro aveva visto da un po' di tempo in giro sulle braccia o sulle spalle di ragazzi e ragazze, no. Quei tatuaggi sembravano stampati con l'inchiostro. Questo di Memeke era invece scavato, come un graffito, appariva come una macroscopica cicatrice. Il disegno raffigurava con molta approssimazione dei petali, distribuiti in modo da formare un astro a spicchi, o una maschera a frammenti o un cerchio magico. Ed Enzo si rese subito conto che quella figura, in versione più ridotta, l'aveva vista di recente. Nel contesto di uno spettacolo non certo gradevole.

«Che ci facciamo con questo?» si era spazientito del tutto Inguaggiato. «Io lo porterei in questura a fargli un vero interrogatorio. Altro che continuare con i convenevoli. Ci manca solo che ci beviamo una tazzina di caffè...». Ma il poliziotto sapeva che la sua era solo una minaccia dettata dall'esasperazione. Per la questura ci voleva tanto di convocazione e ancora prima tanto di firma di un magistrato da convincere. La minaccia comunque, sempre che fosse stata recepita come tale, sembrò non turbare più di tanto Memeke.

«No, aspetta, Filippo» intervenne Baiamonte. «Se Memeke non vuole parlare, lasciamolo in pace. Vuol dire che le nostre domande le faremo a qualcun altro. Magari a una ragazza. Una piccola ragazza che è legata a lui. Per la pelle. Per la pelle, tanto da portare lo stesso disegno...».

Enzo si chiese poi a lungo se il suo era stato un azzardo, peggio, una sparata alla cieca, o se ci fosse dietro l'intuizione di un detective di razza, dallo sguardo d'aquila e dalle associazioni repentine. A voler prendere in esame l'ultimo caso risolto, quello del centro commerciale, la risposta univoca sarebbe stata: una botta di culo, Baiamonte, solo una botta di culo. E lui non avrebbe potuto che convenirne. Ma per guadagnarsi i baci della fortuna c'era indubbiamente bisogno di talento. E anche di questo, Enzo, per sua fortuna, era consapevole.

«No!» urlò il ragazzo, balzando in piedi. «Lasciate stare Abeba! Lei no, poverina, già tanti problemi. Io tutto questo per liberare lei».

E Memeke si passò una mano sul volto e cominciò a parlare.

Tre ore dopo i due amici erano in autostrada. «Non hai fame? Anche se sono le tre passate, ci possiamo provare. Conosco una trattoria, qui sul litorale di Campofelice, che prepara un'ottima pasta coi ricci». Inguaggiato non attese la risposta di Baiamonte. Furono accolti senza problemi e vennero fatti accomodare a un tavolo da cui, con un po' di buona volontà, si poteva intravvedere il mare grigio di Termini Imerese.

Avevano proprio bisogno di quella pausa rinfrancante dopo aver a lungo ascoltato e interrogato Memeke, che per prudenza avevano fatto salire in macchina portandolo a distanza di sicurezza dalla proprietà di Mario Drago.

«Senti, Enzo, ma a te come ti è venuto in mente di tirarti fuori quella storia del disegno?» chiese il poliziotto, ancora una volta, riempiendosi il bicchiere di Inzolia.

«Te l'ho detto, non ci avevo fatto caso al momento, quando avevo visto, domenica scorsa con Lo Cascio, quella povera ragazzina sulla provinciale, buttata insieme alle altre come uno straccio colorato per strada... Ero così preso dal disgusto, dalla rabbia, che non mi sono soffermato a guardarle. Ma a quanto pare mi era rimasta impressa la figura che portava incisa intorno all'ombelico scoperto. Mica ti capita tutti i giorni... Così, appena ho notato la cicatrice di Memeke, mi è ritornata davanti agli occhi. Era proprio la stessa, anche se più grande. Non poteva essere un caso... E ci ho provato. Tanto, a quel punto, minchiata in più o in meno...».

«Chi poteva pensare che si trattasse di sua sorella e di un marchio di famiglia...».

«Be', nessuno. Ma un collegamento...».

«E che collegamento...». Filippo inforcò con gusto gli spaghetti con i ricci e bevve sino all'ultimo goccio di vino.

Memeke non era arrivato da solo a Lampedusa. Con lui c'era anche la sorella più piccola, Abeba. Lei era presto finita nelle mani del racket della prostituzione che ruotava intorno al Cara di Mineo. La scorciatoia presa da Lo Cascio, avevano ricostruito, si spingeva sino a un paio di chilometri dal centro di accoglienza. Già, accoglienza: i ragazzi più indifesi e senza risorse venivano costretti a entrare nei giri della criminalità i cui caporali spadroneggiavano dentro e fuori il Cara. Memeke era stato contattato subito dopo il suo sbarco a Palermo e obbligato, con la minaccia di rappresaglie, a partecipare a un paio di rapine in provincia. Una volta arrivato a Mineo, i galantuomini del racket dei migranti avevano scoperto di poter anche utilizzare il suo talento calcistico e lo avevano affidato a un uomo di fiducia, Mario Drago, allenatore dell'Atletico Monterizzo, sponda ideale per parcheggiare «negretti». Dalla società, Memeke non prendeva ovviamente un euro, sotto il ricatto continuo di ritorsioni contro la sorella, e sulla spinta di un'improbabile promessa: la ragazzina sarebbe stata liberata dalla prostituzione solo dopo che lui avesse eseguito tutti i compiti sportivi ed extrasportivi di volta in volta assegnatigli. Lo sfruttamento in campagna ne era un piccolo esempio. C'era materiale a sufficienza per mettere in moto la macchina della questura e quella della giustizia. Per Memeke, aveva garantito a Enzo il poliziotto, ci sarebbe stato ovviamente un occhio di riguardo: «Ne uscirà molto probabilmente pulito, vista anche la sua collaborazione». Avevano raccomandato al ragazzo di non raccontare a nessuno del loro incontro e di proseguire la vita di sempre come se nulla fosse accaduto: «Verremo presto a togliervi dai guai» aveva promesso Inguaggiato dandogli una pacca sulla spalla.

Solo un particolare Baiamonte non aveva voluto approfondire. Preferiva restare con il dubbio, anche se in cuor suo temeva di conoscere la risposta. Ed era grato a Filippo di non aver formulato, per distrazione o per sottovalutazione, quella domanda. L'autogol che aveva fatto vincere alla sua squadra la partita con l'Atletico Monterizzo, era stato «ordinato» a Memeke? Era stato Drago a dargli quell'indicazione? C'era forse di mezzo – non sarebbe stata a quel punto che una ciliegina sulla torta – anche un giro di scommesse clandestine e di partite truccate, magari all'insaputa delle stesse società? Chissà, forse in uno dei prossimi mesi, Baiamonte, sfogliando la «Gazzetta» al bar Milleluci, si sarebbe imbattuto in un trafiletto...

«Sempre che mi vada di leggere ancora quelle pagine» liquidò il pensiero il detective.

«Avete sentito cosa è successo ieri in un campo di terza categoria in Toscana? Un giocatore della squadra di casa, espulso, ha sferrato un calcione all'arbitro. Partita sospesa. Altro che sport di provincia, sano e tranquillo. Almeno queste cose in serie A non si vedono...». Nicolino Prestigiacomo, carte in mano, era l'ospite di turno dello scopone con gli amici. Era passata quasi una settimana dal tardivo pranzo di Enzo a Campofelice dopo l'intensa giornata con Inguaggiato e Memeke. Ma Baiamonte non aveva ancora digerito né l'uno né l'altra. E non aveva proprio voglia di sentir parlare di calcio: «Hai ragione Nicolino» provò a cambiare registro. «Non c'è più rispetto dell'autorità. Non c'è più religione».

Ma Nicolino non aveva intenzione di mollare la presa: «Mi ha raccontato il fratello di mia nuora che l'altra volta, in provincia di Agrigento, sono volate legnate tra il pubblico e i giocatori. Al portiere gli hanno fatto un occhio nero ed è finito in ospedale».

Enzo decise allora di gettare sul tavolo la carta che sparigliava tutto. Ed era molto più grossa di un Settebello: «Massimo» disse con noncuranza il detective rivolgendosi a Lo Cascio, «faccio ancora in tempo a diventare tifoso della Juventus?».

Francesco Recami
Progresso-Audace 3-2

> Salvatore: Penitenziagite! Watch out for the draco who cometh in futurum to gnaw on your anima! La morte est supra nobis! You contemplata me apocalypsum, eh? La bas! Nous avons il diabolo! Ugly come Salvatore, eh? My little brother! Penitenziagite!

Dal film *Il nome della rosa* di Jean-Jacques Annaud, tratto da *Il nome della rosa* di Umberto Eco

Fatti, persone, luoghi e circostanze presenti in questo racconto sono di pura invenzione. All'autore è peraltro noto che Alessandro Del Piero sia sposato e abbia tre figli, così come che Cristiano Ronaldo abbia un figlio. Se poi nella realtà i figli in questione siano di più, o di meno, di quanto riportato ufficialmente, questo all'autore è del tutto ignoto.

F. R.

Faceva un freddo della Madonna, quella domenica di gennaio a Milano. La sveglia di Donatella, inquilina dell'appartamento 15 della casa di ringhiera di via ***, suonò alle sette. Lì per lì non ci voleva credere. Anche di domenica... poi realizzò, c'era la partita di Gianmarco, a Sesto, alle nove. Noo, e se facessi finta di niente? Se dicessi che la sveglia non è suonata?

No, Gianmarco ci sarebbe rimasto troppo male.

Svegliò i bambini alle sette e mezzo, anche Margherita.

«Ma mami, io cosa c'entro? Non voglio venire alla partita!».

«Non ti posso mica lasciare da sola, no? Alzati».

«Io me ne resto qui a letto, non faccio niente, dormo, ho otto anni, ormai».

«Alzati, e non mi fare arrabbiare di prima mattina».

I bambini fecero colazione, caffellatte e biscotti.

Gianmarco preparò il borsone, che recava la scritta Zinzoni e f.lli, Passamanerie, che non era il nome del suo club, che invece si chiamava Audace F. C.

«Li hai puliti gli scarpini?».

«Ma mami, a cosa serve?».

«L'allenatore si è tanto raccomandato, non ti puoi presentare con gli scarpini sporchi di fango».

«Ma mami...».

Donatella finì per pulirli lei, gli scarpini.

Margherita si ribellava, per quale motivo doveva andarci anche lei alla partita? A congelarsi. Per sua straordinaria fortuna quando erano fuori dell'appartamento, nella corte della casa di ringhiera, incontrarono Amedeo Consonni, coinquilino dell'appartamento 8. Il pensionato in passato aveva già badato ai figli della signora Giorgi. Margherita gli si gettò addosso. «Signor Consonni, non è che posso rimanere con lei? Non le darò nessun fastidio, mi vogliono portare a Sesto a vedere la partita di mio fratello, e io morirò di freddo».

Consonni sorrise, e disse che per lui non c'erano problemi. Stava rientrando, e avrebbe passato la mattinata a leggere i giornali. Quindi godere della compagnia «di una così bella signorina» non gli avrebbe fatto altro che piacere.

Donatella si trovò alle corde: come poteva a questo punto evitare che Margherita raggiungesse il suo obiettivo?

«Margherita, sei una gran maleducata, il signor Consonni ha da fare, non vuole averti fra i piedi, non se ne parla nemmeno, tu vieni con noi» ma ormai sapeva che la cosa era fatta. Consonni, senza voler offendere la mamma, disse che per lui non c'erano problemi, anzi, era ben felice di occuparsi di una «principessina».

Margherita, trionfante, si avviò nel vano scale, dietro a Consonni.

«Ci vediamo dopo» disse perfidamente alla madre.

Donatella e Gianmarco raggiunsero la macchina. Il parabrezza della Brava era ricoperto di ghiaccio, ci vollero cinque minuti per ripulirlo con la spatoletta.

Partirono in direzione della tangenziale. La città era un deserto, la gente normale e sensata la domenica mattina di gennaio se ne sta a letto, al calduccio. Cadeva qualche bruscolo di neve, ma era troppo freddo perché nevicasse veramente.

All'altezza di Precotto c'era un blocco di polizia. Fecero fermare Donatella, dovette scendere insieme a Gianmarco.

«Ma cos'è? Perché? Di che cosa si tratta? Sto solo portando mio figlio alla partita».

«Un semplice controllo, signora».

Le fecero aprire la bauliera, puntandoci contro due fucili mitragliatori. In effetti il bagagliaio della Brava è molto piccolo, una persona ci sarebbe entrata con difficoltà, per non parlare di...

Probabilmente cercavano l'evaso, il pluriomicida che era riuscito a scappare dal carcere di Opera, facendo fuori un paio di guardie carcerarie, a mani nude. Ne parlavano tutti i giornali.

La fecero ripartire dopo dieci minuti.

Raggiunsero il campo a Sesto, Gianmarco corse verso gli spogliatoi, Donatella si strinse nel cappotto, si trattenne per un po' dentro la Brava, almeno finché non restava un po' di calore. Quando uscì fuori si accese una sigaretta, dette un'occhiata in giro se avvistava qualche genitore conosciuto.

I ragazzi si stavano cambiando negli spogliatoi, per chiamarli così, una casupola vicino al campo, al cui interno la temperatura non superava i sei gradi.

Per questo alcuni giocatori erano già in tenuta da calcio, sotto il cappotto, obbligati dalle mamme. Non si sa come mai ma erano gli stessi di solito piuttosto restii a farsi la doccia dopo la partita. D'inverno passi, faceva un freddo polare, ma col caldo? Era solo perché si vergognavano e non volevano che gli altri gli vedessero il pisellino. In particolare non volevano essere visti da uno che si chiamava Gerione Salvatore, mediano di spinta tracagnotto e bruno, che aveva il pisello già grosso e i peli scuri sopra. Lo mostrava sempre a tutti, certe volte se lo massaggiava, e quello si ingrossava. Gli altri erano più indietro nello sviluppo, indubbiamente, tranne forse Yuri, il portiere, un dodicenne alto uno e ottantacinque con un'ombreggiatura di peluria sul labbro superiore. Comunque nessuno andava a rompere i coglioni a Yuri.

Gianmarco il pube se lo controllava tutte le mattine, per vedere se cominciavano a spuntare i peli, ma non c'era niente da fare. Però si faceva rispettare lo stesso.

Negli spogliatoi si fumava con l'alito. Come usa a quell'età i ragazzi si prendevano in giro e si tiravano delle gran botte nelle palle. Facevano la spremuta, o come si chiama, a seconda della regione, cioè una bella strizzata di palle, e altre amenità del genere.

«Quali sono i tuoi giocatori preferiti?» chiese innocentemente Milchi a Gianmarco, mentre si infilava i parastinchi. Gianmarco era juventino, e non ebbe dubbi: «Del Piero e Vialli, tutta la vita».

«Ah» intervenne Migda, il ballista. Come in tutti i consessi maschili, indipendentemente dall'età, c'era anche il ballista.

«Allora è vero che sei frocio».

«E perché?».

«Come perché, hai detto due giocatori che sono due busoni, lo sanno tutti».

«Busoni?».

«E come no, non lo sai che Del Piero è un'icona gay?».

«E che cazzo vuol dire?».

«Che piace ai gay».

«Che c'entra, questo mica vuol dire che è gay anche lui».

«E come no. E poi, non si è mai sposato, e non ha figli».

«Ma vaffanculo Migda, cazzo ne sai tu, sai quanti sono i giocatori che non hanno figli... cosa vuol dire... Guarda Cristiano Ronaldo, secondo te ha figli?».

Migda si mise a ridere.

«Ah ah, Cristiano Ronaldo, proprio lui. Ha detto mio padre che Cristiano Ronaldo è finocchio».

«Finocchio Cristiano Ronaldo?».

«Certo, lo prende nel culo».

«Allora anch'io voglio essere un culo, hai visto? Cristiano Ronaldo ha tutte le Ferrari che vuole, e anche le fighe» affermò innocentemente il Variali.

«Ma cosa se ne fa delle fighe se è finocchio?».

«È per far credere a tutti di non essere finocchio, allora va in giro con le fighe, ma non le chiava».

«Ma tu cosa ne sai, non sai neanche come si fa, a chiavare».

«Io? Lo so benissimo, io ho già scopato».

«Tu? E con chi?».

«Con una».

«Una? E chi sarebbe?».

Caratteristica fondamentale dei ballisti è che non tornano mai indietro rispetto a quello che hanno detto, e portano la balla sempre più avanti, la esasperano, caratterizzandola con particolari irrilevanti.

«Mia cugina, è più grande di me. Mi ha scopato al mare, nella cabina. Lei è pelosissima, però non si lava molto spesso».

«E com'è, la figa?».

«Come tutte le fighe».

«Descrivimi la figa, dimmi com'è fatta».

«Ma figurati, che poi mi eccito e gioco male».

«Ma ti si rizza? Fammi vedere, tiralo fuori».

La conversazione si concluse con una poderosa strizzata di palle al mentitore.

«Vaffanculo, Migda, sei bravo solo a dire balle».

Arrivò l'allenatore, per le ultime indicazioni tattico-strategiche: «State attenti a Omar, difendetelo. Quelli sono dei bastardi, vedrete che lo picchiano fin dal primo minuto».

Omar era un ragazzino filiforme di nazionalità marocchina. Molto tecnico, non era sorretto da un fisico poderoso, andava in terra con un soffio di vento.

«Gerione, se qualcuno lo maltratta, pensaci tu».
«Ok, mister».
«Forza, in campo. E state attenti che il terreno è gelato».
Si incamminarono, i tacchetti risuonavano sulla pavimentazione di gres maiolicato. Gianmarco vide una scritta a pennarello fatta sul muro del corridoio. Diceva «Giorgi gay».

Stava entrando in campo anche la Progresso. I discorsi prepartita non erano molto diversi.
«Ma te Saletti, te lo faresti mettere in culo per 50 euro?».
«Ma no, che cazzo dici?».
«E per cento?».
«Ma neanche per idea!».
«E allora per quanto?».
«Ma per niente, che cazzo».
«Ah, per niente, eh? Cioè gratis?».
«Ah ah ah».
«Ah ah ah».
Questa battuta probabilmente la dicevano negli spogliatoi anche ai tempi di Sparta, ma ha conservato la sua freschezza, almeno in certi ambienti.

Nel frattempo Margherita stava godendo di tutte le attenzioni del signor Consonni, il quale aveva un nipotino di nome Enrico, che lui viziava con le merendine. In frigo disponeva di una riserva infinita di Kinder Pinguì. Ne offrì alla Marghe, gliele offrì, come si dice, su un piatto d'argento, un vassoio. Almeno una quindicina di Kinder Pinguì.

Margherita provò la sensazione del privilegio e del lusso, come se fosse in un hotel a cinque stelle a Capri, e le avessero offerto ostriche e champagne. Che paradiso! Nella mia vita non voglio rinunciare a niente, voglio il massimo, pensava, mangiando i Kinder a morsetti piccolissimi.

Inoltre il Consonni permise alla bambina di guardare i cartoni la mattina, cosa che la mamma vietava. Che orgia di lusso!

La partita cominciò, agli ordini dell'arbitro Palchetti da Melzo. Dopo i primi aggiustamenti tattici il gioco prese quota. L'Audace sembrava avere in mano le redini del match, come dicono i telecronisti.

Sulle tribune, consistenti in due lunghe panchine di cemento, si assiepavano una ventina di genitori intirizziti.

Nonostante il freddo però gli animi si stavano scaldando. In particolare un tifoso della Progresso non stava zitto un secondo.

«Stroncalo, buttalo giù, finiscilo, ammazzalo, e dai, cosa aspetti, buttalo per terra» urlava il tifoso dagli spalti.

Il difensore della Progresso al quale erano indirizzati quei suggerimenti tecnici dal padre non sapeva bene cosa fare, il trequartista dell'Audace, Omar, lo superava con una certa facilità, era veloce e sufficientemente attrezzato tecnicamente, e utilizzava tutti i centimetri quadrati del campo. Inoltre, leggero com'era, volteggiava su quel campo congelato con grazia, nonostante le calzebraghe.

«Butta giò el negher» urlava il tifoso-genitore.

«Prego?» disse una signora ingioiellata, coperta da una pelliccia di gran pregio. «Che cosa lei dire?» con accento francese.

Era probabilmente la madre di Omar, figlio di un funzionario del consolato marocchino a Milano.

«Ah, signora, niente, niente, un modo di dire in milanese».

«Ma lei dire botta giò, ça veut dire?».

«Vuol dire stai attento, stai attento...» ma non aveva tempo per quella roba.

A quell'ora del mattino, in una capitale mitteleuropea, c'era grande attesa per la conferenza stampa di ***, notissimo ex giocatore di calcio, vincitore del Pallone d'Oro e di un numero indefinito di titoli.

Era stato l'ex giocatore stesso a convocare la conferenza, e ciò faceva pensare che avesse in serbo rivelazioni sensazionali. Alcuni pensavano che fosse soltanto una trovata pubblicitaria, per esempio il lancio di una nuova linea di prodotti per soli uomini, o di costumi da bagno, o di lamette da barba. Non era improbabile. Altri pensavano invece a straordinarie novità sulla corruzione nel mondo del calcio, sulla vendita delle partite, sul mondo delle scommesse, oppure chi lo sa, sul doping.

Fra il pubblico di Progresso-Audace, a Sesto, c'era una grande agitazione, una ventina di persone erano in fibrillazione. Il risultato era sul due a due, però il momentum della partita sembrava a favore dell'Audace, che pareva avere ancora energie per spingere sulle fasce. Esaurite le velleità di Omar, steso con ferocia un paio di volte a centrocampo, adesso aveva preso quota soprattutto il numero 5, cioè Gianmarco, che non era affatto uno stopper ma un jolly cui piaceva fluidificare, sembrava indemoniato, dava dei seri problemi alla Polisportiva Progresso, vinceva tutti i contrasti, era cattivello ed esperto, e comunque dava del tu alla palla.

Così imparano a dire che sono gay, pensava Gianmarco, preso dalla trance agonistica.

Questo andamento rendeva idrofobo il tifoso numero uno della Progresso, il quale, ritenendosi un conoscitore del pallottoliere calcistico, cercava di comunicare alla sua squadra che quel giocatore andasse in qualche modo, qualsiasi modo, fermato.

Il numero 5, a pochi minuti dalla fine, si era allargato sulla destra, rientrando aveva raggiunto il limite dell'area, dal quale si accingeva a esplodere il destro.

L'allenatore dell'Audace si mangiava le unghie. Un gol adesso ed erano quasi in classifica...

Il numero 4 della Progresso (il figlio del tifoso acceso), quasi avesse seguito le indicazioni del padre, stese a terra l'avversario, che capitombolò, esagerando un po'. Però sentiva male alla coscia perché quel figlio di puttana gli aveva assestato un colpo sapiente, col ginocchio, sul quadricipite, colpo che fa un gran male e pare un fallo di gioco, non è come entrare a gamba tesa sullo stinco, l'arbitro di solito non lo vede.

Infatti l'autore del fallo alzava le mani al cielo, come a dire: «Ma che ho fatto?». Mostrava stupore. L'ho appena toccato. All'arbitro dichiarava innocenza, o per lo meno non colpevolezza.

«Allora andiamo a giocare a biliardo, se non ci può essere nemmeno un contrasto di gioco... non siamo mica femminucce...». Questo commentava il padre.

In un campo come quello non c'erano telecamere, ma qualche genitore entrò sul terreno di gioco, «Ce l'ho io la prova tv, ecco qua, ho filmato tutto col telefonino!».

Mentre l'autore del fallaccio continuava a schermirsi come un angioletto, Gianmarco si rotolava al suolo, in fin di vita.

Donatella era preoccupata per suo figlio, ancora a terra, che si fosse fatto male veramente? E la botta sulla schiena presa sul campo pietrificato?

«Resta a terra, resta a terra» gli aveva urlato piano l'allenatore, per non farsi sentire da tutti, ma quello, che peraltro un po' di dolore lo provava veramente, non pensava che a vendicarsi. Fra l'altro la punizione la voleva battere lui, era un fascio di nervi pronto a scattare, come Gianni Nardi.

Istruito da allenatori professionisti e non, l'autore del fallo portò a termine il suo lavoro.

Mentre la vittima era ancora al suolo gli si avvicinò facendo finta di chiedere come stava e gli disse: «Alzati, mezza sega, buco di culo, non ti ho fatto niente, finocchio. Te lo sei messo oggi il rossetto?». Fatto ciò gli pestò un polpaccio a pieni tacchetti. Queste sono le prove di virilità che insegna il calcio.

Il numero 5 dell'Audace non ce la fece più e si alzò come una molla, per esercitare quello che normalmente si chiama «fallo di reazione». Lo avrebbe voluto schiacciare come una mosca.

Lo inseguì e lo acchiappò da dietro, chiedendogli: «Chi è che sarebbe un finocchio?».

«Te saresti un finocchio, figlio di un ubriacone».

Eh no, questo non avrebbe dovuto dirlo quel figlio di puttana, e oltretutto, come lo sapeva?

Il fatto era che si trattava di un suo compagno di scuola. E tutti a scuola sapevano che il padre di Gianmarco aveva dei problemi con la bottiglia. E questo faceva soffrire il ragazzo, più del fatto che suo padre avesse tali problemi.

Gianmarco gli si pose di fronte e partì per dargli una testata sul naso, ma non lo prese. Il giocatore della Progresso schivò, Gianmarco non sembrava essere soddisfatto, avrebbe voluto accanirsi su quella merda, che era pronto a reagire.

Ma il padre, dalle tribune, lo orientò: «Buttati in terra! Accentua! Accentua! Dai che l'arbitro lo sbatte fuori! Ti ha dato una testata! Svegliati, stupid dell'ostia! Cinque giornate di squalifica! Mettiglielo in culo a quel finocchio».

Il ragazzo era piuttosto confuso: avrebbe voluto cazzottarsi con quel culo, eppure riceveva ordini di recitare il ruolo della vittima: in lui combattevano due istinti. All'inizio prevalse quello della risposta «combatti e fuggi». Attaccò Gianmarco e gli assestò un calcio sul ginocchio, poi però prevalse il comando del padre, e allora si mise a caracollare per il campo tenendosi le mani in faccia. Quindi si gettò a terra, e cominciò a sussultare, tetanizzato. Sembrava il povero Contador quando, a 21 anni, campioncino, fu colto da ictus mentre pedalava, preso da una crisi epilettica sull'asfalto.

Il giocatore tremava, e si guardava le mani come se grondassero sangue, come se gli avessero sparato.

«Arbitro, buttalo fuori, non hai visto cosa ha fatto il 5? Buttalo fuori a vita, quello è un animale!».

Così urlava lo stesso genitore che poco prima incitava suo figlio a stroncare il suo avversario.

«Stai a terra, pirla! Qui ci vuole la visita medica, chiamate l'ambulanza».

«Scusi, cos'ha detto? Cos'ha detto del bambino numero 5?».

Donatella, che di solito non si accalorava più di tanto alle partite di suo figlio, non ci vide più.

«Perché ha detto che è un animale?».

Il calcio di punizione venne battuto a sorpresa, ma contro la barriera, la situazione si ribaltò e la Progresso andò in gol, all'ultimo minuto. L'arbitro, dopo aver fischiato la fine della partita, chiamò a sé Gianmarco e gli mostrò il cartellino rosso. Il 4 della Progresso era ancora a terra. Il padre in questione era rosso come il cartellino, in fibrillazione. Saltellava, urlava, come faceva Galliani. Cominciò a fare tò, tò, tò: gesti dell'ombrello, in piena crisi estatica, e altri gesti inequivocabili ai tifosi avversari.

«Ciappeé in tel cul, teruni di merda. E il fighètta, è risorto? Te cul anca ti, terrun di merda! Io ho giocato nella Solbiatese!». Era in piena esaltazione, tanto che non si rese conto che un serrato gruppo di madri era pronto a chiedergli spiegazioni.

Una signora borghese, ben vestita e curata, gli si pose di fronte: palestratissima, era un'esperta di arti marziali. Indispettita per la inopinata sconfitta della squadra del figlio, e anche un po' sconcertata dalla condotta di quell'uomo, lo affrontò, determinata.

«Lei adesso chiede scusa! Non si vergogna?».

L'uomo, un over fifty sovrappeso, immigrato pugliese di terza generazione, abbastanza panzuto, non perse l'occasione.

«Adesso anche le donne si intendono di calcio! Cosa siete, lesbiche? Andé a ciappà i ratt! E intanto, 3 a 2!» diceva lui, continuando a mostrare il gesto dell'ombrello. «Tò, tò e tò, teruni dell'Audace!».

Donatella si avvicinò a quell'uomo e lo insultò pesantemente...

«Terune ci sarai te, stronzo di merda. Impotente, vomito di ratt, testa di cazzo!».

Il tipo, mentre le rispondeva: «Troia di merda, pompinara dell'Ostia, culo sfondato», ecc. le allungò una sberla. Donatella si trovò a terra, ma le altre madri dell'Audace intervennero. L'esperta di arti marziali colpì l'uomo sul naso, un'altra gli scagliò in testa una borsa che conteneva tre bottiglie da un litro e mezzo di acqua minerale.

Si scatenò una rissa vera e propria, però gli altri tifosi della Progresso lasciarono il tipo da solo, che se la vedesse per conto suo, la sua condotta era parsa indifendibile, e quella signora mulinava colpi proibiti, nessuno aveva voglia di prenderne uno.

Il presunto ex giocatore della Solbiatese riuscì a divincolarsi e si mise a correre.

Se la vide brutta. La decina di tifose dell'Audace lo stava inseguendo, parevano avere l'intenzione di farsi giustizia da sole. Soprattutto quella signora atletica che picchiava duro.

Costeggiò il campo, finché non trovò alcune costruzioni semi-abbandonate, si infilò dentro, forzando un cancelletto. C'erano animali, polli, galline, ecc., copertoni di camion, reti metalliche utilizzate come sbarramenti, ecc.

Vide una specie di botola semiaperta, ci si infilò dentro e la richiuse, scese giù per un paio di metri su una scaletta di ferro. Doveva trattarsi del locale di un impianto idraulico o del gas, non si vedeva niente ma c'erano tubature dappertutto.

Così le inseguitrici lo persero di vista, e lui, là sotto, fece di nuovo il gesto dell'ombrello: «N'te cul, stronze, e il 3 a 2 non ce lo leva nessuno. Cazzo ne sanno queste puttane qui di calcio? Troie del cazzo».

Però gli venne in mente che il suo ragazzo era là fuori: ma no, ci avrebbero pensato quelli della squadra, lo avrebbero riportato a casa, che c'entrava lui?

Sentiva i passi di quelle che lo cercavano: camminavano sulla botola, senza pensare che lui potesse essere là sotto. Alla fine desistettero, se ne andarono tutte via. Il nostro se la godeva.

Il signor Doronzo (così si chiamava) pensava di averla sfangata. Quelle merde, quelle galline, se ne erano andate. Che deficienti.

Lì sotto era un gran buio, filtrava solo un po' di luce dalla grata. Doronzo provò col telefonino a chiamare suo figlio.

«Allora Marco, dov'è che sei?».

«Sono a casa, e tu?».

«In un posto, ma devo andare a recuperare la macchina».

«Sono andati tutti via, adesso c'è un'altra partita».

«Va bene, adesso arrivo».

Doronzo si avviò per la scaletta e aprì un pochino la botola, con circospezione: e se lo aspettavano fuori?

«Close die botola, no move, nid dvigheaza. Tu in trouble? Maintenant mucho mas».

La voce cavernosa e a tratti incomprensibile veniva dal buio. E chi era quello, uno yeti?

Il signor Doronzo finì di aprire lo sportello di ferro, cercò di sgattaiolare fuori, ma una mano enorme lo bloccò e lo ritrascinò giù. La botola si richiuse, con gran rumore.

«Che ai facuto che todos te iskatz? Te conviene warten».

Nell'oscurità Doronzo non vedeva bene, solo una sagoma monumentale.

Il gigante teneva fermo il Doronzo, semplicemente facendo pressione indice-pollice sul muscolo trapezio. Doronzo sentiva un male boia e gli veniva da rannicchiarsi a terra.

«Tu mascina?».

«Mi lasci... chi è lei... cosa ci fa qua sotto... mi lasci andare se no...».

«Si no what? Moi Oleg, du ausculta Oleg, finché Oleg non te comanda di no obedecer no more».

«Mi lasci, le dico!».

«Tu coche, voiture, avtamabile?».

«Sì, ce l'ho la macchina, è qui fuori, ma la smetta di farmi male».

«Das buolna per te?». Oleg si produsse in una risata cavernosa, tre colpi. «Oleg vuole solo un lift con avtamabile. E Oleg covers you si les mamas vont te bitzare. Ah ah ah».

Oleg e il signor Doronzo raggiunsero il SUV di quest'ultimo nel posteggio, occupato da altre auto, quelle degli spettatori della partita successiva. L'arbitro era sempre lo stesso, ma non notò il genitore che aveva creato tutto quel casino nel corso di Progresso-Audace. L'auto era sempre lì, non gli avevano bucato le gomme né dato fuoco, come il Doronzo si sarebbe aspettato, però avevano graffiato la carrozzeria con le chiavi, tutto intorno. Roba da donne, Doronzo ne era certo.

Il gigante si accomodò a fatica nel posto del passeggero.

«Tu mi dà un pasaj».

«E dove?».

«Come dove, u tibia doma, casa tua, no?».

«Ma nemmeno per idea, ti posso lasciare a...».

Oleg con calma prese la mano sinistra di Doronzo. Accarezzò le dita. Afferrò il quinto dito, cioè il mignolo, lo tastò, e con una mossa che non fu particolarmente violenta, ma sapiente, lo ruppe.

Doronzo lì per lì non sentì neanche male, ma vide che il suo mignolo stava tutto storto, rovesciato. Improvvisamente avvertì un dolore fortissimo.

«Cazzo, cazzo, cazzo!» disse. «Ma tu sei pazzo!».

«Very much. That's why, odin, acuerdos claros y larga amistad. Si tu fai glupii io te chnshel tutti fingers, one by one, poi problema khirurghia. Quinto dito è una locura, te lo regla imediat, e useless. Ma khiriergichka operatia su dieci fingers, molta complexidad. Allora tu recto e nessun mussibat, no problem mit Oleg. Tu viesci a casa tua Oleg, Oleg tiene frio, golod, shlafen. Oleg no disturbo, Oleg si farà malinki malinki, no molestar».

Il signor Doronzo sentiva un dolore terribile al mignolo, che era tutto storto e si stava gonfiando.

Oleg estrasse dal cassetto del cruscotto il libretto di circolazione: lesse l'indirizzo del proprietario.

«Dai mnie tuo smartphone».

Con quello si accertò che il Doronzo lo portasse veramente a casa sua. Per convincerlo gli afferrò il mignolo della mano destra.

«Fai strasse che dice Oleg, route secondaire. Se vedi Polis zuruckcommen, slowly».

Doronzo lo portò veramente a casa sua. Oleg gli teneva una mano sul collo stringendo lo sternocleidomastoideo. Sembrava che lo abbracciasse. Nevischiava, lungo la strada non trovarono alcun blocco della polizia.

I Doronzo abitavano in un edificio eptafamiliare a Cimiano. Il signor Doronzo posteggiò il SUV nel garage privato. Erano le quattrodici passate.

La signora Doronzo era una furia. Inizialmente non si accorse che col marito c'era qualcuno e lo aggredì violentemente, lo insultò: «Mi ha detto il Marco che hai combinato il solito casino al campetto, ma possibile? E poi non vedi che ore sono, è già in tavola, ho fatto la faraona ripiena. E perché non rispondi al telefono, grandissimo imbecille? Ma cosa credi, che io sia al tuo servizio?».

Quando vide che dietro suo marito c'era qualcun altro, una montagna umana, con una berretta in testa, e che il marito aveva una faccia strana, sofferente, stravolta, si zittì, almeno per un minuto.

«E questo chi è? Adesso porti anche gli sconosciuti in casa?».

«Carla, c'è un problema».

«Cosa vuoi dire, che hai portato a pranzo un amico? E me lo dici adesso?».

«No, Carla, questo è il signor Oleg, e mi ha rotto un dito, guarda qua, e se non facciamo cosa dice lui me ne rompe altri».

«Alles seduti su divan lì» disse Oleg, «appel les garcons».

Arrivarono Marco e Sofia.

Oleg mise tutti e quattro a sedere sul divano. Chiese i telefonini. Strappò il cavetto del telefono fisso.

Col cellulare della mamma provò a chiamare marito, figli, parenti.

Un altro telefonino squillò in camera della figlia, Oleg la prese con filosofia.

«Tu baby non fa' glupii, mo' watch».

Prese una mano della mamma e le ruppe un mignolo, anche a lei. La mamma si mise a urlare.

I figli cominciarono a piangere e a tremare, il dito della mamma dondolava abbandonato a se stesso.

«Oddio, mi ha rotto un dito, guarda!».

«E io che ti dicevo? Fa male, no?».

«Gracias tua fille, señora. Oleg dobrii chievalek, ma no jokes con Oleg».

Oleg fece un giro della casa. In camera di Sofia vide una foto di Beckham, a torso nudo, pieno di tatuaggi, in posizione da duro.

«Questa checca trois journees in prizon mit Oleg, lui e suoi tatuirovski. Oleg stikovoy trakhal very good. Lui nunca quiere di fare tattoos».

Il bestione passò in rassegna le camere, i due bagni, tutti i locali.

La famigliola era terrorizzata, in quattro sul divano da tre.

«Oleg hungry, noi tutti a la table, galodni?».

I bambini avevano paura che quel mostro stroncasse le ossa anche a loro. La mamma, come una femmina di mammifero che si rispetti, era l'unica che cercava di mantenere il controllo, per difendere la prole. Quell'uomo andava assecondato, almeno finché non si presentasse un'occasione. Ma si sarebbe presentata?

Pertanto la signora servì i ravioli di zucca (era originaria del Cremonese) e dopo la citata faraona ripiena. Oleg la gradì molto, mentre secondo lui i tortelli di zucca erano troppo dolci. Mangiò comunque tre porzioni dell'uno e dell'altro piatto. Si fece portare del vino. Fece aprire a Doronzo tutte le bottiglie che aveva, anche quelle pregiate, conservate da anni per occasioni speciali. Oleg ne bevve tre, di bottiglie, e dette anche dei suggerimenti: «Bino no veillir too much, nein gut: Dolcetto unpotable. Dolcetto max sete anos».

Poco prima di mezzogiorno Donatella, Gianmarco e Margherita erano tornati a casa. Nessuno dei tre era soddisfatto.

Donatella era una furia, quel bastardo lo avrebbe ammazzato, le aveva addirittura tirato una sberla, e lei aveva una gota tutta rossa, che le frizzava. E poi era fuggito, quell'infame pezzo di merda. Donatella era tutto un sussulto.

Giurava vendetta, prima o poi quel maiale di un terrone lo avrebbe ritrovato, e magari facendosi aiutare da quella madre esperta di arti marziali... Vigliacco, stronzo, maschilista, frocio. Lo sfregio alla carrozzeria della macchina non aveva minimamente placato la sua rabbia.

Questo le passava per la testa, ma si conteneva, mentre preparava nervosamente il pranzo: tortellini panna e prosciutto.

Margherita ce l'aveva con la mamma, che la faceva alzare presto e che adesso l'aveva portata via da casa

Consonni. Quest'ultimo l'aveva addirittura invitata a pranzo, ma non a casa, bensì al ristorante.

«Che ne direbbe signorina di venire a pranzo al ristorante con questo povero nonno che ha un nipote solo solo? Il nonno ne sarebbe onoratissimo».

Margherita alla proposta era lusingata: la mamma non la portava mai «al ristorante», l'ultima volta che c'era stata era... boh, forse una pizza, anni e anni prima...

«Mi dovrò cambiare» aveva pensato Margherita, tutta infervorata.

Ma la mamma non volle. Disse che al Consonni gli avevano dato fin troppo disturbo, e che aveva già preparato il pranzo.

«Sarà per un'altra volta, principessina» disse galantemente il signor Consonni, facendo il baciamano a Margherita.

Gianmarco era frustrato, deluso, immalinconito.

Lo avevano espulso, a causa del fallo di reazione, che, non lo negava, avrebbe proprio voluto attuare, ma non aveva fatto in tempo. Quel bastardo di Doronzo si era buttato a terra molto prima che lui lo potesse colpire. Insomma l'arbitro lo aveva espulso, e quei maiali della Progresso avevano segnato all'ultimo minuto.

Poteva andare peggio?

Ma non era questo che abbacchiava il ragazzo, si trattava di pensieri più profondi.

Si chiuse in bagno.

Mentre si controllava, per la milionesima volta, se qualche pelo stesse crescendo sul suo pube, e si stropicciava pisello e palle con il palmo della mano per vedere se succedeva qualche cosa, pensava alla scritta a pennarello che aveva visto negli spogliatoi: «Giorgi gay».

Non ho i peli, pensava, non mi si rizza, che io sia finocchio per davvero? Da qualche parte aveva letto che era una questione genetica, se si nasce così si nasce così, non c'è niente da fare. Era terrorizzato. Insieme agli amici si fa presto a fare gli spacconi, ma da soli, a chi si raccontano le balle?

Per esempio pensava al suo grado di interesse per il sesso femminile. In realtà le femmine non lo attraevano affatto, certe volte gli facevano anche schifo. Femmine? Puah.

E allora? Allora sono gay?

Eppure c'era qualcosa che non gli tornava: i maschi veri disprezzano le femmine, le trattano male, eppure le trombano. E allora? Le trombano perché le disprezzano? E i gay? Si baciano con gli uomini? E poi che fanno? Sì, è chiaro, se lo mettono in culo, ma, a causa della sua scarsa educazione sessuale, non capiva bene la dinamica, d'altronde non la capiva molto bene neanche in un rapporto etero.

L'unica passerina che aveva visto più volte era quella di sua sorella, che aveva otto anni, e sinceramente non riusciva a capire come fosse possibile infilarci dentro alcunché.

Ok, aveva studiato centinaia di immagini sul web, sia scientifiche che pornografiche, ma praticamente le cose non è che gli tornassero molto. Non mi tornano perché sono gay? Gli animali non fanno nessun corso di educazione sessuale, né comprano riviste porno, eppure quando si trovano nella situazione, sanno quello che devono fare. E io invece, perché non lo so? Allora è vero, allora è vero, sono finocchio?

E che faccio, mi suicido? Sono un mostro di natura, un essere difettoso, e lo sarò sempre. E come farò a giocare a calcio? Nel mondo del calcio, checché ne dicano quei coglioni, i gay non ci sono. Invece sono tutti dei gran chiavatori di femmine. No?

E se ne parlassi con la mamma? Oppure con il papà?

La mamma lo chiamò, il pranzo era pronto.

«Come va il ginocchio?».

«È gonfio, mi fa male».

«Ti sei messo l'arnica?».

«Sì, mamma».

«E il ghiaccio?».

«No, quello no, in frigo non c'è».

Donatella gli dette un sacchetto di piselli surgelati, che in questi casi funziona meglio del ghiaccio.

Piselli? pensò Gianmarco. Ma allora...

Alla fine del pranzo Oleg chiese se qualcuno aveva zigara. Fece capire che in carcere fumare era una storia lunga. Sofia estrasse un pacchetto di Marlboro.

«Ma tu fumi?» intervenne la madre.

La figlia reagì con una smorfia di disprezzo. Oleg era soddisfatto.

«Molti pasdrovliaii señora, Oleg long time comer tan ben».

«Grazie» disse la signora.

«Vodka? Tu avere vodka?».

Doronzo estrasse dal surgelatore una bottiglia di vodka congelata, Oleg era felice.

«On è fait l'un pour l'autre, amigo. Vie gehet quinto dito? No te preocupa, buchra Ortopediceski Zentr, alles okey. Quieres che je te casse un altro? Insurance va pagare mucho».

Il signor Doronzo e sua moglie soffrivano, coi mignoli rotti, e non sapevano cosa fare. Quello era capace di rompere le ossa anche ai bambini.

Oleg, pacificato, fumava e beveva tranquillo.

«So, tu niño spielt futbol?».

Il ragazzo accennò di sì.

«Oleg di calcio very experto. Junge I play futebol, toujorus gol-keeper. Oleg molto grande, 17 jhare dva meters. Todos mucho respecto pur moi, nisuno faceva charge del gardien Oleg. Con rinvio a la main I get to metà campo. Una volta score gol di petto su corner. Ultimo minuto, last chance, 94 deuxième mittemps. Oleg serie A Ukraina. Silni, molto forte. Oleg para tutto. Ma toujours expulsare. Ein mal 15 giornate, Oleg a cassé la tete a stronzo che fa simulation. Io no touched in uscita. Lui falls como muerto. Allora Oleg gives a reason a lui di rimanere a terra. Stretto testa fra mie piernas. Crock... Oleg mauvaise humeur, si no National Ukraina team gol-keeper. Oleg cambiava sempre team, España, Alemania, Rumenia, Ireland».

Il bestione assunse uno sguardo meditativo: «Mais Oleg ni karoscii parare penalties. Oleg Angst. Paura. Voi mai letto Die Angst der Tormanns beim elfmeter?».

I membri della famiglia Doronzo si lanciavano l'un l'altro sguardi smarriti.

«Eh, no read?».

«No, veramente no, non so cos'è».

«Visto movie? Wim Wenders, mucho populair, grande director».

«No, veramente no» rispose il signor Doronzo.

«Book sehr bonito. Shedevr. Anche film, ma pochi fluss Production».

Oleg si scosse, tornò al calcio moderno.

«Calciatori aujourdui alles maricones, drugati. Una volta fotbalist no bulicci. Gigi Riva. Quello omo. Anche Boninsegna no frosh, ma mechant».

Lanciò uno sguardo a Marco, a cui quel «crock» aveva fatto tremare la spina dorsale.

«Tu bambino, ha football pallone de piele?».

«Hem, io... Cioè, sì».

«Du go get it. Du fare gol a Oleg. Si tu score gol a Oleg, Oleg lascia tous en libertad, Oleg s'en va. Promised».

«Per favore, lasci stare il bambino» disse la madre. «Prenda noi, me e mio marito, ci faccia quello che vuole, ma lasci stare i bambini».

«Oleg no hurts bambini. Ni bispakoissia. Avec toi we ll'see».

Marco prese il pallone di cuoio. Oleg stabilì che la porta era la parete est del salotto. Il dischetto era a meno di sei metri, sul tappeto.

«Davai! Fai gol a Oleg!».

Marco guardò la mamma, che gli fece un cenno. Insomma, era meglio assecondare quella bestia.

Marco tirò con tutta la forza che aveva. Un bel tiro, di collo pieno. Oleg lo bloccò col petto.

Di tiri ce ne furono un'altra decina: Oleg parava con una facilità impressionante, e rinviava, anche di piede. Gli altri membri della famiglia dovettero rifugiarsi dietro al divano, arrivavano delle missilate da tutte le parti, che sfasciarono quello che c'era in salotto: i soprammobili di ceramica, i quadri alle pareti, la vetrinetta, il lampadario, le bottiglie vuote di vino. In quel salotto sembrava di essere a Groznyj.

Oleg, che senz'altro era più vicino ai sessanta che ai cinquanta, pareva di gomma, e bloccava la palla con la sua manona come fosse una pallina da tennis.

«I told you Oleg catces tutto! Ça suffit!».

Oleg rialzò una sedia, si accomodò e attaccò col whisky.

La famiglia restava immobile, dietro il divano. Finalmente il padre parlò:

«Se ci lascia andare noi le diamo i soldi, le diamo tutto, ma per favore, non ci faccia del male, le diamo tutto quello che abbiamo».

Oleg rise sotto i baffi.

«Tu baiatza eh? Omo di merda. Dopo sprechen di destino. Whisky?».

Dopo pranzo Gianmarco, dolorante, chiese alla mamma se poteva andare a vedere la partita dalla signora Mattioli, dell'appartamento 2, che era l'unica ad avere l'abbonamento Sky.

«Ma sei sicuro di non disturbare? La Mattioli ha sempre da fare».

«Gliel'ho già chiesto, ha detto di sì, che posso andare quando mi pare, tanto lei la televisione non la guarda mai».

«Va bene, ma sii educato, mi raccomando, non mettere le scarpe sul divano».

«Ok».

La Mattioli aveva uno schermo a 32 pollici, Gianmarco si immerse nella bolgia della partita: la sua Juve contro la Fiorentina, in casa. Partita tranquilla.

Alla fine del primo tempo la Fiorentina era in vantaggio per uno a zero. Ok, c'era tutto il tempo per ribaltare la situazione.

Nell'intervallo Angela servì tè e biscotti a Gianmarco, con tutti i crismi... Biscottini Petit Beurre, fettine di pane tostato, burro dolce e salato, marmellate varie, anche due alici, che col tè ci stanno benissimo. Infine dei marron glacé.

Cazzo che merenda, pensò Gianmarco, la mamma al massimo ci dà pane e marmellata, ma mica buona come questa qui.

Purtroppo il secondo tempo sprofondò Gianmarco in una amara depressione: la Fiorentina di gol ne fece un altro. Battuta d'arresto inaspettata per la capolista, diceva il commentatore sportivo, che peraltro godeva perché era milanista.

Dopo la partita Angela approfittò della presenza di Gianmarco per mettere a posto alcune delle sue tazzine da collezione.

«Gianmarco, visto che sei qui, me lo faresti un favore?».

«Certo, signora».

«Ecco, ho dato una spolverata alle tazzine della vetrina, mi aiuteresti a rimetterle a posto? È una questione di cinque minuti».

«Ma certo, signora».

«Attento che sono delicate».

Gianmarco passava le tazzine alla professoressa Mattioli. I due si conoscevano bene, una volta lei gli aveva anche dato delle ripetizioni. Gianmarco via via scrutava quei preziosi pezzi da collezione, di porcellana.

Gli piacevano molto. La signora era in piedi su una sedia, per raggiungere i piani superiori.

Quando arrivarono alle Rosenthal Gianmarco espresse un giudizio.

«Queste sono quelle che mi piacciono di più. Sono veramente belle».

Ciò disse il ragazzino su un servizio assai fine di tazzine tedesche, di mille colori, ogni tazzina era di un colore diverso. A parte che quelle dodici tazzine policrome valevano un sacco di soldi, Angela fu favorevolmente stupita del gusto di quel bambino. Normalmente a quell'età, ma anche dopo, i maschi di queste cose non capiscono niente.

«Ah, Gianmarco, sei veramente un ragazzo unico, sei così sensibile, sei così diverso dagli altri... hai dei gusti raffinati...».

Angela aveva semplicemente voluto fare un complimento, ma il risultato fu opposto. Gianmarco si era quasi offeso, che gli stava dando, anche lei, del finocchio? Oddio, e se lo venisse a sapere il mio allenatore?

«Vater, tu challenge Oleg a tira y afloja. Tu omo. Tu braccio de fero con Oleg. Tu frosh?».

Oleg aveva visto degli adesivi della Lega Nord appiccicati sul frigorifero: noi ce l'abbiamo duro!

«Allora tu avere duro! Tira fuori pisello e show me come viene duro! Oleg erektsiya con pensiero. No need porno, fighe nude, donna chiava con osel. Oleg con cazzo solleva avtamabila».

La signora Doronzo pensò che eravamo arrivati al punto. Prima o poi doveva succedere. Il bruto sembrava eccitarsi. Meglio intervenire per tempo.

«Lasci stare la bambina, la prego. Faccia di me quello che vuole, ma lasci stare la bambina».

«Ah, you interested in Oleg bastustanie? Tu vole scopare Oleg?».

Le fece il gesto di seguirlo.

«Tu senora, kommen sie con Oleg in kamera. Si tu behave Oleg ti da delikatessen bon bon».

Oleg a questa sua battuta si mise a ridere da solo, gli altri, immobili, erano paralizzati... «Vosotros, in toilette!».

Ce li chiuse dentro.

La signora entrò in camera con Oleg come se fosse una protomartire cristiana. Il suo sacrificio l'avrebbe portata in paradiso.

Oleg si spogliò tutto, era pieno di tatuaggi, ed effettivamente aveva un coso molto grosso.

«Donne freack out per questo. Solo Asprilla grosser di Oleg. Asprilla 30 centimetres».

Anche lei prese a spogliarsi.

Oleg la guardò, sorpreso.

«Mais toi che tu faci?».

«Eh, come, cioè, le ho detto, faccia di me quello che vuole, a me basta che lasci stare i ragazzi».

«E muzh no? Oleg can do anche marito quello che vole?».

«Be', intendevo dire...».

Oleg si mise a ridere sfrenatamente. Scuoteva la testa, si dava pacche sulle ginocchia, parlava lingue sconosciute.

«Smeshnoy! Smeshnoy!».

E rideva.

«Ah ah ah, che pensa tu de Oleg? Oleg persoana civila. Ma tu was verstanden? Oleg faire Dusche. Tu qui perché Oleg control, mamans semper peligrosas. Oleg gentleman, no profita never siniora zalozhnik hostage».

Tutto nudo, si tolse la berretta di lana, per la prima volta.

Mostrò il suo taglio di capelli alla Hamšik, con una cresta gialla. «Capelli strakh. That's why futbolist pritchoska a cazzo».

I telegiornali lavorarono molto sulla notizia del giorno, il giocatore famoso che aveva fatto outing.

«È tutta la vita che mi nascondo. Adesso basta, non ne posso più. Mi sono anche sposato per finta. Due milioni si è presa quella ragazza. E per vedere il mio compagno dovevo fare i salti mortali. Solo adesso ho recuperato un rapporto decente con la mia vita».

Nella sua ispezione di casa Doronzo Oleg aveva trovato un sacco di cose interessanti. Prima di tutto un'arma, una pistola automatica. Aveva capito dove era nascosta perché il padre guardava sempre da quella parte, in cima alla libreria. Alla fine Oleg era andato a dare un'occhiata a quello che c'era dietro ai libri, un'enciclopedia.

«Warum tu guarda sempre entsiklopediya?».

Poi aveva trovato quello che gli serviva, una corda da 50 metri per alpinismo.

A merenda, uova e patate fritte, Oleg bevve altre due bottiglie di vino, altra vodka, ma non parve risentirne. La famiglia Doronzo era seduta a tavola, i genitori soffrivano coi loro mignoli rotti, Oleg aveva dato il permesso di applicarci sopra un po' di ghiaccio. Si lasciò andare a delle confidenze.

«Oleg fatto lobotomiya, 1998, Minsk. Oleg cabeza working, aber incasinato nel parlare. Oleg speaks 10 languages. Mussibat kabira. Operatsia fucks up area de Broca, area de Wernicke. Oleg degree medicina, ortoped. Avete Sky?».

Ce l'avevano, Oleg si mise a guardare la partita, Lazio-Udinese.

«Tu che futebol team tieni?» chiese al ragazzo.

«Milan» rispose lui.

«Ah, Milan, Sevchenko. Oleg spielt mit Sevchenco. Teknic, forte. Ma durak. No testa».

La partita non produceva molte emozioni, Oleg si appisolò per qualche minuto. La famigliola lo guardava attonita, era il momento di agire? Scappare di casa, oppure ucciderlo?

Oleg dormiva tenendo la pistola accanto a sé, mentre Lazio e Udinese traccheggiavano in campo, una partita fiacca e deludente. I membri della famigliola si guardarono fra di loro: ora o mai più? Russava.

La signora andò in cucina, senza fare rumore, si guardò un po' in giro. Lo spiedo del girarrosto? Macché, con quello al mostro non gli avrebbe fatto nemmeno il solletico. Il batticarne? E per fare che? Lo spelucchino affilatissimo per tagliargli la gola? Ma come, ma chi ce l'avrebbe fatta?

Poi vide quello di cui aveva bisogno, nel ceppo Montana che le avevano regalato per il matrimonio. La mannaia.

Dal salotto giungeva sempre più forte la russata di Oleg. Russava così forte che rischiava di svegliare se stesso.

Carla prese il pesante coltellaccio. Tutta sudata si piazzò alle spalle del mostro.

La famiglia Doronzo era terrorizzata, e se quello si svegliava?

La lama era ben affilata, Carla l'aveva portata dall'arrotino qualche settimana prima, anche se quel coltello da cucina non lo usava mai, non cucinava tagli di carne nei quali ci fosse da spaccare le ossa.

Impugnò la mannaia a due mani e la alzò sulla testa di Oleg. Non era facile, ma le bastò ripensare a poco prima, quando Oleg l'aveva così umiliata...

Tenendo il coltello sopra la testa di Oleg a Carla venne in mente l'agghiacciante immagine di san Pietro Martire, quello che si aggira tranquillo a fare proseliti con una scure infilata nel cranio. E se Oleg fosse rimasto vivo?

La mamma non si decideva, gli altri la guardavano trattenendo il fiato, disperati. Finalmente la signora prese coraggio e mollò il colpo. Con tutta la forza che aveva, mirando al centro della testa di quella bestia.

La Lazio andò in gol.

Gianmarco si era trattenuto dalla professoressa Mattioli, alle 18 c'era la telecronaca di un'altra partita, Lazio-Udinese. Quando la Lazio segnò con Klose, Gianmarco esultò, per pura noia. Cosa gli importava della Lazio? E dell'Udinese? Nella sua mente pensava a una cosa sola, a come vendicarsi contro quella merda del Doronzo. La mattina dopo sarebbe andato a cercarlo, in classe, e gli avrebbe spaccato la faccia. Ma come? A pugni? Gianmarco non era molto bravo a fare a cazzotti, cioè, per la verità non lo sapeva, non aveva mai provato.

Avrebbe aspettato quello stronzo all'uscita. Dentro i locali scolastici non si può fare a botte, poi ti danno sette in condotta. No, l'avrebbe aspettato con calma fuori e gli avrebbe detto: «Lurido finocchio di merda, adesso vediamo... io ti rompo le ossa».

Come aggredirlo? Un calcio nelle palle e dopo un cazzotto a due mani sulla testa?

La fantasia rissaiola di Gianmarco era molto limitata, confinata a immagini viste alla televisione. Vabbè, mi butterò alla carica, qualche cosa succederà.

L'Udinese pareggiò a sorpresa con Di Natale.

Oleg nel frattempo aveva rotto un altro mignolo al signor Doronzo, ed entrambi i pollici alla signora Carla. I coniugi urlavano dal dolore, in salotto. Anche i bambini si lasciarono andare ai pianti più disperati.

Oleg era riuscito a schivare il colpo di mannaia, che si era conficcata nello schienale della sedia.

«In prizon abituati slafen da svegli. Lazem coucher come los gatos. Mezzi awake. Problemsky per nightmare, tu traumen mais non sa che sei sveglio, oder opposite».

Dopo Oleg prese la corda da roccia e disse a tutti i membri della famiglia di andare a fare la pipì, se volevano lavarsi anche i denti potevano farlo, bere un bicchier d'acqua, insomma le cose che si fanno prima di andare a dormire. Poi con la corda legò tutti e quattro i membri della famiglia, sdraiati sul tappeto del salotto, in un modo che sapeva lui, una specie di bondage, per cui chi cercava di muoversi provocava il soffocamento suo o degli altri.

Preparò i suoi bagagli, tutta roba dei signori Doronzo.

Quella notte Gianmarco dormì poco, gli facevano male la coscia, il ginocchio e la schiena. E anche un po' l'anima, perché questa si era trovata in difficoltà, a mezzo fra il desiderio animale di vendetta e la consapevolezza di una anormalità sessuale.

Invece Margherita dormì sonni d'oro. Perché aveva capito qual era il suo destino: l'abbondanza, la ricchezza, il lusso.

Oleg prima dell'alba era pronto per la partenza. In casa il signor Doronzo disponeva di 2.500 euro in contanti. Che imbecille, e chi è che oggi come oggi tiene tutti questi soldi in casa? E dire che Doronzo a Oleg ne aveva promessi molti di più. Bastava che Oleg lo accompagnasse in banca, o in un posto che sapeva lui. Ma no, non ce n'era bisogno, per il momento al gigante 2.500 bastavano. Inoltre prendeva l'auto, e altre cosette, fra le quali la pistola del vero lumbard, secondo le aspettative.

Buena suerte exist, pensava Oleg. Argent, pistol-gun, auto, liquers e comida. Vie Oleg merita acest lucru? You are my lucky star!

Oleg lasciò i suoi ostaggi sul tappeto, legati come salsicciotti. Facevano finta di dormire. A lui bastava che nessuno li trovasse prima di sei-sette ore. Partì alle cinque, Brescia, Trentino, Austria, Germania, Polonia e via, obiettivo Riga. Secondo i suoi progetti quando quella famiglia avrebbe potuto comunicare col mondo lui era già lontano.

Perché sterminarli? Ci aveva pensato, ma tanto cosa cambiava?

Alle sette del mattino Gianmarco tentò di convincere sua madre che non poteva andare a scuola, perché non aveva dormito, e sentiva un gran male dappertutto. Col Doronzo si sarebbe vendicato il giorno dopo.

Donatella non si fece convincere, e obbligò il figlio ad andare a scuola lo stesso. «Che differenza fa se stai qui a non fare niente oppure a scuola seduto?».

Così Gianmarco andò a scuola, ma, infortunato com'era, dopo una notte quasi insonne, imbottito di antidolorifici, in classe si addormentò.

Durante la lezione di matematica dormiva di un sonno profondo. La prof Marchini lo notò, e fece cenno alla scolaresca di fare silenzio. Giorgi ronfava placidamente.

La prof prese il libro di testo e lo spiattellò, in modo che facesse più rumore possibile, sul banco di Gianmarco.

Quello si svegliò, confuso, intontito, la classe rideva.

«Giorgi, vai fuori a dormire» disse perentoriamente la prof, che gli avrebbe fatto anche rapporto.

Gianmarco uscì dalla classe, ancora ben rimbecillito, e chiese asilo al bidello Sciacca, che troneggiava seduto dietro a una ex cattedra.

Sciacca era un bidello molto umano, comprendeva le situazioni.

«Perché ti hanno buttato fuori?».

«Perché dormivo».

«E che minchia!».

Sciacca sulla sua scrivania teneva la copia della «Gazzetta del Lunedì».

«Scusi Sciacca, posso dare un'occhiata?».

«Ma certamente...».

Gianmarco cercava il riepilogo della domenica calcistica, la Juve aveva perso 0-2 con la Fiorentina, questo lo sapeva già. E quando si perde il tifoso il giornale non lo legge. Quando si vince si legge il giornale fino all'ultima riga, anche i commenti più idioti e inutili. Quando si perde non si vuole sapere niente, e si giura che del calcio non ce ne importa una mazza.

Tuttavia il numero della Rosa riportava una notizia bomba che non aveva a che vedere con i risultati di serie A. ***, noto campione della Juve degli anni Novanta e Duemila aveva fatto una dichiarazione ufficiale: un outing. Si dichiarava gay a tutti gli effetti, e presto si sarebbe sposato col suo compagno. Seguivano accuse all'ambiente calcistico, omofobo, e le solite cose.

Gianmarco era esterrefatto: anche quello era uno dei suoi idoli, un duro, uno che si faceva rispettare, dotato «di classe cristallina».

«Ma non è possibile» disse Gianmarco al bidello Sciacca, il quale, con aria di superiorità, sembrava non stupirsi.

«Non ti devi meravigliare proprio per niente. Nel mondo del calcio sono tutti froci, d'altronde non si capisce perché se nel calcio femminile sono tutte lesbiche, nel calcio maschile non debbano essere tutti uomosessuali. È solo che non lo dicono. Ma è chiaro, no? Negli ambienti dove sono tutti dello stesso sesso si arrangiano fra di loro, no? In caserma, in convento, in carcere, in miniera, e via dicendo. Poi si fa finta di no, ma è così».

Gianmarco, undici anni, forse era un po' troppo giovane per scoprire queste verità tutte d'un botto.

«La Juventus poi è sempre stata una squadra di froci. Hai mai sentito parlare di Boniperti? Il giocatore che poi divenne presidente?».

«L'ho visto su un libro, una gloria della Juve».

«Eh eh, lo sai come lo chiamavano? La Marisa lo chiamavano, la Marisa. E Platini, vogliamo parlare di Platini?».

Tutte le certezze di Gianmarco stavano crollando.

«E Vialli? Non mi dica che anche Vialli...».

«Quello è un caso diverso, a quello ci piace dare e prendere. Donne, uomini, animali, tutto...».

«Ma lei come le sa queste cose?».

«Ma come, tutti lo sanno».

«E Furino? Non mi dica che anche Furino...».

«No, su Furino non ho notizie di prima mano, e a me non piace sparlare».

«Ma lui, proprio lui» Gianmarco indicava il ritratto fotografico sulla «Gazzetta».

«Eh...».

«Non me lo sarei aspettato. Lui era un duro. Faccia d'angelo, ma un duro».

«Embè, che c'entra? Credi che le checche siano delle pappe molli? Guarda che spesso sono più cattivi degli altri, e inoltre hanno il culto del fisico, sono delle bestie».

«Ma le checche sono froci, si mettono il rossetto».

Gianmarco cercò di far capire che del tutto sprovveduto non era.

«Macché rossetto, questa è gente che non va per il sottile».

«E cioè?».

«Allora ti racconto una cosa. Tu lo sai che io vengo dalla Sicilia. Al mio paese c'erano le solfatare. Tu lo sai cos'è una solfatara?».

«No...».

«Te lo dico io. È una cava, una miniera dove si raccoglie lo zolfo. Posti infernali. I minatori vanno giù completamente nudi perché dentro ci fa un caldo impossibile. Ecco, nudi come vermi, là sotto, grandi e bambini, ce n'era per tutti, non so se mi sono spiegato».

Gianmarco, attonito, non aveva capito niente. D'altronde non è che Sciacca fosse molto consapevole di certi moderni criteri psico-pedagogici, non si curava affatto della possibilità che un bambino di undici anni potesse rimanere scioccato da certe notizie.

«Ma come non capisci. Là sotto succedeva di tutto, soprattutto ai giovani, ai bambini, se li fottevano che era una meraviglia. Certi giovanetti se li sceglievano apposta, perché avevano un bel darreri, e magari erano carini e servizievoli. Ma una cosa non crederesti mai: quei giovanetti, quelli preferiti, quando diventavano grandi erano i più assatanati. Da fottuti che erano dopo volevano fottere, e lo facevano con cattiveria. Lo stesso nel calcio, succede».

Gianmarco, con gli occhi spalancati, qualcosa aveva afferrato, ma Sciacca continuava:

«Non è detto che sia meno virile chi si fotte un uomo, o si fa fottere da un uomo vero. E poi, che rimanga fra me e te, la figa è accogliente, praticamente ti attira dentro, è uno zuccherino, u darreri invece può anche essere respingente. Bisogna essere tosti. C'è chi dice che i veri froci sono quelli che vanno con le donne. Le donne sono roba da fighette».

Senza dubbio fu la lezione di educazione sessuale più intensa che Gianmarco aveva mai avuto e avrebbe mai ricevuto in tutta la sua vita. Rifletteva.

Eccolo il principio, ecco la verità, ecco perché alla Juventus sono tutti froci. Allora se io sono gay vuol dire che sono più virile delle mammolette che vanno con le donne? Ecco perché non provo interesse per loro.

A pensare alle solfatare non c'era da dargli molto torto.

Gianmarco perse un po' il senso delle proporzioni.

«Ma anche lei ha avuto esperienze simili?» disse avventatamente al bidello Sciacca.

«Uei, ragazzino, ma sei scemo? Come ti permetti? Non ti azzardare, sai? Sciacca ha una minchia che non perde un colpo. E solo fimmini! Guarda che faccio rapporto al preside, sai?».

«Ma allora lei è un vero frocio?». Gianmarco non ci capiva più niente.

Sciacca stava per perdere la pazienza, d'altronde quelle minchiate che le diceva a fare?

Arrivò un'altra bidella che cercava l'alunno Giorgi, per riportarlo in classe.

«Che fai Sciacca, racconti le solite storielle sporche ai ragazzi?».

«Ma che vai dicendo, parlavamo di calcio».

La signora Doronzo dopo circa sei ore riuscì a svincolarsi dai suoi legacci. Ma ancora non si fidava. E se Oleg fosse rimasto nell'appartamento? Liberò gli altri, e mandò il marito in avanscoperta. Quello si cagò veramente addosso, ma Oleg non c'era più.

La famigliola però era ancora avvolta nel terrore, restarono qualche ora al centro del salotto, senza muoversi. Il ragazzo ebbe una crisi, vomitò sul tappeto. Alla mamma venne un accesso di singhiozzo, violentissimo. Il padre andò a ripulirsi in bagno, puzzava di merda. Questo fu l'atto che li rimise in contatto con la realtà.

Allora aprirono la porta di casa, pronti a fuggire. Suonarono alla dirimpettaia, le chiesero se potevano usare il telefono. Quella si spaventò, avevano un aspetto terrificante, tanto che anche lei all'inizio non li voleva far entrare. Finalmente, fu chiamata la polizia.

Nei giorni successivi la famiglia Doronzo sarebbe divenuta protagonista assoluta delle cronache: la famiglia presa in ostaggio dal pluriomicida dell'Est, la bestia umana.

«Cosa è veramente accaduto nell'appartamento della famiglia Doronzo?» avrebbero insinuato i giornali.

La famiglia ci avrebbe messo molto tempo a riprendersi dallo shock, forse qualcuno non si sarebbe ripreso mai. Ci sarebbe voluta più di una consulenza psicologica, e il promettente numero 4 della Progresso non avrebbe mai più giocato a calcio. La famiglia nei giorni immediatamente successivi infatti non avrebbe detto una parola, per esempio ai giornalisti che assediavano padre madre e figli. Non avrebbe parlato con nessuno, se non con la rivista «Crimini d'Italia», con la quale avrebbero firmato un contratto di esclusiva. Com'era il carnefice, che cosa aveva fatto alla ragazzina? E alla madre? I Doronzo, formati a dovere dalla giornalista, risposero che non potevano rispondere, lasciando così all'immaginazione dell'infoiato lettore la possibilità di ricostruire i pezzi mancanti degli eventi, misteriosi e torbidi.

All'altezza di Chemnitz sull'autosnodato della ditta Lucescu l'autista stava leggendo il giornale sportivo «Sporturilor». C'era una notizia bomba. Il noto giocatore ***, ritiratosi dall'agonismo una decina di anni prima, aveva fatto outing, dichiarando la sua omosessualità. L'autista era talmente sbalordito che perse il controllo del camion, e andò a sbattere contro il guardrail che separava le carreggiate. Il «gigante della strada» si impennò e finì dall'altra parte, incredibilmente senza capovolgersi. Dopo pochi metri si andò a schiantare frontalmente contro un SUV con targa italiana.

Lo scontro fu terribile, l'autista del camion morì sul colpo. Invece il conducente del SUV non fu ritrovato. Vaghe testimonianze riferirono confusamente che un gigante seminudo si aggirava ai confini fra Germania e Polonia.

Gianmarco all'uscita aspettò a lungo quella merda di Doronzo. Ma quello non c'era, era assente. Che stronzo! Ha paura, quella carogna. Non è venuto a scuola apposta, lo sapeva che lui lo stava aspettando. E non sarebbe più tornato a scuola, almeno a quella scuola. La famiglia Doronzo si sarebbe trasferita in un'altra città, a causa dello shock. Marco avrebbe abbandonato, con gran dispiacere del padre, la sua carriera calcistica, peraltro non destinata a grandi successi. Non aveva i piedi buoni.

Gaetano Savatteri
È solo un gioco

«Ancora assai deve durare questa storia?».
Peppe Piccionello mi guarda di traverso.
«Peppe, si può sapere quante ne dobbiamo fare?».
Piccionello posa mestolo e imbuto, si sistema in testa il cappello di paglia e viene verso di me strascicando le infradito.
Imbrattato di rosso sangue quanto il Cristo di Mel Gibson, mette le mani ai fianchi.
«Lo vuoi sapere?».
«Sì, Peppe, non ne posso più. Andiamo avanti da cinque ore».
«Ti faccio il conto. In un anno ci sono trecentosessantacinque giorni, giusto?».
«Giusto».
«Togliamo sessantacinque giorni perché una volta c'è la minestra di cavoli, una volta c'è aglio e olio, d'estate c'è il ciliegino fresco, ne restano circa trecento. E per altri trecento giorni che c'è?».
«Non so, dimmelo tu».
«C'è pasta col sugo. Un peroncino al giorno per trecento giorni fanno trecento bottiglie».
«Trecento bottiglie di passata di pomodoro? Ma ne abbiamo fatte molte di più».

«Saverio, sei il solito superficiale».

Quasi quasi spacco tutte le bottiglie con la macchinetta per chiudere i tappi a corona. E dopo rompo la testa di Piccionello. Tanto è già lurido di salsa di pomodoro, il sangue gli darà un mélange ton sur ton.

«Sì, Saverio. Sei superficiale. Non consideri lo sfrido. Quando si mettono a bollire, ogni cento bottiglie circa dieci si lesionano o si spaccano».

«Hai fatto un sondaggio?».

«Esperienza, Saverio».

«Sfrido o no, da stamattina ho tappato più di quattrocento bottiglie di pomodoro».

«E ancora non è finita. Trecento per consumo personale, duecentocinquanta per mia cugina, senza considerare che poi ci sono quelle col basilico e senza basilico, quelle passate e quelle a pezzettoni, e metti che bisogna pure considerare le feste».

«Le feste?».

«Certo. Natale, Capodanno, Ferragosto, Pasqua. Giornate che sono, magari ci sono ospiti, un'altra cinquantina di bottiglie per le feste ci vogliono. E un'altra settantina di bottiglie per te non le vuoi fare?».

«Seicento bottiglie di pomodoro? Ma chi sei, il signor Cirio?».

«Non capisci niente, Saverio» dice Piccionello e si sistema in testa il cappello di paglia. «Poi, a novembre, quando apri una di queste bottiglie, ti pare di assaggiare l'estate».

«Intanto passiamo l'estate a preparare bottiglie».

«Assai parli, Saverio. Travaglia che il tempo sta squagliando, tra poco è notte».

È notte? Guardo il cielo bianco di foschia, il sole di mezzogiorno batte su Màkari, rimbalza sulle tinozze piene di passata di pomodoro, arroventa le bottiglie di birra da 33 centilitri allineate nel terrazzino. Tappo bottiglie e maledico il momento in cui ho accettato di dare una mano d'aiuto a Piccionello: domani facciamo quattro bottiglie di pomodoro, qui da te che c'è più spazio, in tre ore abbiamo finito. Dalle sei del mattino, perché dovevamo cominciare col fresco, e ancora non si vede l'uscita da questo tunnel rosso fuoco.

C'è pure il fatto che tappare bottiglie non è mestiere di grande sforzo intellettuale, per cui resta molto tempo per pensare. E questo, si sa, avvilisce l'anima. Ho provato a cantare qualcosa di De Andrè, ma Piccionello mi ha fatto smettere perché perde la concentrazione. E allora divago tra parerga e paralipomeni, commiserando me stesso che fino a due mesi fa con mocassini Tod's, camicia Brooks Brothers, grisaglia tasmania Loro Piana e cravatta Marinella, me ne potevo stare al fresco di un condizionatore Mitsubishi in una stanza affrescata al piano terra del Viminale, scrivania di acero, tre linee telefoniche, segretaria part time, praticamente a fare niente – un comunicato ogni tanto per quel cretino di sottosegretario per il quale prestavo servizio da balia asciutta – se non sparlare al telefono con colleghi giornalisti in crisi editorial-personale e organizzare per la serata aperitivi da Settembrini o al Porto Fluviale con milf separate.

Il tappo a corona è di semplice chiusura, a condizione che sia ben collocato sulla bocca della bottiglia, in posizione perfettamente orizzontale. La pressione sulla leva della macchina che lo serra deve essere costante e senza strappi, evitando che nel corso dell'azione il tappo si muova dalla posizione in cui è stato preliminarmente posto.

«Ne ho già trovate tre chiuse male» si lamenta Piccionello, mentre avvolge le bottiglie negli stracci per collocarle nel fusto per l'ebollizione.

«E allora fallo tu» gli rispondo. Ormai sono pronto a mandarlo nel paradiso della passata.

Insozzato di pomodoro dalla testa ai piedi, cappello di paglia sfondato sulla testa, in costume e con la maglietta del festival di Cannes del 2001, mi faccio pena da me stesso. Ripenso a quel sabato di giugno: lo stronzo del mio sottosegretario era andato a un convegno sulle droghe, al telefono mi aveva riassunto le solite inutili cose che amava ripetere, il diavolo o chi per lui ci mise la coda, tirai fuori un comunicato che gli faceva dire per una volta una frase intelligente sulla liberalizzazione della marijuana. Tanto era sabato, la gente al mare, le redazioni deserte, sarebbe passato inosservato. «Repubblica.it» lo schiaffò in prima pagina, annunciando scontro nel governo sulla droga libera. E fu subito polemica, come dicono in tv. Infatti, mi trovai licenziato in quarantotto ore. Addio Viminale, addio. Addio stipendio, addio. Lasciai Roma, per fortuna c'era il rifugio in Sicilia, la casa di Màkari dove papà non ha più messo piede dopo la morte di mamma.

Per fortuna, penso. Tappo bottiglie di Peroni da 33 centilitri piene di passata di pomodoro, col basilico e senza, a pezzettoni e no. Che fortuna.

«È tuo?» chiede Piccionello.

«Cosa?».

«Questo telefono che squilla da mezz'ora. È il tuo?».

«Sì, è il mio».

«E rispondi».

«Ero concentrato sul tappo a corona».

«Certo, ci vuole intelligenza a chiudere tappi».

«Se vuoi farlo bene, il cervello ci vuole».

«La prossima volta chiamo Einstein».

Mi ripulisco le mani. È papà.

«Ciao, papà, come stai?».

«È morto Franco».

«Chi è?».

«Saverio, come: chi è? Tuo cugino».

«Mio cugino?».

«Il figlio di Lilla, la cugina di tua madre. Avete passato un'estate assieme a Màkari. Non ricordi?».

«Quando?».

«Qualche tempo fa. Sarà stato il '76 o il '77».

«Papà, avevo cinque anni».

«Non importa. Era tuo cugino. Domani ci sono i funerali, vedi di esserci».

«Papà, ma come faccio? Qui ci sono i tappi a corona, la salsa a pezzettoni, col basilico, senza basilico. Non posso lasciare, si interrompe il processo industriale».

«Domani mattina alle 11. Anzi, prima passa da casa e ci andiamo assieme. Lilla ci tiene, mi ha chiesto di te. Ci sarà tutta la famiglia di tua madre, non essere superficiale».

«Com'è morto?».

«Chi?».

«Franco, mio cugino».

«Un incidente d'auto. Una tragedia. Aveva la tua età. Ci vediamo domani. Metti la giacca scura».

«Va bene, papà, ti faccio sapere».

Piccionello è rimasto con l'imbuto in una mano e il mestolo nell'altra.

«Cattive notizie?».

«È morto mio cugino».

«Finisci di chiudere le bottiglie e preparati. Devi andare al funerale».

«Ma non lo vedevo da trent'anni».

«Saverio, non importa. È tuo cugino. I parenti si rispettano più da morti che da vivi».

Sistemate settanta bottiglie di pomodoro di mia pertinenza in luogo fresco e buio. Ripulito terrazzino da macchie di pomodoro, semi, spoglie. Raccattati sessantasei tappi a corona difettosi o mal chiusi. Trasportate con l'aiuto di Piccionello cinquecentosessantadue bottiglie da 33 centilitri presso suo proprio domicilio o domicilio della di lui cugina. Eliminate nei cassonetti dell'indifferenziata quarantadue bottiglie con tracce evidenti di lesioni, fuoriuscita di liquido, fratture del vetro, più altre sedici scartate per ragioni imperscrutabili («Questa non va bene, buttare» sentenziava Piccionello). Doccia prolungata con bagnoschiuma al muschio bianco, all'aloe verde e all'arancia rossa per togliere ogni residuo di passata di pomodoro e persistenti odori annessi.

Fresco come l'uomo che riscopre il valore del lavoro manuale, rilassato per avere contribuito con quindici ore di fatica fisica alla perfezione dell'universo, orgoglioso di perpetuare la secolare tradizione conserviera del Mezzogiorno italiano, alle dieci di sera poso le membra stanche, ma assai poco soddisfatte, sul divano di casa. E mi addormento. Precipito in un abisso di passata di pomodoro, un labirinto escheriano di bottiglie: il pozzo, il pendolo e la macchinetta tappatrice scandiscono il mio incubo. Il Sacro Pomodoro avanza. Mi chiama.

«Saverio».

«Il Sacro Pomodoro, no».

«Saverio, svegliati».

«Il Sacro Pomodoro... che succede?».

«Saverio, che dici? Sono io».

Non è il Sacro Pomodoro. È Suleima.

«Sei sudato. Sognavi» sussurra accarezzandomi la fronte.

«Il Sacro Pomodoro, avevo dimenticato».

«Vado a fare una doccia, ora mi racconti».

Scalcia le scarpe, si tira giù la gonna, sfila la maglietta e così com'è si infila nel bagno regalandomi l'unica immagine di questa giornata degna di essere ricordata.

È mezzanotte passata. Ho fame.

«Hai mangiato? Faccio una frittata» grido.

«Cosa dici?».

«Faccio una frittata».

«Se è la prima cosa che ti viene in mente».

Deve esserci un doppio senso che non afferro. Qual è la prima cosa che mi viene in mente? Guardo la porta socchiusa, sento il rumore dell'acqua della doccia, penso a Suleima nuda là sotto. No, la frittata non è la prima cosa che mi viene in mente. Vado in bagno, mi spoglio, entro sotto la doccia. Muschio bianco, aloe verde e tutto il resto.

Fresco come chi ha dormito quattro ore e ha appena rimesso a posto l'armonia dell'universo, sbatto quattro uova con caciocavallo ragusano grattugiato e foglie di menta, mentre l'olio in padella riscalda piano.

«Com'è andata?» chiedo a Suleima che si sta asciugando i capelli con indosso la mia camicia bianca.

«Marilù era nervosa».

Marilù è la proprietaria del ristorante dove lavora Suleima, il ristorante dove l'ho conosciuta poche sere dopo che ero approdato a Màkari dal naufragio della mia vita professionale. Marilù fa il cuscus di pesce migliore al mondo, con il vantaggio che è a trecento metri da casa mia.

«Come mai?».

«Avevano prenotato un tavolo per sei, un'ora dopo hanno disdetto, un'ora dopo hanno riconfermato, ma erano diventati otto, mezz'ora dopo sono arrivati in undici. Undici palermitani di quel tipo lì, come li chiami tu?».

«Piritolli?».

«Esatto. Piritolli. Abbronzati, con i vestiti giusti, impomatati».

«Si dice allicchittati» suggerisco mentre verso tutto in padella.

«Hai capito, no? Le donne da un lato, bionde e rifatte, sparlavano delle loro amiche. Gli uomini dall'altro lato, a mostrarsi le foto sui telefonini, la barca, la villa, l'onorevole amico mio, l'avvocato amico mio, il professore amico mio».

«Amici e guàrdati».

«Puoi immaginare le ordinazioni: nel pesto alla trapanese i pistacchi non ci stanno, nel pesce spatola ci va la passolina, sono allergica all'aglio, sono allergico alla cipolla, intollerante alla mollica di pane, il sarago è d'allevamento, non è stagione di triglia di scoglio, il polpo è duro, il polpo è molle, il polpo è maschio o femmina? Marilù non ci ha visto più: quando è tornata in cucina doveva prendersela con qualcuno, e mi ha fatto nuova».

«Perché?».

Adesso devo girare la frittata, la cosa che mi riesce meglio.

«Dice che ero troppo scollata».

«Ed eri troppo scollata?».

Tac, la frittata è capovolta. Perfetta.

«Di un bottone. Non si vedeva niente».

«Bottana per un bottone».

«È una battuta? Devo ridere?».

«Facoltativo. La frittata è fatta. Mangia, senti che profumo. La menta fa la differenza».

Prendo dal frigo una mezza bottiglia aperta di Catarratto.

«Buona. Cos'è questa storia del pomodoro sacro?» chiede Suleima.

«Il Sacro Pomodoro, con le maiuscole».

«Va bene, accademico della Crusca, con le maiuscole».

«Avrò avuto cinque o sei anni. Era agosto, in un orto dalle parti di Custonaci spuntò un pomodoro grosso così. Per chissà quale motivo, sul pomodoro c'era una macchia scura che sembrava un Gesù con il braccio alzato, hai presente quello del duomo di Cefalù?».

«Il Cristo Pantocratore. Dimentichi che sono laureata in architettura. Ho studiato storia dell'arte, infatti faccio la cameriera».

«Appunto. Cominciò un pellegrinaggio verso la campagna di questi contadini. Mio padre e mia madre erano curiosi, andammo a vedere anche noi. C'era la fila, tutti in coda per ammirare il Sacro Pomodoro. Lo avevano messo dentro una scatola, adagiato sul cotone. Io non vedevo niente, mia mamma un po' scettica continuava a dire: in effetti, sì, sembra proprio, guarda Saverio, questa è la barba... d'improvviso una donna si buttò in ginocchio e cominciò a pregare ad alta voce, invasata. Non ho dormito per tre notti, il Sacro Pomodoro mi inseguiva nei sogni e risentivo l'urlo della donna con le braccia al cielo».

«Bambino coraggioso».

«Che vuoi farci? Sono sempre stato sensibile».

«Forse in passato. Sempre non direi».

«Ecco, quell'estate c'era anche Franco. Ora ricordo».

«Franco chi?».

«Mio cugino. È morto. Domani ci sono i funerali».

«Sei veramente un bimbo sensibile, lo dici come fosse un estraneo».

«Non lo vedevo da trent'anni. Era un estraneo».

«Ma era tuo parente».

«E allora? Siamo la famiglia Lamanna, mica la famigghia Corleone che la cosa più importante è la famigghia. Era cugino di secondo grado».

«Ah, capisco. Cugino secondario».

«Suleima, per andare domani a Palermo mi presti la tua macchina?».

«E perché? Mica siamo parenti».

«Però potremmo diventarlo».

«Meglio di no, visto come tratti i tuoi parenti. Che fine ha fatto il Sacro Pomodoro?».

«Non lo so. Forse è marcito. Oppure Piccionello ci ha fatto la passata. Oggi mi ha costretto a preparare seicento bottiglie di conserva».

«Ecco perché puzzi di pomodoro».

Filtra luce dalle persiane. Le sei e mezzo dice il telefonino. È la mia ora. Scivolo dal letto, Suleima nel sonno mormora qualcosa che non capisco, come pomodoro o m'innamoro.

Ho tirato fuori il vestito blu, la camicia bianca, i mocassini. No, ho dimenticato i mocassini. Li cerco alla cieca, dove dovrebbero essere. Non ci sono, vado a frugare nell'armadio, devono stare dentro qualche scatola.

«Che fai?» borbotta Suleima.

«Cerco i mocassini».

«Sono in bagno, ce li hai messi tu ieri sera».

«Hai ragione».

«Ho sempre ragione».

Mi vesto mentre la moka va a fuoco basso.

Fuori dalla porta il gatto randagio di Màkari graffia sul legno.

Metto la cravatta? È agosto, troppo caldo. La piego però in una tasca della giacca, non si sa mai.

Il gatto insiste.

«Saverio» miagola il gatto da dietro la porta.

Apro, c'è Piccionello.

«Che ci fai qui?».

«Ieri sera ha chiamato tuo padre, mi ha chiesto di accompagnarti a Palermo».

«Non si fida, vero?».

«Non è che non si fida. Così Saverio non si fa la strada da solo, ha detto».

«Non si fida».

«Hai fatto il caffè?».

«È appena uscito».

Peppe Piccionello è inappuntabile. È la prima volta che non lo vedo in mutande e infradito. Abito grigio, camicia celeste, cravatta scura e scarpe nere.

«Chi ti ha dato questo vestito?».

«Era della buonanima di mio cognato. Lo uso solo per funerali e matrimoni».

Prendiamo il caffè in silenzio.

«Mah, la vita» dice Peppe.

«Già».

«Siamo appesi a niente».

«Già».

«Oggi ci siamo».

«E domani non ci siamo. Peppe, dobbiamo continuare così?».

«Ti aiuto a entrare nell'atmosfera da funerale».

«Grazie, Peppe. Te ne dico un'altra: il morto stesso insegna a piangere. Questa la sapevi?».

«Sei senza cuore».

«Di mattina presto sono sempre senza cuore, mi spunta solo dopo mezzogiorno. Andiamo».

Però è bello viaggiare per strade ancora vuote, con la luce chiara del giorno appena nato. Quasi dimentico che sono diretto a un funerale. Il mare è piatto, trasparente sotto Monte Cofano.

«Com'è morto?» chiede Piccionello.

«Un incidente d'auto».

«Quanti anni aveva?».

«Quanto me. Una quarantina».

«Sposato? Figli?».

«Non lo so».

«Che lavoro faceva?».

«Non lo so».

«Non sai niente. Ma che parenti siete?».

«Parenti moderni».

«No, parenti slavati».

La sosta al bar di Castellammare del Golfo, per una cassatella calda con ricotta e caffè ristretto, mi sottrae per breve tempo a Piccionello che oggi indossa la maschera di circostanza per lutti e condoglianze. Ma dura poco, giusto il tempo di imboccare l'autostrada per Palermo. E Piccionello ricomincia.

«Mio cognato, mischino, pure lui morì con incidente d'auto».

«Mi dispiace».

«Trentasette anni. Mia sorella ne aveva trentadue, restò con due bambini piccoli».

«Capisco. Mi dispiace tanto».

«Non si è risposata. Si è cresciuta due figli, ma sempre ci pensa a suo marito».

«Comprendo, mi dispiace moltissimo».

«Saverio, solo questo sai dire? Mi dispiace, mi dispiace. Non c'è piacere ad accompagnarti a un funerale».

«Peppe, un funerale non è la prima del Teatro Massimo. Cosa vuoi, una recensione?».

«Saverio, non capisci. La morte è cosa seria, bisogna trovare le parole giuste, non è che si può arrivare impreparati. Pure se è morto un estraneo».

«Rispetto il tuo rispetto per la morte, Peppe, ma preferisco vivere. Ora, se non ti dispiace, metto un po' di musica».

E attacco Radio Dimensione Suono, ignorando la smorfia disgustata di Piccionello che preferirebbe un bel Requiem Aeternam.

«Saverio, come mai a quest'ora?» chiede il portiere del palazzo dove abita papà.

«Dobbiamo andare a un funerale».

«Eh, l'ho saputo: tuo cugino, mischino. Era giovane. Niente siamo».

«Non c'è cosa dire» commenta Piccionello.

«E che si vuole dire? Disgrazie sono» insiste il portiere.

«Pietre cadute dal cielo» fa Piccionello.

«Fuoco grande in quella casa» ribatte il portiere.

Per fortuna è arrivato l'ascensore.

Papà spunta sulla porta ancora in pigiama.

«Come mai a quest'ora?».

«Papà, dobbiamo andare a un funerale. Hai dimenticato?».

«Ma sono le otto e mezzo, Saveriuccio. Mancano tre ore».

Si accorge di Piccionello. E fa la scena.

«Pure tu sei venuto, Peppe? Ma non dovevi».

Si abbracciano.

«Professore, in momenti come questi».

Peppe chiama mio padre professore, non ho mai capito perché. Tutti e due fanno finta di sorprendersi. Attori per vocazione.

«Entrate. Maricchiedda ieri ha fatto il biancomangiare alle mandorle. Non l'ho ancora assaggiato. Venite, entrate. Bene ti trovo, Piccionello».

«Professore, ma che ce ne facciamo della salute con questi lustri di luna?».

«Ragione hai, Piccionello. Mah, non c'è cosa dire».

«E che possiamo dire, professore? Qua siamo».

«Disgrazie grandi».

«Si consuma una casa, professore. Anche a lei la trovo bene».

«Ci difendiamo, Piccionello. Ma la pena è forte assai».

«A me lo dice, professore?».

«Lo so, Piccionello, la buonanima di tuo cognato morì allo stesso modo, mischino. Quanti anni sono passati?».

«Sedici, ma sono cose che non passano mai».

«Vera verità, Peppe. Ci devono essere tre briosce fresche. Saverio, prendi il biancomangiare dal frigo».

«E chi ha il coraggio di mangiare, professore».

Attori sono. Professionisti. Sapienti di una sapienza antica che non ho mai avuto o che devo aver smarrito in qualche mio trasloco. Sanno dosare forma e sostanza, secolare retorica per accostarsi piano alla morte, al suo mistero, al suo segreto. Peppe e mio padre si passano l'un l'altro lo spavento della morte, lo incamerano e frantumano dentro una ragnatela di frasi consuete che restituiscono ai superstiti prova di esistenza in vita. È una messa: spezzate queste briosce e mangiatene tutti, questo è il biancomangiare offerto per voi.

«Vabbè, vado di là a buttarmi sul divano. Tanto è ancora presto» dico.

Mi guardano come se non avessi parlato, intenti a raccontare i dettagli dell'incidente di Franco, come fu, come si seppe, sua madre mischina, sua sorella era a Milano, gli amici del calcetto sconvolti, pure l'articolo sul «Giornale di Sicilia», leggi qui, finì in prima pagina, povero picciotto.

Entro nel soggiorno. Sul tavolo tondo le foto di famiglia: io, mia sorella, mia madre, papà e mamma nel giorno del matrimonio, mamma quando aveva vent'anni credo a Segesta, noi quattro a piazza San Pietro una vita fa, nonni, nonne, qualche bisnonno. Un cimitero, esclusi i contemporanei.

Sul divano, rivoltato all'ingiù con le pagine aperte, il mio ultimo libro. È spalancato alle pagine 142 e 143, papà ha sottolineato una frase: «Un odore forte di cucina, di triglie alla brace e di spada panato alla palermitana, mi soffoca».

«Ti piace?» grido verso la cucina.

«Saverio, che dici?».

«Il mio libro. Ti piace?».

«Ah, quello sul divano? Non è mio. L'ha dimenticato Mimì. È passato ieri sera, voleva farmi leggere una frase».

«Questa sottolineata?».

«Sì, Mimì dice che l'aveva già letta in un libro di Andrea Camilleri».

«Può essere, papà».

«È troppo bravo Camilleri».

«Bravissimo».

«Camilleri scrive tanto, magari non l'hai fatto apposta».

«Sì, papà. Non l'ho fatto apposta. Mi sarà scappata».

Richiudo il libro, lo poggio sul tavolo. Mi stendo sul divano.

«Saverio, ti sei offeso?» chiede papà dalla cucina.

«No, papà, posso mai offendermi se dici che ho copiato Camilleri?».

«Appunto».

Provo a chiudere gli occhi. Sul sottofondo del traffico di Palermo, strepitano nella gabbia i canarini. Frenetici. Fanno eco ai clacson.

«Papà» grido.

«Saverio, che c'è ancora?» risponde mio padre, il tono di voce infastidito.

«È normale che i tuoi canarini fanno così?».

«Saverio, canarini sono. Se non cantano di mattina, mischini, che devono fare: giocare a scacchi?».

«Papà, ascoltami: apri la gabbia».

«Saverio, ascoltami: dormi».

Ci provo. Non sono più abituato alla città, il silenzio di Màkari mi ha viziato. Sobbalzo al passaggio dell'autobus, al fracasso della motoape smarmittata: il respiro intossicato di Palermo non dà pace.

Metto le cuffiette, aziono l'app gratuita di spagnolo. Devo imparare lo spagnolo se voglio trasferirmi a Formentera per aprire un chiosco di granite: ognuno deve nutrire un sogno sul futuro, questo è il mio. Mi sono prefissato un anno di tempo per imparare la lingua, la mia insegnante è la voce sintetica che ho ribattezzato Teresita.

Mal día.

Che dici, Teresita?

Mal día.

«Mal día» ripeto.

Estoy triste.

«Pure tu?».

Estoy muy triste.

«Estoy muy triste».

La vida es sueño.

Questa parla come Piccionello.

«La vida es sueño».

Descaminado, enfermo, peregrino, en tenebrosa noche.

Oddio, precipito nella Spagna funebre e barocca.

Tolgo le cuffiette, spengo l'app. Cosa posso mai pretendere da un'applicazione gratuita? Forse dovrei passare all'upload a pagamento. O pagarmi delle vere lezioni di spagnolo.

Mi alzo dal divano. Sono già le nove e mezzo. Apro l'album di fotografie che papà tiene sul tavolo. Altri morti, virati seppia o in bianco e nero. Questo però sono io, a colori kodak. In costume, al mare. Ho il braccio sulle spalle di un bambino con i capelli rossi.

«È tuo cugino Franco» la voce di papà, alle mie spalle.

«Non mi dice niente. Non ricordo».

«Ma come: non ricordo?» fa papà.

«Professore, quando non gli conviene fa sempre così» dice Piccionello.

Papà allarga le braccia, spazientito.

«Beato te, Saverio. Io ricordo solo quello che vorrei dimenticare».

Un mio amico sceneggiatore sostiene che in un film che si rispetti ci vuole sempre un bel funerale. Ma in una mattina d'agosto a Palermo, nella parrocchia di San Luigi Gonzaga di via Ugdulena, chiesa né brutta né bella dei quartieri nuovi, le camicie incollate alla pelle dal sudore, gli occhiali da sole e le facce abbronzate di chi ha dovuto interrompere la villeggiatura a Cefalù o a Scopello, un funerale è solo un fastidio di mezza estate.

Siamo in pochi. Annoto mentalmente: ricordarsi di morire d'autunno o d'inverno, mai d'estate o sotto le feste. Sulla bara chiara c'è un mazzo di fiori e una maglietta verde e bianca, si intravede il marchio dello sponsor «Acque minerali», il resto non si legge. Il prete all'omelia dice che conosceva Franco da piccino, ma si capisce che è rimasto fermo al bambino con i capelli rossi, più o meno lo stesso ricordo che conservo io: ne sa meno di me. Si rifugia nella storia di Lazzaro, la resurrezione dalle tenebre, la morte inizio di una nuova vita, la vita eterna, preghiamo per il nostro fratello Franco. Amen.

Incensiere, incenso, chierichetto con Nike d'ordinanza sotto la cotta, i singhiozzi della mamma, della sorella, non vedo mogli né figli.

«Era sposato?» chiedo sottovoce a papà.

«Separato. Ma non aveva figli».

«Almeno non lascia orfani» commenta Piccionello.

La bara viene sollevata a spalla da otto palestratissimi con maglia verde e bianca sotto le giacche, scritta dello sponsor «Acque minerali dei monti Sicani».

«Chi sono?» chiedo a papà.

«I suoi compagni. Franco giocava a calcio».

«Che lavoro faceva?».

«Niente, giocava a calcio».

«Sì, ma come campava?».

«Aveva appartamenti e magazzini. Li affittava».

La bara mi sfila davanti. C'è una foto attaccata: Franco in campo durante un'azione. Riconosco i capelli rossi, solo quelli.

Fuori dalla chiesa, davanti alla macchina delle pompe funebri con lo sportello spalancato, scambio baci, stringo mani e mastico condoglianze con gente sconosciuta.

Papà mi spinge verso Lilla, la mamma di Franco.

«Saverio, anima mia. Franco parlava sempre di te» piange, stringendomi la faccia tra le mani. «Come fratelli eravate. Ti ricordi quell'estate al mare? Come fratelli».

«Certo, zia Lilla, come posso dimenticare?».

«Me' frati Saverio, così diceva Franco, me' frati Saverio».

La presbiopia della memoria dolente rende attuali parole di trent'anni fa.

Piccionello fa la sua parte, bacia Lilla sulle guance.

«Signora, si ricorda di me? Piccionello sono, di Màkari».

«Come no? Franco sempre parlava di te. Portavi i picciriddi a pescare. A Franco ci insegnasti a nuotare».

«Me lo ricordo preciso preciso, come fosse ieri. Signora, parole non ce ne sono per questa disgrazia grande».

«Morta sono, Piccionello. Morta con mio figlio».

È troppo per me. Mi allontano. Vorrei fumare una Camel senza filtro, riempirmi i polmoni e restare stordito dal contraccolpo. Mi avvicino al gruppetto delle Acque minerali dei monti Sicani.

«Qualcuno di voi ha una sigaretta?».

Mi accontento di una Marlboro Gold.

«Tu sei il cugino di Franco, quello di Roma?» mi chiede uno con i muscoli delle spalle che stirano la maglietta.

«Sì, Saverio Lamanna».

Stringo le mani di tutta la squadra.

«Franco diceva che a Roma sei un pezzo grosso» fa il tipo muscoloso.

«Franco era generoso».

«È vero. Ti voleva bene».

«Anche io» mento con un po' di vergogna.

«Domani sera organizziamo una partita di calciotto in memoria di Franco».

«Bella iniziativa» dico.

«Vieni, così giochi con la maglietta di Franco».

«Io?».

«Sì, domani sera alle otto ai campetti dietro la Favorita. Li conosci?».

«È un po' complicato. Sapete, questa è una stagione di grande lavoro per la nostra azienda. Un'attività di slow food, prodotti bio, a chilometro zero, conserve naturali, vero Peppe?» mi rivolgo a Piccionello appena sopraggiunto.

«Domani? Siamo in pausa» fa Piccionello, serio serio.

«Siamo in pausa?».

«Sì, pausa. Per non stressare il prodotto».

«Benissimo, ti aspettiamo alle otto. Puntuale. La partita comincia alle otto e mezzo» conclude Mister Muscolo.

«È un onore per noi» dice un'altra acqua minerale dei monti Sicani.

«Un grande onore» ripetono insieme tutte le acque minerali.

«Per Franco Rizzo hip hip» grida Mister Muscolo.

«Urrà!» rispondono le acque minerali.

«Per non stressare il prodotto. Disgraziato, da dove ti è venuta?» sibilo contro Piccionello, sommerso dalla triplice salva di urrà.

«L'ho sentita alla radio».

«Non insistere, Peppe. Nemmeno morto».

«Saverio, lo faccio per il tuo bene».

«Tanto non ci vado».

«Tu ci vai. E giochi».

Inchiodo i freni.

«Sei pazzo. Così ci ammazziamo» grida Piccionello. Finalmente mostra un po' di rispetto.

Un camion ci supera, il clacson a distesa, la mano fuori dal finestrino a ribadire alcuni brevi concetti.

«Cornuto e becco».

Altri insulti su dignità e maternità fioccano da due auto che scavalcano la mia, ferma al centro della provinciale per Màkari.

«Peppe, parliamoci chiaro: non gioco a pallone da trent'anni, non vedevo mio cugino da trent'anni, da trent'anni non me ne frega niente del calcio. Come vedi non c'è un solo motivo per partecipare alla pagliacciata di domani sera».

«Saverio, senti a me. Anche se non lo vedevi da trent'anni quel ragazzo era tuo cugino e anche se tu sei cretino da trent'anni non puoi dare un dispiacere a tuo padre, a tua zia Lilla e ai ragazzi che ti hanno invitato. Il fatto che non giochi a pallone non è un problema, ci sono io e un giorno ti faccio diventare Maradona».

«Tu?».

«Io. Ho giocato nell'Empedoclina, nel Pro Favara, nel Valderice e sono arrivato pure in promozione».

«Quando?».

«Quarant'anni fa».

«Non c'era manco la moviola ai tempi tuoi».

«Ma ne so più di te. Domani allenamento, così non crolli al secondo minuto in campo».

«Non hai capito. Non ci vado a giocare».

«Allora racconto tutto a Suleima».

«Ma che racconti?».

«Lo so io».

Ora, io sono sicuro che negli ultimi due mesi, da quando ho incontrato Suleima, nella mia vita non ci sono segreti né misteri. Prendo tempo, mollo la frizione, riprendo a viaggiare verso Màkari. Penso veloce se ho confidato qualcosa a Piccionello, ma non mi pare.

«Non sai niente. Stai bluffando».

Piccionello mette la faccia da giocatore da poker.

«Allora non ti preoccupare. Aria serena non ha paura dei tuoni».

Peppe mi conosce da quando ero ragazzino. Sa troppe cose e la mia coscienza fa acqua da ogni parte.

«Va bene, scendo in campo. Ma solo dieci minuti».

«Bravo, a volte riesci perfino a sembrare ragionevole».

«Ma lo faccio solo per mio padre che ci tiene. Le tue minacce non mi spaventano: immacolato sono».

«Così ti dovevano chiamare: Immacolato. È proprio adatto a te. Che succede?».

Lassù a Màkari, davanti al bar, c'è il furgone dei vigili del fuoco con i lampeggianti accesi.

«Incendio?» dico.

«Non vedo fumo. Avvicinati».

Lascio la macchina con le ruote sul marciapiede. Mi riassale l'antica eccitazione di quando facevo ancora il cronista, alcuni secoli fa.

Tutta la borgata si è riversata nella piazzetta. Il camion dei vigili del fuoco, la Land Rover della forestale e la Panda dei carabinieri danno un pathos noir. Grosso guaio a Màkari, finalmente qualcosa di cui parlare per i prossimi tre mesi.

«Chi fu? Chi successi?» si fa strada Piccionello.

Non ho perso del tutto l'occhio e le orecchie da reporter. Da dieci parole afferrate al volo capisco che hanno messo la colla attak nelle serrature del bar. Estorsione, racket, mafia, Cosa Nostra: ragiono veloce come se dovessi dettare il pezzo in redazione. Dettagli, ipotesi, scenari.

«Maresciallo, a noi nessuno ci ha fatto minacce. Ma quale mafia» sta dicendo il proprietario del bar, le mani unite in preghiera. Il maresciallo scuote la testa, ragiona come me. Attak uguale attentato, uguale pizzo, uguale mafia.

I vigili del fuoco lavorano di piede di porco.

«Attenti, che la porta nuova nuova è. Mi costò milleduecento euro» avverte il proprietario.

I pompieri non se ne curano: vuoi mettere il piacere di passare una mattinata a sfondare porte invece che spegnere incendi nella riserva dello Zingaro? Infatti si impegnano manco debbano forzare Fort Knox.

«Maresciallo, mio cugino mai ne ha ricevuto minacce».
«Lei chi è?» chiede il maresciallo.
«Peppe Piccionello, il cugino del signor Cozzolino».
«Qualcuno ha chiesto la sua opinione?».
«No, maresciallo. Ma qui tutti ci conosciamo. Vero è?» fa Piccionello, rivolto alla folla.
«Vero è. Vero. Ma chi viene fino qui a minacciare?» annuiscono alcuni.
«Sgomberate, signori. Tornate a casa. Appuntato, liberiamo la scena del crimine» dice il maresciallo. Si sente che non è siciliano, emiliano forse.

Tiro via Piccionello da un braccio.
«Vuoi farti arrestare?» gli dico in un orecchio.
«Saverio, ma hai sentito? Questo parla di mafia. Ti pare normale?».

A me, in verità, pensare alla mafia in Sicilia, in provincia di Trapani, mi pare abbastanza normale. Non è che siamo a Gressoney; per quanto anche lì, scava scava.

«Peppe, tutto può essere».
«Saverio, lo conosci il bar di mio cugino: dieci caffè al giorno, due chinotti, la partita a briscola, l'ultimo turista è passato per sbaglio tre mesi fa».

In effetti, se io fossi Matteo Messina Denaro, l'ultimo latitante di Cosa Nostra, perderei tempo a Màkari quando ci sono bar e ristoranti a Trapani o a San Vito Lo Capo che fatturano migliaia di euro al giorno? Poi, vai a sapere. Magari Messina Denaro si vuole passare un capriccio. Le latitanze lunghe possono produrre strani effetti: Bernardo Provenzano non si era fissato con ricotta e cicoria, pure se poteva campare a caviale e champagne?

«Vabbè, ora gira al largo. Torna a casa che è meglio» dico a Peppe che si limita ad allontanarsi ingrugnito per non perdere il resto della scena.

I vigili del fuoco stanno scardinando con entusiasmo gli infissi della porta pur di non lasciare nulla di intatto.

Il maresciallo si accosta. Mi toccherà difendere l'habeas corpus di Piccionello.

«Lei è Lamanna? Me l'ha detto l'appuntato. Ho letto il suo libro» mi fa.

«Come mai?».

«L'ho comprato. In libreria».

«Certo. Sa, non sono abituato a incontrare il mio lettore. Sono un autore di nicchia, per intenditori» e gli strizzo l'occhio.

«Ma l'ho capito subito chi era l'assassino, alla ventesima pagina».

«Lei è un vero professionista, maresciallo».

«Maresciallo Guareschi».

«Come quello di Peppone e don Camillo?».

«Sì, ma non siamo parenti. Dica al suo amico di stare cauto. È abbastanza chiaro: racket delle estorsioni. Questi negano sempre».

«È sicuro?».

«Guardi là. L'hanno capito pure loro».

Loro sono in sella a uno Zoomer 50, color giallo tuorlo d'uovo.

«Mii, Addiopizzo arrivò» fa uno con addosso la maglia del Palermo.

«Allora vero cosa di mafia è» dice un altro che indossa la maglia della Juve.

Dal motorino scendono un ragazzo alto con i capelli rasta e una piccoletta che sì e no avrà quattordici anni. Vengono decisi verso il maresciallo.

«Buongiorno maresciallo» dice il ragazzo.

«Ciao Bartolo, come l'hai saputo?» chiede Guareschi.

«Mi ha avvisato un amico. Brutta storia, vero?» fa Bartolo.

Sulla maglietta ha una scritta obliqua, devo piegare la testa di lato per leggere: «Un intero popolo che paga il pizzo non è un popolo libero».

«Stiamo indagando, Bartolo. Ma è importante che siete qui: è un segnale».

Confesso che sono un po' stanco di tutti questi segnali a destra e a manca. In Sicilia è sempre la solita storia: tanti segnali, poca segnaletica.

«Conosci Lamanna? È uno scrittore» mi presenta il maresciallo.

«Certo, l'ho visto in televisione, parlava di un libro» fa Bartolo stringendomi la mano.

«Purtroppo non basta scriverli, bisogna pure parlarne».

«Lei è Alida, è nuova del gruppo».

Un po' piccoletta per essere la fidanzata del ragazzo, si tolgono almeno sette anni d'età. Ma sbaglio perché Bartolo le mette una mano sulla spalla, per segnarne il possesso. Lo dico io: troppi segnali.

L'appuntato richiama il maresciallo sulla crime scene. Le indagini fervono alacremente.

Resto con i fidanzatini antimafia.

«Quanti siete nel vostro gruppo?» chiedo.

«Una ventina. Ma ora, d'estate, si sa» risponde Bartolo.

«Capisco, d'estate si sa. L'antimafia va in vacanza».

«La mafia no, però» dice risentito.

«Bartolo, tu ci credi veramente che è storia di mafia?».

Mi guarda con la faccia di chi ha appena incontrato un marziano. Un marziano cretino. O mafioso.

«Lo sa cosa c'è dentro quel bar?».

«Caffè, chinotto, granite, partite a briscola».

«E videopoker» sussurra.

«Videopoker?».

«La mafia dei videopoker. Le dice qualcosa?» fa con la mano così, per ribadire che sono proprio cretino. O peggio, mafioso.

«Mafia dei videopoker, dunque» prendo tempo.

«Dietro alcune ditte che forniscono le macchinette ai bar c'è la mafia: riciclaggio, esportazione di capitali, società off-shore. E il governo non fa niente. Anzi, ci guadagna sopra. Ogni tanto il mafioso di turno vuole imporre i suoi videopoker in una zona. E si fa sentire. Prima l'attak, poi una bomba e poi...».

«Non me lo dire. Ci arrivo da solo».

«Perché non scrivete queste cose nei vostri libri, invece di perdere tempo con i romanzi?».

Ci sono due cose che non sopporto: quando mi danno del voi. E quando mi dicono cosa devo scrivere. Ma questi qui sono troppo giovani per incazzarmi, anche io ero stronzo alla loro età.

«Hai ragione, Bartolo. Scusami, ora devo correre a casa per scrivere un libro sui videopoker».

I vigili del fuoco hanno sfondato porta, infissi e muro. Meglio della breccia di Porta Pia.

Scendo a piedi verso il ristorante di Marilù. È l'ora più bella, il sole basso sul mare, i bagnanti ritornano lenti e arrostiti di calura dalla spiaggia, le mamme strappano i figli dalle onde prefigurando sicure malattie già evidenti nel chiaro sintomo dei polpastrelli marci d'acqua.

Telefono.

«Lamanna, sei stato a Palermo e non mi dici niente?».

«Chi sei?».

«Randone. Il vicequestore Randone. Il marito di Giovanna Curtopelle, ricordi?».

«Come no. Tua moglie sta bene?».

«Ma veramente sta sempre a Enna, va su e giù. Ricordi? Ti avevo chiesto se potevi metterci una buona parola per farla avvicinare alla prefettura di Palermo. Ma te ne sei fottuto».

«Non me ne sono fottuto, Randone. Hanno fottuto me. Non sono più al Viminale».

«Ti sarai fatto qualche amico in tanti anni. Che ti costa fare una telefonata? Mia moglie viaggia ogni giorno, con il ponte crollato dell'autostrada è un calvario. Fallo per il bene di una famiglia, per i bambini».

«Va bene, Randone. Come sai che stamattina ero a Palermo?».

«Siamo la squadra mobile, Lamanna. La polizia sanno tutto».

«A volte sanno troppo. Mi devo preoccupare?».

«Niente di grave, Lamanna. Lavoro di routine. Mi dispiace per tuo cugino».

«State facendo indagini?».

«Su chi? Su tuo cugino? È stata solo una disgrazia, Lamanna. Stiamo lavorando su altro, non posso dire di più. Tuo cugino non c'entra».

«Ho capito. Ci sentiamo presto, Randone. Adesso ho molto da fare».

«Però sei fotogenico, sei pure dimagrito. Ho un video dove sei venuto proprio bene, appena concludiamo le indagini te lo regalo».

«Grazie, Randone. Non vedo l'ora di vederlo».

Mi fermo sulla soglia della terrazza di Marilù. Incorniciati nel tramonto, quattro turisti con mojito regolamentare alla mano, appoggiati alla ringhiera, assistono al più grande spettacolo dopo il big bang. Suleima sta apparecchiando uno dei tavoli, non mi ha visto. Le vado dietro in silenzio per abbracciarla a sorpresa.

Mi pianta una gomitata nel costato.

«Ancora? Adesso basta» esclama.

Mi piego dal dolore, un poco simulando.

«Sei pazza?».

«Saverio, scusami. Non avevo capito che eri tu» fa Suleima.

«Chi è questo?».

«Chi?».

«Hai detto: adesso basta. Che significa?».

«Lascia perdere. Un cliente cretino».
«Vuoi che lo ammazzo?».
«So difendermi da sola».
«L'ho sentito» e premo la mano sul costato, ormai sono entrato nella parte.
«Mi dispiace tanto. Ti porto un mojito?».
«Se insisti. Meglio un negroni» dico con faccia pietosa.

Incorniciato nell'ultimo soffriggere del tramonto, alla ricerca vana del raggio verde, sorseggio il mio negroni. Suleima va per i tavoli a sistemar posate e bicchieri, regalandomi sorrisi. Chiamatemi pure beato angelico.

«Saverio, ti fermi a mangiare?».
«Ciao Marilù, cosa c'è stasera?».
«Busiate col pesto trapanese e ruota di pesce spatola».
«Posso dirti di no?».
«Mi giuri che non infastidisci Suleima?».
«Giuro. Hai sentito la storia dell'attak?».
«Quale?».
«Su, al bar di Màkari».
«Non è l'unica. Suleima, mi porti una birra?».

Marilù si siede, la quiete prima della tempesta: tra poco arriveranno i clienti.

«Che significa non è l'unica?» chiedo.
«Stamattina hanno messo l'attak anche in una sala giochi di San Vito, l'ho saputo in pescheria, ma a quanto pare non hanno denunciato il fatto».
«Mafia?».

«Saverio, qui la mafia c'è sempre stata. Ma d'estate, in piena stagione, mi pare un poco strano che si mettono a fare attentati. Troppo scruscio».

«È vero. Troppo scruscio, troppo casino. E allora?».

«Stiamo a vedere».

«A te è mai capitato?».

Marilù si mette a ridere.

«Tanti anni fa si presentò uno di Trapani. Fece un discorso a mezza parola, dico e non dico. Alzai il telefono, gli passai la cornetta: guardi, gli dissi, ne parli direttamente col mio fidanzato che lavora nella finanza, lui di conti e di tasse ne capisce più di me. L'ho visto correre via che pareva lepre davanti ai cani. Ogni tanto lo incontro, devi vedere come si scappella per salutarmi».

«Non sapeva chi aveva davanti».

«Sai, noi donne dobbiamo farci rispettare. Non è antimafia, ma questione di dignità».

«Ma allora chi ha messo l'attak nelle serrature?».

«Saverio, la mafia insegna. Basta un concorrente invidioso, un cretino qualunque, uno che ha perso dei soldi, un vicino di casa litigioso: leggono il giornale, vedono la tv, pensano che in fondo si può fare. Non ci sono costi, è una minaccia a basso rischio. Al limite, anche se ti pigliano, ti condannano per danneggiamenti».

«Bricolage mafiosesco».

«Stanno arrivando i primi cannibali. Devo andare, Saverio. Ti faccio portare un piatto di busiate».

«E un bicchiere di Inzolia».

Guardo Suleima nel suo tubino nero, lo stesso che indossava la sera in cui l'ho conosciuta su questa terrazza. I suoi fianchi, le sue gambe. Fermate il mondo, sto bene così.

Mi sveglio col pensiero della partita di calciotto. Sono certo di fare una gran mala figura in campo. Ma poi mi dico: chissenefrega, è solo una questione simbolica, un obbligo da sbrigare in fretta.

Suleima dorme con un pugno chiuso, nel sonno mormora qualcosa che non capisco, come pallone o buffone.

Fuori la giornata è ancora infoschita. Preparo il caffè, sfoglio il «Corriere.it»: si combatte in Siria, si combatte in Libia, si combatte in Iraq. Vado a cercare un po' di pace sul sito della «Gazzetta dello Sport»: calciomercato in guerra, scontro sulla presidenza Fifa, duello in Formula 1, violenza negli stadi. Forse dovrei dedicarmi al golf.

Provo a leggere qualcosa per fare conversazione negli spogliatoi. Almeno i nomi dei calciatori. L'unica cosa che mi resta in mente è sempre la solita vecchia formazione di Spagna '82 che ripasso a voce alta: Zoff, Collovati, Scirea, Gentile, Bergomi, Tardelli, Tardelli, Tardelli. Non ricordo più.

«Oriali, Cabrini, Conti, Rossi, Graziani sostituito da Altobelli al settimo minuto del primo tempo».

Eccolo. Piccionello.

«Peppe, come ti sei combinato?».

Uno spettacolo. Pantaloncini Adidas anni Settanta, calzettoni Puma, scarpette coeve di José Altafini, pallone di cuoio sotto braccio e maglietta con la scritta: «Miglior calciatore giapponese: Yoko Poko Mayoko».

Mi viene da ridere. Rido, infatti. Eppure so che Piccionello può essere permaloso.

«Quando hai finito di fare il minchione è sempre troppo tardi» dice impassibile.

«Prendi un caffè, Peppe» ma non riesco a smettere.

«Che succede?». Suleima si affaccia sulla porta della camera da letto, con la mia camicia. «Come ti sei conciato, Peppe?».

Non c'è niente da fare. Ride anche Suleima. E mi contagia. Non riusciamo a fermarci, ci prende il sivo, che i francesi più elegantemente chiamano fou rire.

«Mi stupisco di te, Suleima. Ma è così: a forza di camminare con lo zoppo» commenta Peppe mentre versa un cucchiaino di zucchero nel caffè.

«Dai, Suleima, ora basta» cerco di contenermi.

«Sì, ora basta».

«Dobbiamo allenarci» dico.

«Con chi giocate? Con Mazzola e Meazza?» fa Suleima, aprendo il frigo.

«No, sta arrivando Burgnich. È sulla littorina» rispondo.

«Forza, andate avanti così. Mi piace 'sto babbìo» fa Piccionello.

«Peppe, hai ragione. La cosa è seria. Facciamo i seri».

«Giocate a colori o in bianco e nero?» chiede Suleima, la bottiglia di latte in una mano.

«La tv non è stata ancora inventata, giochiamo alla radio» faccio.

«Scherza Saverio. Tanto questa la paghi con gli interessi».

Aveva ragione Piccionello. Mi ha fatto vedere i sorci verdi, maledetto. Tre ore di allenamento all'antica: flessioni, addominali, tiri in porta, giri di campo – fortuna che il campetto dietro la chiesa è solo sei metri per quattro.

L'acido lattico mi paralizza cosce e polpacci. Ho già avuto due crampi, non riesco neanche a premere il pedale della frizione. Viaggio sulla strada per Palermo a novanta orari fissi, evitando di cambiare marcia, pur di non azionare i muscoli delle gambe.

«Non credo che mi abbia fatto bene la preparazione atletica» dico.

«Non sforzarti a dire grazie» fa Piccionello.

Sfoggia una tuta blu Sergio Tacchini di un modello già fuori moda quando frequentavo il quinto ginnasio.

Entriamo a Palermo puliti e veloci. La città è svuotata dall'estate, i sussulti della movida non sono ancora entrati in circolo. Arriviamo ai campetti in anticipo di almeno un'ora.

Il custode spizzica semenza sotto un ombrellone dell'Algida.

«Buonasera, siamo qui per la partita» faccio.

«Presto è».

«Lo so. Non è arrivato ancora nessuno?».

«Troppo presto è».

«Lo so. Magari possiamo aspettare qui».

«Presto assai è».

Simpaticone. Propongo a Piccionello di andare a prendere una Coca al bar di fronte. Arrivato davanti al banco, mi assale la voglia di un'arancina al burro.

«Ti appesantisci» fa Piccionello.

«Peppe, non siamo alla semifinale degli Europei».

«Fai come vuoi. Poi non dire che non te l'avevo detto».

Ormai temo le premonizioni di Peppe Cassandra. Desisto dall'arancina e opto per un latte di mandorla.

Dalle vetrine del bar intravedo l'ingresso dei campetti. Si ferma una BMW, scende uno con le sneakers arancioni, entra dentro. Bevo latte di mandorla e osservo. L'uomo con le scarpe arancioni torna in strada, si ferma vicino alla BMW, conta dei soldi, getta a terra qualcosa, credo il pacchetto di sigarette vuoto. Mi piace la cafona eleganza del gesto, annulla di colpo tutta la prosopopea sulla raccolta differenziata.

Si ferma un SUV, viene fuori uno delle Acque minerali dei monti Sicani.

«Arriva qualcuno, Peppe. Andiamo».

L'asfalto sfrigola ancora di calura umida. Sarà dura giocare a trentotto gradi, le sere di Palermo non garantiscono alcuna escursione termica.

Telefono.

«Papà, sono qui al campetto».

«Bravo. Sto arrivando. Mi accompagna Mimì».

«Ci vediamo tra poco».

«Giochi?».

«Sì».

«Sei sicuro?».

«Papà, certo che sono sicuro».

«Basta la presenza, però».

«Hai paura di fare brutta figura?».

«Sai, Mimì ne capisce di calcio. È abbonato al Palermo, tribuna centrale».

«Sarai orgoglioso di me».

«Certo. Magari fai solo un giro di campo, non esagerare».

«Grazie della fiducia».

«Non lo dico per te. Ma per me. Sai com'è Mimì: si fissa sulle cose».

«Ciao papà, a tra poco».

Con alto senso civico, raccolgo da terra la cartaccia abbandonata dall'uomo con le scarpe arancioni. Non è un pacchetto di sigarette, ma pizzini di carta. Cerco un cestino dei rifiuti. Non ce n'è uno a vista d'occhio, naturalmente. Ficco in tasca, butterò dopo.

Il mangiatore di semenza non è all'ingresso. Andiamo verso gli spogliatoi. Da lì dentro arrivano voci. Faccio segno a Piccionello di fermarsi. Voglio sentire.

«Mi futtistivu».

«Ma chi dici? Cu ti futtì?».

«Vi pare che sono testa di minchia?».

«Pietro, stai sbagliando a parlare».

«Qui finisce a schifìo».

Una manata sulla spalla mi scuote l'acido lattico fino ai quadricipiti.

«Sono contento che sei qui» dice Mister Muscolo.

«Non potevo mancare. Lui è Peppe Piccionello, il mio trainer personale».

«Piacere, Santo Gagliardo. Saverio, sei pronto?».

«Prontissimo».

«Ti ho portato scarpette, calzoncini e la maglietta di Franco, la numero 7».

«Un grande onore» dico.

«È un'amichevole. Ma dobbiamo giocare bene. Devi fare almeno un gol».

«Un gol?».

«Per Franco».

«Certo, per Franco. Ma devo farlo proprio io?».

«Franco era il nostro cannoniere».

Già immagino la pagella che mi darà Mimì a fine partita: Lamanna 1, evanescenza in campo.

Mi è concessa una citazione? Tanto per dimostrare che anch'io ho letto qualche buon libro. Avete presente Stendhal? *La Certosa di Parma*? Allora avete presente Fabrizio del Dongo che se ne va in giro per la campagna di Waterloo, tra ussari e dragoni, vivandiere e cannonate, senza capire granché. Bene, sull'erba sintetica del campetto dalle parti della Favorita mi sento come Fabrizio che continuava a chiedersi: ma questa è una battaglia? Sto veramente assistendo a una battaglia?

Con la maglietta numero 7, il nome di mio cugino Franco Rizzo stampigliato sulle spalle, lo sponsor Acque minerali dei monti Sicani sul petto e dentro un paio di scarpini troppo stretti, mi dimeno per il campo chiedendomi: ma questa è una partita? Sto proprio giocando a calcio? Ma soprattutto: dov'è il pallone?

Il problema del pallone è centrale nel gioco del calcio, l'avevo dimenticato: sta sempre da un'altra parte rispetto a dove mi trovo io, fila via troppo alto o troppo veloce o troppo lento. Provo a scendere lungo la fascia, ma qualcuno me lo toglie dai piedi e vado avanti altri dieci metri prima di rendermene conto. Tento qualche passaggio ai compagni, ma finisce sempre agli avversari dello Sferracavallo Sporting-Carnezzeria Carollo. Dopo otto minuti di gioco, con l'acido lattico ai polpacci, nessuno mi passa più palla. Mi aggiro a vuoto come Fabrizio del Dongo.

«A me. Sono libero. Passa. Sono qui. Passa».

Niente. Inascoltato.

Ci fosse poco pubblico, almeno. Macché. Oltre trecento persone, mio cugino era un tipo popolare, a quanto capisco. In tribuna, papà tiene le mani sugli occhi – commozione o vergogna? – mentre Mimì impietoso gli sussurra all'orecchio la radiocronaca con commento tecnico. Ogni tanto esplode il coro: «Franco! Franco! Franco c'è!». A questo punto il gioco si ferma, tutti applaudono e io mostro la maglietta numero 7 agli spettatori.

Al diciassettesimo minuto del primo tempo, le Acque minerali dei monti Sicani invadono la metà campo avversaria. Traversone di Sferrazza Papa dalla fascia sinistra. Intercetta al volo Samperi di testa. Il portiere reagisce a pugni chiusi. Cappero stoppa di petto. Passa a Gagliardo che cinciscchia fuori dall'area. Riprende possesso. Gagliardo di sinistro contro lo specchio della porta. Tiro imprendibile. Traversa. Boato del pubblico. Il pallone rimbalza con forza, mi colpisce dritto sul naso. Cado al suolo tramortito. È gol!

A me tutto questo lo hanno raccontato dopo. Innanzitutto perché non avevo capito niente. E poi perché ero privo di sensi, quasi in prognosi riservata. Con un'epistassi gloriosa e un occhio semichiuso, intuivo solo che le acque minerali mi stavano portando in spalla sotto le tribune. Ho fatto in tempo a vedere mio padre esagitato, abbracciato a Mimì che gesticolava quasi avesse sempre saputo che sono un goleador. A questo punto, ho preferito svenire del tutto.

«Saverio».
«Zidane».
«Saverio, come stai?».
«Zinédine Zidane».
«Saverio, sono Peppe. Cosa dici?».
«È stato Zidane».
«A fare cosa?».
«A colpirmi. L'hanno espulso?».
«Zidane è in pensione. Hai fatto gol».

Sono disteso su una panca degli spogliatoi, borsa di ghiaccio sulla fronte e due fiocchi di cotone emostatico nelle narici.

«Siamo in vantaggio» dice Piccionello.
«Chi?».
«La nostra squadra. La tua rete ha sfondato la diga avversaria»
«Perché parli come Fabio Caressa?».
«Bravo Saverio».

Questa è la voce di papà, la riconosco.

«Grazie, papà».
«Siamo orgogliosi di te».

Questo è Mimì.

«Lo dico sempre a tuo padre: Saverio doveva giocare a calcio. Da ragazzino avevi talento».

«Grazie, Mimì».

«Saverio, dobbiamo rientrare in campo. La partita sta finendo. Te la senti?».

Me la sento? Una volta tanto che c'è da mietere vanto non posso tirarmi indietro. Vanità impone. Aggrappato a Piccionello e Mimì, insanguinato quanto un eroe del Risorgimento, accentuo gli acciacchi per dare lustro non solo a me, ma soprattutto alla memoria di mio cugino Franco.

Faccio ingresso in campo sul triplice fischio di chiusura. Mi accoglie l'ovazione del pubblico e di tutte le acque minerali. Manca solo la colonna sonora di *Momenti di gloria*, ma sotto la luce dei riflettori, nella serata afosa di Palermo, in un tripudio di folla osannante, mi sento Rocky Balboa, lacero e pesto sul ring, vincitore morale contro Apollo Creed.

Al terzo tempo, sempre in memoria di Franco, pizza a metro e boccali di birra in via San Lorenzo: pareti cariche di foto di attori e attrici, nemmeno si fosse dalle parti di Hollywood.

Piccionello si vanta della mia preparazione atletica con l'allenatore dello Sferracavallo Sporting-Carnezzeria Carollo. Mimì racconta di Vito Chimenti e Ignazio Arcoleo, rosanero della stagione '78-79, alle giovani acque minerali in ascolto con occhio sperso, alla stregua dei nipoti davanti al nonno che rimembra le gesta del 61° fanteria nella battaglia del Piave. L'unico che non parla è papà, non fa altro che sorridermi, credo più stupito che ammirato.

«Meno male che non sapevi giocare» mi fa Gagliardo.

«La fortuna del principiante» mi schermisco.

«Tra due settimane c'è la finale. Vieni?».

«Preferisco ritirami dalle scene nel momento dell'apoteosi».

Si mette a ridere, alza il boccale di birra per un brindisi.

«Che finale c'è?» chiedo, provando ad aprire l'occhio pesto.

«Summer Club Trophy. Il torneo estivo dei circoli. Siamo forti noi».

«L'ho visto. Avete pure lo sponsor».

«Ce l'aveva procurato Franco. Lui ci sapeva fare con queste cose».

«Mah, oggi ci siamo» sto imparando.

«Domani non ci siamo. Hai ragione. Un brindisi per Franco».

Alziamo i boccali.

«Certo, è un bell'impegno» dico.

«Sì. Ci alleniamo quattro giorni a settimana. Però qualcosa si recupera».

«Cosa si recupera?».

«Le spese per le trasferte, i soldi della benzina, il costo del campo. Alla fine qualcosa resta in tasca».

«Qualcosa quanto? Non per farmi i fatti vostri».

«Tu sei di famiglia. Un migliaio di euro al mese».

«Per tutti?».

«Un migliaio di euro a testa. Ma ora mi ritiro, dopo

la finale. La morte di Franco è stata una cosa troppo brutta».

«Gagliardo, scusa, ma chi paga?».

Mi guarda stranito.

«Chi paga?» ripete.

«Sì. Chi paga?».

«Gli sponsor. Ecco chi paga. Franco ci sapeva fare con queste cose. Per Franco, hip hip» grida agli altri.

«Urrà».

«Hip hip».

«Urrà».

Mi unisco all'ultimo urrà. E mi viene un po' di tristezza per non avere mai saputo che mio cugino ci sapeva fare.

Piccionello russa. Ogni tanto gli do una gomitata per fargli cambiare ritmo. Guido piano, senza fretta, sulla musica dei Coldplay.

Messaggio. Suleima.

«Laureata under 30, passionale ma assennata, impiegata stagionale settore food, single da parecchie ore, cerca uomo max 45, scopo amicizia eventuale matrimonio. No perditempo».

«Sono perditempo, ma di classe. Un passato da calciatore. Interessa?».

«Mi dispiace. Calciatore troppo intellettuale per me. Non velina, mai isola dei famosi, solo cameriera».

«Mi accontento. Ormai sono fine carriera».

«Donna alpha vuole uomo alpha».

«Dovevi passare due mesi fa. Troppo tardi».

«Sì, molto tardi. Quando arrivi?».

«Siamo quasi a Custonaci. Aspettami».

«Se non mi trovi, sono con uomo alpha. Fattene una ragione».

Piccionello apre un occhio.

«Dove siamo?» chiede.

«A buon punto. Dormi».

«Non dormivo. Pensavo».

«Cogito ergo russo».

«Cosa dici?».

«Lascia perdere. Cosa pensavi?».

«A tuo padre. Ti porta in palmo di mano».

«Mio padre? Forse mi ha scambiato per un altro».

«Saverio, sei proprio cretino. Parla sempre di te: mio figlio di qua, mio figlio di là. Il libro di Saverio, il romanzo di Saverio, come scrive bene Saverio».

«Ti ha detto questo?».

«Sì».

«Sei sicuro? Forse parlava di Saverio Strati».

«E chi è?».

«Uno bravo veramente. È morto».

«No, parlava di te. Dice che sei sempre stato un grande attaccante».

«Appunto, parlava di qualcun altro. Hai visto quella moto?».

«Quale?».

Rallento, accosto. Indico lo Zoomer giallo tuorlo d'uvo: non passa certo inosservato, un altro dello stesso colore lo vedevo spesso parcheggiato a Roma in via Asiago, vicino a Radio Rai.

«E allora?» fa Piccionello.
«È il motorino di quel ragazzo, Addiopizzo».
«Bartolo. E allora?».
«Che ci fa qui a quest'ora? Lui è di San Vito, giusto?».
«Magari è venuto a trovare un amico, una ragazza. Ma insomma a te che te ne fotte, Saverio?».
«Magari è rimasto in panne. Dai, avviciniamoci».
«Saverio, sono quasi le due di notte. Andiamo a casa».
«Solo un minuto. Così ci mettiamo la coscienza a posto».
«A te la coscienza spunta solo alle ore più strane» fa Piccionello.

Ma si è già rassegnato. Inserisco le quattro frecce lampeggianti, scendiamo dall'auto. Torniamo indietro di poche decine di metri: c'è profumo di gelsomino e vento fresco di mare.

«Che silenzio» dico.
«Certo, la gente a quest'ora è a casa che dorme».
Giriamo attorno al motorino giallo. Non c'è nessuno.
«Contento? Tutto a posto. Possiamo andare?» fa Piccionello.
«Cos'è?» chiedo, indicando la saracinesca chiusa.
«Il bar Pipitone».
«Qui vicino non ci sono case. Dove sarà Bartolo?».
«Perché non citofoni a qualcuno e chiedi?».
Avverto un rumore. Deve essere un gatto randagio. O un topo.

Piccionello sbadiglia.
«Saverio, possiamo andare?».
«Andiamo».

Torniamo verso l'auto. Guardo il motorino giallo. Sembra fuori posto. Ma è solo una sensazione.

Dolore ai quadricipiti. Mal di testa feroce. Alle sette del mattino, dopo una brutta nottata, decido di smettere di rigirarmi nel letto. Mi alzo. Lo specchio del bagno riflette la faccia di un prigioniero iracheno di Abu Ghraib. È la mia. Il naso gonfio e viola, l'occhio destro livido completamente chiuso. Ora capisco perché Suleima questa notte mi guardava sospettosa mentre magnificavo il mio gol spettacolare.

Metto su il caffè. Il sole fuori è già caldo. Vado a curiosare su internet. «Repubblica.it» spiega che l'Isis è già dietro l'angolo, la disoccupazione giovanile è in aumento (a chi lo dici: non solo quella giovanile), un barcone con duecento persone è naufragato al largo di Lampedusa, dodici morti. Guardo il mare dalla finestra, sembra così innocuo e placido. Sulla mia pagina Facebook hanno postato alcune foto della partita di ieri sera, ce n'è una nella quale vengo portato in trionfo per il campo, disteso sulle spalle dei compagni di squadra come il Gesù martoriato nelle processioni del Venerdì Santo.

«Che ora è?» chiede Suleima, apparsa sulla porta in maglietta e slip.

«Presto. Torna a dormire».

«Hai fatto il caffè?».

«Sta salendo».

«Saverio, perché non mi dici la verità?».

«È la verità. Ho fatto gol»

«Ti sei messo nei guai?».

«Sono sempre nei guai. Da una vita».

«Non scherzare, Saverio. Passami lo zucchero».

«Suleima, non capisco».

«Torni a casa conciato per le feste. Hai la faccia ridotta uno schifo. Ti hanno picchiato? A me lo puoi dire».

«Te l'ho detto. Gioco pesante».

«Saverio, io non voglio farmi gli affari tuoi. Però».

«Però cosa?».

«Hai bisogno di soldi? Ho qualcosa da parte, posso farti un prestito».

«Suleima, ma cosa stai dicendo. Non ho bisogno di soldi».

Falso. Il mio conto in banca ormai è agli sgoccioli. Avevo novemila euro quando sono stato licenziato, ormai ne restano sì e no tremila. Devo trovare un modo per guadagnare, la letteratura non credo sia quello giusto.

«Saverio, guardami negli occhi».

«Nell'occhio, vorrai dire. Uno non si apre».

«Cosa significa?».

In mano ha dei pezzi di carta strappati. Li ricompone sul tavolo.

«Cos'è?» chiedo.

«Dimmelo tu. A te cosa sembra?».

«Non lo so. Mai viste».

«Saverio, sono scivolate dalla tasca dei tuoi pantaloni. Sono ricevute».

«Ricevute?».

«Ricevute di scommesse. Leggi. Ci sono i nomi e accanto le quotazioni».

Leggo. Acque minerali dei monti Sicani vs Atletico Fondo Anfossi: 1 a 1,50; X a 4,50; 2 a 7,50.

«Non ci capisco niente» scuoto la testa.

«Sono le quotazioni, vedi? Se il risultato è 1 la posta viene pagata una volta e mezzo. In caso di pareggio, la vincita è di quattro volte e mezzo la puntata. Se la vittoria è del Fondo Anfossi l'allibratore paga sette volte e mezzo il valore della puntata».

«Come sai queste cose?».

«Lo scorso inverno ho lavorato in una sala scommesse».

«Mi sorprendi».

«No, mi sorprendi tu, Saverio. Non sono scommesse regolari, come quelle che si fanno su internet o nelle sale. Sono scommesse clandestine. Vedi che le ricevute sono stampate al computer, uno scarabocchio come firma? Non c'è nessun riferimento. Chi gioca non ne ha bisogno, sa a chi deve rivolgersi. Ti hanno picchiato per questo? Hai chiesto soldi in prestito a brutta gente?».

«Suleima, te lo giuro. Non so come sono finite nei miei pantaloni».

«Non ti credo».

«Forse le ho trovate. Ecco, ora ricordo. Qualcuno le aveva buttate a terra e io le ho raccolte».

«Per la tua collezione?».

«No, per tenere la città pulita».

Si spalanca la porta. Piccionello.

«Buongiorno, Peppe. Ti svelo una verità: se bussi non ti cadono le mani».

«Saverio, grandi notizie. Hanno messo di nuovo l'attak».

«Hai scambiato questa casa per una caserma dei carabinieri? Chiama il maresciallo Guareschi».

«Saverio, hanno messo l'attak nelle serrature del bar Pipitone. Il bar Pipitone, hai capito?».

«Non so nemmeno dov'è».

«Lo sai benissimo. Ieri sera ci siamo fermati proprio lì davanti, dove c'era il motorino giallo».

«Siamo sospettati?».

«No. Ma se non siamo stati noi, allora chi può essere stato?».

«Bartolo. Alla faccia dell'antiracket».

«Lamanna, sempre sulla notizia, vero?» dice il maresciallo Guareschi.

«Magari ci scrivo un libro».

«Guardi che se non ci mette pure me la faccio arrestare» dice il maresciallo.

«Ma che fa scherza? Lei è il protagonista».

«Che ha fatto al naso?».

«Ho combattuto contro i Templari. Com'è la situazione?».

«Stessa tecnica usata a Màkari. Anche qui il proprietario sostiene di non aver mai ricevuto minacce o richieste».

«Non vedo i vigili del fuoco».

«C'è un ingresso secondario, dietro il locale, che per fortuna non è stato danneggiato».

Penso al sollievo del signor Pipitone, alla delusione dei vigili del fuoco oggi costretti a domare i soliti roghi sul Monte Cofano.

«Forse era nascosto dietro al locale» sussurra Piccionello.

«Chi era nascosto dietro il locale?» chiede il maresciallo.

«Chi?» ripeto come un fesso.

«L'avete detto voi».

«Peppe, l'hai detto tu?» chiedo.

«Maresciallo, ieri siamo passati qui davanti verso le due di notte. Ci siamo fermati per fare pipì».

«Per fare pipì?».

«Sì, lei sa bene che c'è un grande piacere a fare pipì all'aperto di notte».

«È vero».

«Non c'era nessuno. O meglio, ci è sembrato di sentire un rumore. Abbiamo pensato a un gatto. Forse era l'attentatore nascosto dietro al locale».

Sudo freddo. Peppe sta camminando sul filo.

«E poi?» fa il maresciallo.

«E poi ce ne siamo andati. Tutto qui» dice Piccionello serio serio.

«Questo pomeriggio passate in caserma per un verbalino di testimonianza».

«Certo, maresciallo, sempre felici di dare un contributo alla giustizia».

«Bene. Ora vi lascio, devo concludere gli accertamenti».

Tiro il fiato.

«Ma un tempo i siciliani non erano omertosi?» faccio a Piccionello.

«Non è vero, sempre assai hanno parlato».

«Questa volta potevi fare l'uomo di panza».

«Vedi che sei cretino. Fai conto che Bartolo o qualcun altro era veramente lì dietro e ci ha visti. Se racconta al maresciallo che eravamo qui alle due di notte, quello ci fa arrestare. Così invece ci siamo messi al sicuro».

«Sono ammirato, Peppe. Parli come un cassazionista».

«E tu come il minchione che sei. Eccolo, è arrivato».

«Chi?».

«Racket di notte, antiracket di giorno».

Viene accanto con il suo Zoomer color tuorlo d'uovo. È di nuovo con Alida, la sua ragazza con gli occhi belli e il polpaccio mediterraneo.

«Ciao Bartolo. L'assassino torna sempre sul luogo del delitto, giusto?» dico.

«Anche voi, a quanto vedo».

Fa finta di non capire. O capisce troppo bene.

«Che le è successo in faccia?» mi chiede.

«Ho combattuto contro la mafia» rispondo.

«Ironia fuori luogo. Ci vuole il morto per sapere che è mafia?».

«Bartolo, ho qualche anno più di te. Di mafia, purtroppo, me ne intendo perché sono di Palermo. Tu non eri ancora nato, e io avevo già visto ammazzare troppa gente. Quindi, non venire a farmi la lezione. Questa non è mafia».

«Hai sentito, Alida? Il signor Lamanna ha le idee chiare».

«Bartolo, ti racconto una storia. Avevo un compagno di scuola, era come te: fissato con la mafia. Conosceva a memoria i libri di Attilio Bolzoni e di Saverio Lodato. Sapeva i nomi dei magistrati della procura di

Palermo meglio della formazione della Juve. Ogni volta mi riassumeva l'ultima puntata della trattativa tra Stato e mafia. L'hanno arrestato due anni fa perché faceva affari con un mafioso di Campobello di Licata».
«E allora?».
«Allora, significa che è troppo facile andare in giro con la maglietta di Addiopizzo di giorno, ma devi stare attento a dove vai di notte».
«Non capisco».
«Pensaci, Bartolo mio. Pensaci bene».
«Ma vaffanculo, stronzo».
L'ha presa male, è passato al tu. Si slancia contro di me, ma la sua ragazza lo blocca in tempo.
«Dai Bartolo, lascialo perdere. Andiamo via» dice Alida.
«Sì, vai via che è meglio. E cerca di non fare altre cazzate» grido.
Risalgono sul loro motorino giallo, sgasano e vanno via lasciandosi dietro un insulto che non afferro.
Guardo Piccionello.
«Come sono andato?» gli chiedo.
«È il tuo stile».
«Però gli ho fatto perdere il controllo. È stato lui».
«Secondo me non c'entra niente».
«E il motorino giallo?».
«Magari è di qualcun altro».
«Impossibile. Da qui a Roma, un altro motorino così non può esistere».

Scendo a piedi al mare nell'ora in cui il sole si smorza. La maglietta di Libera, la borsa di tela del Pisabook Festival dove ho ficcato la copia sgualcita di *Romanzo civile* di Giuliana Saladino che avevo già letto e che ogni volta mi riacchiappa. Suleima si è convinta che non c'entro niente con le scommesse, ma ho dovuto fare ricorso alla parola d'onore di Piccionello per confermare la mia buona fede.

Telefono.

«Chi lo vuole?» rispondo.

«Lamanna, sono Randone. Sei tornato a Palermo e non ti sei fatto sentire?».

«Randone. Mi fai pedinare?».

«Lavoro di routine, Lamanna. Stiamo monitorando».

«Parli come un questurino».

«Sono un questurino».

«Mi hanno detto che hai fatto un partitone».

«Ho segnato pure un gol».

«Veramente è stata carambola, tu hai fatto da palo».

«Dettagli. Randone, stai lavorando a un'indagine sulle scommesse clandestine?».

Silenzio.

«Randone, mi hai sentito?».

«Lamanna, tu che ne sai?».

«Niente, curiosità».

«Per telefono non posso parlare. Vieni domani mattina alla mobile. Dopo le dieci».

«Impossibile, domani devo preparare le bottiglie di pomodoro».

«Smettila, Lamanna. Non ci credo nemmeno se lo vedo che fai bottiglie di pomodoro».

«Se vuoi te ne porto qualcuna».
«No, preferisco la passata del supermercato. Costa meno ed è più buona».
«Spoetizzante».
«Domani mattina, Lamanna. Dopo le dieci. Ciao».
Il motorino giallo mi taglia la strada.
«Cornuto. Vuoi ammazzarmi?» grido.
Si ferma, torna indietro. È Bartolo.
«Stavo venendo proprio da te» dice.
«Vuoi fare a legnate?».
«No. Possiamo parlare?».
«Sì, sto andando a mare. Mi accompagni?».
«Sali su. Andiamo in moto».

Nuoto piano. Penso. E ripenso. Bartolo sulla spiaggia in pantaloncini e a torso nudo, si è tolto le All Star.
Torno a riva. Una famiglia sta preparando il barbecue per la sera: sono appena le sei del pomeriggio, ma c'è un popolo intero da sfamare.
Bartolo tira sassi nell'acqua. Ha la faccia triste, mi fa pena.
«Dai, ragazzo. Su con la vita» dico, consapevole di dire una minchiata.
«Ma io adesso come mi ripresento in associazione?».
«Tu non c'entri. Non hai fatto niente».
«È vero. Infatti sono solo un imbecille».
«Non sei imbecille».
«Io mi fidavo».
«Bartolo, è solo una ragazzina».
«Mi ha preso in giro. Si è servita di me per avere uno

schermo. Chi poteva sospettare di me, di noi? Nessuno. Avevo il nemico in casa».

Mi sembra disperato. Alla sua età anche io sono stato così, qualche volta.

Siedo sulla sabbia accanto a lui. Guardo il mare, a quest'ora sembra mite.

«Ti ha spiegato perché l'ha fatto?».

«Per suo padre, te l'ho detto. Si stava giocando tutto ai videopoker. E lei ha pensato di risolvere la questione così. Si era convinta che doveva far chiudere tutti i bar della zona dove suo padre andava a giocare».

«Vedi, non era contro di te. L'ha fatto per suo padre».

«Lo sai cosa mi fa più rabbia? Il fatto che la storia dell'attak l'ha saputa da me. Le avevo raccontato che era una tecnica del racket delle estorsioni, per dare il primo avvertimento».

«Bartolo, è una ragazzina confusa. A modo suo ha voluto aiutare suo padre».

«Poteva dirmelo. Stiamo assieme da un anno, non sono tre giorni. Non mi aveva detto niente».

«Non capisci? Si vergognava».

«Ma non si vergognava di farsi prestare il mio motorino e andare in giro di notte a fare danni. Ieri era lì nascosta quando siete passati tu e il tuo amico. È così stupida che aveva lasciato il motorino alla vista. Un modello come questo che ce l'ho solo io in tutta la provincia di Trapani».

«In effetti, non passa inosservato».

«Io ero a casa, tranquillo. E quella mi sputtanava. Ora come mi ripresento in associazione?».

«Bartolo, questa storia magari ti insegna qualcosa».

«Sì, sulle donne. Mai fidarsi».

«Non sulle donne. Ma sulle persone. Spesso cerchiamo il gioco grande, ma invece il gioco a volte è piccolo. Chi ci sta vicino può essere fragile e debole, per questo dobbiamo proteggerlo».

«Che succede adesso?».

«Niente. Più tardi con Piccionello andremo in caserma e non diremo niente del tuo motorino. Tu smaltisci la rabbia, poi vai a trovare Alida».

«È finita».

«Parla con lei. E poi decidi se è finita. Ma prima incontrala».

«Scusami, Saverio, per la scenata di stamattina».

Gli metto una mano sulla spalla, è calda di sole.

«Scusami tu, Bartolo. Ho sospettato di te. Invece questa terra ha bisogno di anime come la tua».

Oddio, ma come parlo?

Hanno cominciato a rosolare le salsicce. Mi è venuta fame.

Zucchina lunga, pomodoro, patate, cipolla. Lessare a lungo, servire fredda. Meglio ancora il giorno dopo. È l'odore della zuppa estiva che detestavo da ragazzino. L'età è vendicativa.

Mentre aspetto i tempi di cottura, accendo Teresita. Lezione numero quarantadue.

¿A qué te dedicas?

Che lavoro fai?

«*¿A qué te dedicas?*».

Desocupado, ahora.
Estoy buscando trabajo.
«Estoy buscando trabajo».
¿Lo que gana?
Niente, Teresita, non gano un soldo.
¿Lo que gana?
Allora sei tonta.
«¿Lo que gana? Nada de nada».
¿Entonces, como usted vive?
Male, Teresita. Mi arrangio.
¿Entonces, como usted vive?Repita, por favor.
Mi infastidisce questa sua petulanza, sta sempre lì a girare il dito nella piaga. Spengo Teresita.
La minestra che alcuni chiamano pitaggio, altri canazzo, a seconda di paesi e contrade, sobbolle pian piano, com'è giusto. Sarà il profumo delle estati della mia infanzia, ma mi torna in mente Franco. I ricordi affiorano lenti, smuovono la superficie. Era lui il ragazzino con i capelli rossi che mi insegnò a fischiare con due dita in bocca.

Vuoi vedere che mi commuovo sul pitaggio?
Prendo il telefono.
«Papà?».
«Saverio, cosa c'è?».
«Niente, volevo sentirti».
«Tutto a posto, Saverio?».
«Sì, tutto a posto. Che fai?».
«Sono a casa di Mimì, stava parlando di te».
«Me lo saluti».
«Dice che dovresti scrivere un libro sul calcio».

«Ci vuole uno pratico».

«Cosa? Ah, Mimì dice che c'è uno bravo, Maurizio de Giovanni, di calcio ne capisce assai. Fatti consigliare da lui».

«Va bene, ora lo chiamo».

«Bene. Devi dirmi altro, Saverio? Perché tra poco andiamo a cena, la moglie di Mimì ha preparato polpette di sarde».

«Com'è morto Franco?».

«Te l'ho detto. Un incidente».

«Ma com'è stato?».

«Aveva appena terminato un allenamento. Stava tornando a casa, abitava a Mondello. Nel parco della Favorita è uscito di strada, è finito contro un albero. Non aveva la cintura di sicurezza, morto sul colpo. Tutto qui, purtroppo».

«Come mai è uscito di strada?».

«Chi lo sa. Forse andava veloce. C'è altro, Saverio?».

«Hai detto che Franco campava con gli affitti. Guadagnava bene?».

«Negli ultimi tempi non tanto, con la crisi che c'è. Ma sapeva arrangiarsi. Aveva sempre macchine grosse, vestiva elegante. E poi ragazze, ristoranti, viaggi. Non si faceva mancare nulla, insomma. Ci sapeva fare».

«Ci sapeva fare».

«Ma ripeti le mie parole? Vabbè, Saverio, stanno arrivando in tavola le polpette. Ci sentiamo».

Arriva in punta di piedi e mi sveglia.

«Ora che ti inventi?».

«Cosa?» dico intontito.

«Questi schemi. Partite, risultati. Sei malato. Devi andare in una clinica per guarire dal gioco d'azzardo».

«Suleima, che ore sono?».

«Le due meno un quarto. Che c'entra?».

«Mi ero addormentato».

«L'ho visto che dormivi. Spiegami cosa significa tutto questo».

Sul letto c'è il computer ancora acceso sulla pagina «Summer Club Trophy», sulle lenzuola gli appunti dove ho riportato i risultati di tutte le partite del torneo.

«Aspetta, Suleima. Ora ti spiego tutto, dammi il tempo di tornare nel mondo dei vivi».

«Prendi tempo. Ti conosco, ormai. Quando fai così ti prepari a mentire».

«No, ascolta. Mio cugino Franco giocava in un torneo di calciotto».

«L'avevi già raccontato».

«Facevano due tornei. Uno invernale e l'altro estivo. La loro squadra è sempre stata la più forte».

«E con questo?».

«Guarda qui. Ho ricostruito i risultati delle partite dall'inizio dell'estate. Vittorie su vittorie, qualche pareggio, due sconfitte. Due settimane fa giocano contro la penultima in classifica. La partita sta finendo in svantaggio per le Acque minerali, ma a due minuti dalla fine guadagnano un rigore. Mio cugino Franco è il capocannoniere del torneo. Tocca a lui tirare. Sbaglia».

«E chi se ne frega».

«Hai capito? Sbaglia. Nel sito c'è la cronachetta della partita. Leggi: Franco Rizzo smentisce la sua fama di bomber con un tiro imbarazzante. Imbarazzante, hai letto?».

«Saverio, sei malato di calcio. Non ti riconosco più».

«Ha sbagliato apposta. Per perdere».

«Mi sto perdendo io. Parli a ruota libera».

«Franco ci sapeva fare, dicono tutti. Secondo me si era messo d'accordo con qualche compagno di squadra per perdere la partita. Avevano puntato soldi sulla loro sconfitta. L'avranno fatto attraverso un amico, un prestanome. Erano i favoriti, la quotazione sarà stata altissima. Ma qualcuno ha scoperto il trucco, si è incazzato e l'ha fatto fuori».

«L'hanno ammazzato?».

«Ti sembra strano? Siamo in Sicilia».

«E ora che fai?».

«Non lo so, domani vado a Palermo a parlare col mio amico sbirro».

«Vengo con te».

«Non se ne parla».

«Non ti lascio andare da solo. Ti hanno già picchiato una volta».

«È stato il pallone».

«Appunto, è un gioco pericoloso».

I corridoi delle squadre mobili sono uguali in tutta Italia. I soliti poliziotti col marsupio e la camicia jeans fuori dai pantaloni, i soliti testimoni in attesa nei corridoi, le macchinette del caffè mezze sfasciate, gli ascensori sferraglianti. Chi passa guarda le gambe di Suleima.

«Potevi mettere una gonna più lunga» le bisbiglio.

«È la più lunga che ho».

«Tu mi farai morire, lo so».

Si apre la porta, Randone ci fa segno di entrare. Pure lui guarda le gambe di Suleima.

«Che ti sei fatto all'occhio?» mi chiede Randone.

«Il pericolo è il mio mestiere».

«Ah, è vero. Il tuo exploit calcistico».

«Il vicequestore Randone. La mia fidanzata, Suleima» faccio le presentazioni.

«Encantado» dice Randone a Suleima.

«Ti senti Antonio Banderas?» gli dico.

«Sa, signorina, i miei avi venivano dalla Spagna. Mio nonno materno era un Martinez».

«E i miei venivano dalla Normandia, mia bisnonna era Costanza d'Altavilla. Randone, dai, non perdiamo tempo».

«Il nostro amico Saverio è geloso. Ne ha ben donde, d'altronde».

«Sì Randone, ne ho ben donde. È d'uopo però che tosto tu pervenga al nocciol della quistione».

«Sedetevi. Caffè, orzata, latte di mandorla per la signorina?».

«Randone, sei un barista? No, sei uno sbirro. Allora fai lo sbirro. Come sta tua moglie, Giovanna Curtopelle? E i bambini? Saranno in vacanza, e tu tutto solo in città, vecchio marpione».

L'ho rimesso in riga.

«Saverio, ora parliamo off the records, come dicono a Scotland Yard. Da qualche mese abbiamo in piedi un'indagine su alcuni mafiosi, le solite storie. Segui questo e segui quello siamo arrivati ai campetti di calcetto dove hai giocato tu. Il custode è parente di un boss, ogni tanto lì ai campetti si riuniscono un po' di questi galantuomini. Abbiamo informazioni che il custode sarebbe in contatto con un latitante».

«Matteo Messina Denaro?».

«Saverio, non facciamo nomi. Così ci siamo messi alle sue costole. Facciamo le nostre attività, le cose che puoi immaginare, non è il caso di entrare nei dettagli. E sei spuntato tu».

«E le scommesse clandestine?».

«Ci siamo accorti che il custode gestisce un po' di scommesse clandestine, ma questo è secondario rispetto alla nostra indagine. Naturalmente, lo fa con il nulla osta di Cosa Nostra perché uno come lui non si muove senza autorizzazione».

«È stato lui ad ammazzare mio cugino?».

Randone spalanca gli occhi.

«Tuo cugino ha avuto un incidente, Saverio».

Gli rifaccio la storia dei tornei, delle partite, delle vittorie, delle sconfitte, del rigore sbagliato.

Randone annuisce.

Annuisce ancora.

«Potrebbe starci. Intanto faccio controllare la macchina di tuo cugino, prima che la rottamino. Signorina, sa che il suo fidanzato a volte sembra quasi intelligente? Aspettate che chiamo l'ispettore Bugea».

Spiega al telefono a Bugea cosa deve fare. Poi chiama un altro, lo convoca nel suo ufficio.

«Aragonese, mi porti le pagelle di Gianni Brera?» dice Randone.

«Gianni Brera? Il grande Gianni Brera? Ma non era morto?» chiedo appena restiamo soli.

«È un modo di dire. Uno dei poliziotti che segue l'indagine è appassionato di calcio. Per questo lo mandiamo a vedere tutte le partite del torneo. Ci va con i figli, con qualche amico, per non dare nell'occhio. Poi, riporta tutto a verbale. Ma siccome è bravo e ne mastica, oltre alle informazioni, scrive pure la cronaca della partita e dà le pagelle ai giocatori. Sono fatte veramente bene. Le chiamo le pagelle di Gianni Brera. Sa, signorina, l'ho inventato io».

Suleima sorride, ma con la coda dell'occhio mi guarda: è pazzo? Gli faccio cenno di lasciar stare, Randone è fatto così.

Torna Aragonese, porta la cartellina col frontespizio Questura di Palermo. In pennarello verde c'è scritto: «Le pagelle di Gianni Brera».

«Vede, signorina? È la mia grafia. Dunque, Saverio, quando si è giocata la partita del rigore sbagliato? Due settimane fa. Vediamo. Ecco: Acque minerali dei monti Sicani contro Mezzomonreale Football. Risultato 3 a 4. Rizzo al 7', Rizzo al 15', Gagliardo al 30' per le Acque minerali. Doppietta di tuo cugino: bravo. Per il Mezzomonreale Football gol di Foti al 4', Santillo al 18', Mangano al 32', Conigliaro al 42'. Vediamo la cronaca del mio Gianni Brera. Cosa scrive? Ecco. Da questa riga in poi, leggi. A voce alta».

Leggo la cronaca sbirresca.

«Clamoroso errore del bomber Rizzo, capocannoniere del torneo con ventidue reti, sette delle quali su rigore, nel tiro decisivo per l'esito di una partita in cui le Acque minerali hanno sempre mostrato disorganizzazione nel gioco e impegno appannato. Prima del tiro dal dischetto, lunga discussione a bordo campo tra Gagliardo e Rizzo, tanto che l'arbitro deve sollecitare più volte la ripresa del gioco. Anche dalla nostra postazione è evidente la concitazione dei due giocatori su chi deve tirare: sul rigore in chiusura di partita pesa la responsabilità dell'intero incontro. Rizzo si avvicina al pallone. Due passi di rincorsa. Non c'è scampo per il portiere. Ma, incredibilmente, il pallone finisce ampiamente fuori dalla rete, rotola malinconico a fondo campo. Dopo due minuti, l'arbitro, signor Castelli, manda tutti negli spogliatoi».

«Scritta bene, vero?» dice Randone, e continua a sorridere a Suleima.

«Scritta bene» annuisce Suleima.

«Mi piace soprattutto il pallone malinconico a fondo campo. Randone, me ne fai una copia?» chiedo.

«Certo. Tanto non è su carta intestata».

«Ma spiega la morte di mio cugino».

In piazza Bonanno il punteruolo rosso ha smangiato le palme.

Mai avrei pensato che potessero morire così. Una misera fine. La linea della palma continua a salire al nord, compreso il punteruolo rosso.

Suleima si attacca al mio braccio.

«Non me l'aspettavo. Sono rimasta ammutolita» mi soffia nell'orecchio.

«Cosa?».

«Quando mi hai presentato a Randone. Hai detto la mia fidanzata».

«Cosa dovevo dire: la mia accompagnatrice temporanea?».

«Cretino».

«Mondello o Monreale?».

«Cattedrale, è più vicina».

Pago i biglietti per girare attorno ai sarcofagi di Federico II, di Enrico VI, e degli altri re normanni, mi fermo davanti al sepolcro di Costanza d'Altavilla. Non è vero che era mia bisnonna, però mi ha sempre fatto simpatia.

«Sei pensieroso» fa Suleima.

«Penso a Franco. Non l'ho mai visto adulto, ricordo solo il ragazzino con i capelli rossi. Dentro la bara me lo immagino sempre bambino».

«Usciamo fuori, è meglio».

Davanti al palazzo arcivescovile due 'gnuri, accanto alle loro carrozzelle e ai cavalli coi cappelli di paglia, litigano a colpi di figlio di pulla e to' matri buttana.

Suleima è scossa. La violenza linguistica di Palermo è sempre esorbitante.

«Colore locale» minimizzo.

Torniamo all'auto.

«Andiamo a Mondello a prendere un gelato?».

«Gelo di mellone» fa Suleima.

Risalgo nel traffico fiacco, costeggio agli angoli delle strade camion che vendono cantalupo di Licata due euro e 99 a cassetta, pesche di Bivona tre euro e 99 a cassetta, meloni d'acqua di Marsala 49 centesimi al chilo, fichidindia di Santa Margherita Belice quattro euro e 99 a cassetta. Palermo capitale offre ortofrutta da tutto il regno a prezzi modici.

All'ingresso della Favorita tiro dritto, vado avanti e fermo l'auto.

«Che succede?» fa Suleima.

«Devo vedere una persona» indico l'ingresso dei campetti di calcetto.

«Chi?».

«Stai tranquilla».

«Saverio, hai sentito Randone. Questa è gente pericolosa. Andiamo via».

«Un minuto. Entro, lo guardo in faccia e me ne vado».

«Che senso ha?».

«Voglio guardare in faccia quel pezzo di merda. Così quando lo arrestano me lo ricordo bene».

«Saverio, vuoi farti ammazzare anche tu?».

«Non dico una parola, Suleima, te lo giuro. Non sono così stupido. Basta appena un'occhiata».

«Vengo anch'io».

«No, tu no. Aspettami qui».

«Allora chiamo la polizia».

«Va bene, vieni anche tu. E poi andiamo a Mondello».

Entriamo dentro. Il bugigattolo del custode è chiuso. Sarà in giro per i campetti.

215

«Non c'è nessuno, andiamo via» fa Suleima.
«Dai, arriviamo agli spogliatoi».
Sento rumori. Sarà lì. Mi chiedo se dire qualcosa. No, mi basterà guardarlo negli occhi e fissarmi in mente la faccia di un assassino che mangia semenza.

Mi affaccio alla porta. C'è qualcuno. Riconosco di spalle l'uomo con la maglietta Acque minerali dei monti Sicani davanti a un armadietto aperto.

«Gagliardo» chiamo.
«Lamanna, che ci fai qui?».
«Ero di passaggio».
Gagliardo guarda Suleima, si sofferma sulle gambe.
«Complimenti. Ti è venuto fuori un bell'occhio nero» dice.
«Già, cosa fai?».
«Tolgo la mia roba. Dopo la finale appendo le scarpette al chiodo. Senza Franco non è più la stessa cosa».
«Già, non è più la stessa cosa».
«Franco almeno se ne è andato in bellezza. Con una bella doppietta di gol. Resterà per sempre il nostro goleador».
«Peccato per quel rigore».
«Quale rigore?».
Non riesco a trattenermi.
«Gagliardo, perché avete litigato?».
«Non capisco. Di cosa parli?».
«L'ultima partita, quella contro il Mezzomonreale. Hai litigato con Franco prima del rigore».
«Non ricordo».
«Ricordi benissimo. Se n'è accorto perfino il pubblico. L'arbitro vi ha dovuto richiamare in campo. Hai

voluto farlo tirare a Franco, vero? Così la colpa della sconfitta è ricaduta tutta su di lui».

Si sgonfia dentro la maglietta. È uno strano fenomeno, sembra restringersi di botto. Si lascia andare sulla panchina, si passa una mano nei capelli.

«Tanto eravamo già qualificati per la finale. Non era una partita importante. Capita a tutti di sbagliare, anche Roberto Baggio ha sbagliato ai Mondiali del '94. Non è stata una cosa grave».

«Lascia stare Baggio: ha perso solo i Mondiali, Franco per quel rigore ci ha perso la vita».

Suleima mi tira da un braccio.

«Ti prego, andiamo via».

«No, Suleima. Fammi parlare. Franco era il capocannoniere. Perché non l'hai tirato tu il rigore? Tanto dovevi solo sbagliare, non ci voleva molto, non serviva un campione per sbagliare».

Gagliardo si affloscia ancora di più.

«Voleva tirarlo lui».

«Non ci credo. Secondo me Franco voleva farlo tirare a te, tutti sapevano che non sbagliava mai. E tu hai rifiutato. Perché?».

Ormai è piegato su se stesso.

«Paura».

«Paura. Bella scusa. Quanto avete guadagnato sulla vostra sconfitta?».

«Ventimila euro. Era stata un'idea di Franco».

«Franco ci sapeva fare. È così, no? L'hai sputtanato davanti a tutti. Franco non aveva mai sbagliato un rigore. E l'hai mandato al macello».

«Franco era mio amico. Ci penso ogni momento».
«Dovevi pensarci prima».
«I soldi di Franco li porterò a sua madre. Puoi stare sicuro».
«Sua madre te li ficca nel culo. Puoi stare sicuro. Andiamo via, Suleima, se no vomito».
Mentre usciamo dagli spogliatoi, sento ancora la voce di Gagliardo.
«Franco era mio amico. Tu non sapevi niente di lui, era mio amico».
Ora torno dentro e gli gonfio la faccia.
«Lascialo stare, Saverio. Non ne vale la pena» mi trattiene Suleima.
«Era solo un ragazzino. Un bambino con i capelli rossi».
E mi viene quasi da piangere.

Ma Nino non aver paura a sbagliare un calcio di rigore
non è mica da questi particolari che si giudica un giocatore
un giocatore lo vedi dal coraggio
dall'altruismo e dalla fantasia.

«Se vuoi spengo».
«No, Suleima. È bella».

E chissà quanti ne hai visti e quanti ne vedrai
di giocatori tristi che non hanno vinto mai
ed hanno appeso le scarpe a qualche tipo di muro
e adesso ridono dentro a un bar.

La radio su Rtl, guido piano nel pomeriggio che muore assai dolcemente. Fin troppo. Seguo la strada, seguo i pensieri.

Suleima rispetta il silenzio. Anche per questo mi piace, sa sempre cosa fare, quando farlo.

Canticchio dietro Francesco De Gregori.

Nino capì fin dal primo momento
l'allenatore sembrava contento
e allora mise il cuore dentro alle scarpe
e corse più veloce del vento.

Risalgo per Custonaci. Dopo il curvone me lo ritrovo davanti. È il motorino giallo, fila verso Màkari. Accelero, sorpasso. Un colpo di clacson. Bartolo mi vede, si sbraccia a salutare. Dietro c'è la piccoletta con gli occhi belli, i capelli da sotto il casco le volano via nel vento.

«Chi sono?».

«Due che conosco».

Tanto vale cantare. Cantare e stonare in questo tramonto un po' così.

Ma Nino non aver paura di sbagliare un calcio di rigore
non è mica da questi particolari che si giudica un giocatore
un giocatore lo vedi dal coraggio, dall'altruismo e dalla fantasia.
Il ragazzo si farà, anche se ha le spalle strette,
questo altro anno giocherà con la maglia numero sette.

Marco Malvaldi
Donne con le palle

Alice si abbandonò sulla sabbia dorata.
Ansante.
Felice.
Subito dopo, come al rallentatore, Agnese si lasciò andare sopra di lei, in un abbraccio.
Mentre Agnese la baciava, ebbra di una sensazione che chi non ha mai provato non può capire, Alice sentì l'arrivo di altre braccia – Stefania, forse? Jennifer, sicuramente... – che si stringevano e la reclamavano come oggetto innegabile della loro passione.
E un groviglio di sudati corpi femminili si formò, inestricabile, per poi sciogliersi e riformarsi in maniera più calma, e insieme più consapevole della propria gioia.
Il tutto, di fronte agli occhi di Massimo.
Massimo che guardava attonito, tentando di darsi un contegno. Mentre chiunque, intorno a lui, sembrava averne perso ogni parvenza.
Incluso Aldo.
Proprio lui, solitamente così compassato, aveva infranto ogni speranza di Massimo di mantenersi freddo e distaccato con il suo urlo belluino.
«E vaaaaai, quattro pari!».

«Ma che cazzo urli?».

Massimo si era voltato verso Aldo, mentre Alice e le compagne di squadra trotterellavano gaie verso il centrocampo, in attesa che l'arbitro fischiasse la ripresa del gioco. Anche se, a quel punto, avrebbero ripreso per ben poco: alla fine del terzo e ultimo tempo, come diceva il cronometro, mancavano tre secondi appena.

Aldo, ripreso l'aplomb, rispose senza manco voltarsi.

«Cavolo, erano sotto di tre fino a cinque minuti fa. Adesso ai supplementari non c'è storia. Hanno ripreso la partita per la collottola».

«Io ti prenderei te per la collottola». Massimo fece un cenno col pollice, indicando a qualche metro di distanza Ampelio, Pilade e il Rimediotti, i quali seguivano la partita inchiavardati a una panchina scansando a bastonate chiunque si frapponesse tra campo visivo e campo da gioco. «Almeno quegli altri tre sciagurati stanno zitti. Te invece ti metti anche a berciare».

In effetti, era dall'inizio della partita che i tre summenzionati non spiccicavano parola; comportamento tenuto anche per le precedenti partite del girone, coerentemente e univocamente.

Del resto, avevano già parlato parecchio prima. Quando avevano saputo che Pineta avrebbe organizzato una tappa del campionato italiano di beach soccer femminile patrocinato dal Comune di Pineta. («Bìc soccèr. Giocano a pallone sulla spiaggia. Premio di duemila euri alla prima classificata». «Boia de'. Penza' che da bimbetti se si gioàva a pallone sulla spiaggia di giorno i vigili te lo foravano. Ora ir Comune ti dà anche un premio»).

Avevano avuto da ridire anche di più quando avevano scoperto che le squadre che avrebbero partecipato erano fatte da giocatrici professioniste o semiprofessioniste («Cioè, ora le donne le pagano per gioa' a pallone?». «Prima hanno voluto entra' ne' carabinieri, e ora vogliano mettessi a fa' ir carciatore di professione? Ora dìo io, ma ci sarà modo d'emancipassi senza fa' de' mestieri da stupidi...»).

A queste discussioni, sul tema parità uomo-donna, c'era chi difendeva a spada tratta l'integrazione (Marchino il Principe dello Shaker, la cui tesi era «le donne sono òmini anche loro», col raro esito di dire una cretinata pur difendendo un concetto sacrosanto), chi sottolineava la diversità di genere come confine invalicabile e chi, pur ardendo dal desiderio di dire la propria, taceva: il Rimediotti, che dopo l'operazione alla carotide si era visto installare al posto delle corde vocali un marchingegno con tanto di tastino da premere per far uscire la voce. Risultato, una via di mezzo tra un citofono e Radio Maria: per comunicare col piano di sopra si doveva premere un tasto, non si capiva una cippa e quello che capivi di solito era meglio dimenticarselo.

Tutti, comunque, avevano avuto da dire la loro sul torneo.

Ma il fatto su cui avevano avuto più da ridire era stato lo scoprire, pochi giorni prima del torneo, che anche Alice era coinvolta nella cosa. Non come vicequestore, ma come centrocampista.

«Ma te 'un gli dici nulla?».

«Io?». Massimo, dopo aver tirato di malagrazia il cestello nella lavastoviglie, scosse la testa asciugandosi le mani. «Me ne guardo bene. Si sta parlando di un torneo di beach soccer, non di arruolarsi nell'Isis».

«Ma è un vicequestore di polizia!» insisté Ampelio. «Ora dimmi te se uno cor una carìa di questo tipo va a gioa' a pallone tutta scosciata sulla spiaggia».

«Ha ragione ir tu' nonno» fece spalla il Del Tacca. «È anche una questione di decoro».

«Se è per il decoro, non mi ricordo che vi siate mai lamentati del commissario Fusco che faceva jogging in canottiera e peli superflui sul lungomare. Quello sì che era uno spettacolo indecoroso».

«To', ma ir Fusco era un òmo».

«Ecco un argomento che non la lascerà indifferente. Se siete tanto preoccupati, fateglielo presente di persona. Di sicuro apprezzerà».

I quattro si guardarono negli occhiali, tacendo. Fare presente ad Alice Martelli, vicequestore di Pineta nonché fidanzata ufficiale di Massimo, che era meglio che non facesse una data cosa in quanto donna era un po' come spalmarsi di salsa tonnata e scavalcare il recinto delle tigri. Meglio cambiare discorso, va'.

«E te lo sapevi di essere fidanzato con un centrocampista?».

Massimo annuì come chi sa di non poter essere smentito.

«In realtà, nel calcio a cinque, ho scoperto che si dice "universale". È un giocatore che può ricoprire qualsiasi ruolo, perché la transizione da fase di attacco a fase di difesa è talmente rapida che devi avere in squadra giocatori che siano veloci di testa, oltre che di gambe. Comunque sì, certo che lo sapevo. Sapevo anche che aveva smesso di giocare. Poi qualche giorno fa sono venute a chiamarla 'ste due della sua ex squadra, gli serviva un elemento un po' valido, lei ha pensato che in fondo era un torneo estivo ed eccoci qua».

Pilade si schiarì la gola.

«Ma scusa Massimo, quelle due a cui ti riferisci erano per caso le due tipe colla Smart che sono venute un par di giorni fa? Quella bionda cogli stivali cor tacco e l'artra mora, capelli corti e minigonna?».

«Esatto. Viola Calcaterra, portiere, e Agnese Ghirardelli, attaccante. Ormai so tutta la formazione a memoria».

«Cioè, quelle du' fìe spropositate son due calciatrici?».

«A quanto pare, in squadra ce n'è anche una meglio».

Via, quando inizia il torneo?

Il torneo era iniziato il 23 giugno, primo giorno d'estate.

E i vecchietti non si erano persi una partita. Sempre sulla stessa panchina. E senza dire una parola, dal girone alla semifinale. Cioè, alla partita di quella sera.

«Avranno i loro buoni motivi per stare zitti» osservò Aldo, mentre le calciatrici tornavano verso le panchine, le une abbacchiate, le altre cariche d'entusiasmo.

«Lo credo bene. Il Rimediotti sulla spiaggia non prende il segnale, Pilade a vedere presa a calci una palla immagino si immedesimi e si senta turbato, e mio nonno non vede tante cosce dal vivo tutte insieme dal 1958, quando hanno chiuso i casini. Sei te che mi stupisci».

«Anch'io ho i miei buoni motivi».

«Vergognati. Non ti dico che potrebbero essere tue figlie solo perché potrebbero essere le tue nipoti».

«Te sei scontato. E io sono vecchio». Aldo sottolineò la cosa aggiustandosi meglio sul naso le lenti multifocali; le stesse di cui all'inizio della partita aveva sostenuto di non aver bisogno, e che miracolosamente gli erano spuntate in mezzo al viso dopo cinque minuti. «E poi c'è la tua fidanzata nel mezzo. Non potrei mai».

«Capisco. Allora le hai invitate tutte a cena stasera dopo la partita così, perché sei buono di cuore. Se non levi quella mano ti pesto un piede».

«Qualcuno buono di cuore ci vuole, a questo mondo» rispose Aldo seraficamente, togliendo la mano dal pacchetto di Marlboro che sporgeva dalla tasca dei pantaloncini corti di Massimo. «Mica sono tutti merde come te, che neghi anche le sigarette ai vecchi. Comunque sì, mettila come vuoi. Mi fa piacere essere circondato dai giovani, mi fa piacere fare un favore alla tua fidanzata, e mi farebbe piacere fare due chiacchiere con il numero sedici. Curiosità scientifica, non capisco se sono rifatte o naturali».

«Naturali o artificiali, non importa. La cosa fondamentale è che ci siano pochissimi grassi. E pochi zuccheri».

Con la forchetta in mano, che sottolineava le sue parole con una punteggiatura ritmica fatta di piccoli colpi al piatto vuoto che aveva di fronte, Annabella Parra stava impartendo istruzioni per il pasto del giorno dopo. Ovvero, il giorno della finale.

Perché effettivamente ai supplementari non c'era stata storia. Sull'onda dell'entusiasmo generato dall'aver pescato il pareggio fuori da un'urna che conteneva quasi esclusivamente palline con scritto «HAI PERSO», la squadra di Alice aveva iniziato ad attaccare senza pietà; e le avversarie, che dalla stessa onda di entusiasmo erano state travolte, si erano consegnate smarrite come agnelli a Pasqua. Quindi, finale: partita che andava preparata al meglio. Per questo Annabella Parra, allenatore e preparatore atletico della squadra di Alice, dopo aver diluviato delle piattate di pici all'aglione degne non di uno, ma di due maschi, aveva deciso che il ristorante di Aldo era il posto ideale dove consumare anche i pasti del giorno più importante. Dopo aver impartito istruzioni per il pranzo delle undici e mezzo (verdure, polenta fredda, patate lesse e bresaola, per depurare l'organismo e favorire l'ulteriore ripristino delle scorte di glicogeno nei muscoli), adesso la Parra stava dettando le disposizioni per la cena delle sette.

Di fronte a lei, immobile, Aldo ascoltava in rispettoso silenzio l'allenatrice della Beach Soccer Team Young Angry Women (BESTYAW), generatasi in modo biblico, ma in rispetto delle pari opportunità, da una costola della YAW Lucca, squadra di calcio femminile di serie A che si era ritagliata un posto di spicco nel panorama nazionale. Rispettoso silenzio, si diceva: Aldo aveva capito, nei pochi giorni di sporadica interazione, che la Parra nel proprio ambiente era considerata una sorta di divinità, essendo fra l'altro una delle pochissime giocatrici italiane ad aver giocato negli Stati Uniti, vera patria del soccer femminile. Mostrare un atteggiamento diverso dalla deferenza sarebbe stato inopportuno, un po' perché la Parra era rispettatissima e quasi temuta dalla propria squadra e quindi un atteggiamento di sufficienza sarebbe stato interpretato quasi sicuramente come maleducazione, un po' perché litigare con ottanta chili di lesbica cubica con i capelli rasati a zero sarebbe stato, oltre che maleducato, anche rischioso.

«Pochissimi grassi e pochi zuccheri. I grassi li capisco, rallentano la digestione. Ma gli zuccheri...».

«Sono subdoli» sentenziò la Parra. «Prima la glicemia si alza, è vero, ma nel giro di un'ora si abbassa troppo bruscamente. Si va in ipoglicemia reattiva, e si allungano i tempi di reazione. Nel beach soccer non ce lo possiamo permettere. I cambi di direzione sono troppo rapidi, il gioco è tutto aereo. Quindi, pasta al pomodoro, solo un filo d'olio a crudo. Per chi avesse ancora fame, al limite, carote e patate lesse. Solo aceto per condimento, niente olio».

«I cambi di direzione sono rapidi» commentò Aldo cercando di cambiare discorso e di dimenticarsi il prima possibile della tristezza che quel pasto da reclusi gli stava ispirando. Per fortuna che le ragazze giocavano alle dieci e quindi dovevano mangiare alle sette, quando il ristorante era ancora vuoto, sennò la vista di quei piatti negli altri clienti avrebbe potuto generare delle crisi depressive irreversibili. «Più che nel calcetto?».

«Molto di più. La sabbia decelera molto, il piede affonda e la velocità viene smorzata subito. Sulla sabbia anche una giocatrice pesante, o non giovanissima, può fare dei cambi di direzione in un amen».

«Allora è per questo che mi avete chiamata» ridacchiò Alice. «Negli ultimi due anni ho preso dieci chili».

«Anche se sono due anni che non ci si vede, sei sempre nei nostri pensieri» la rassicurò Annabella, con una carezza alla spalla di Alice degna, anche quella, di un maschio, e non della specie migliore. Il genere di gesto a cui Massimo non sapeva come reagire.

Vero, Alice era visibilmente contenta di quella rimpatriata, di rivedere vecchie compagne di gioco e di poter di nuovo sentirsi un centrocampista, sia pure da spiaggia. Anche Massimo era contento che Alice non fosse caduta nel tipico errore femminile del non-lo-faccio-più-perché-adesso-sono-fidanzata, con il quale sin troppe ragazze si ritirano dallo sport ben prima che l'età lo consigli, perdendo fra l'altro un'ottima occasione per scaricare sul campo quei naturali istinti di prevaricazione che tutti gli agonisti provano nei confronti dell'avversario, essendo così costrette a sfogarli sul proprio fidanzato.

D'altro canto, c'era il fatto che Massimo non credeva di essere possessivo, e non capiva per quale motivo, pur non essendo mai stato geloso di altri uomini, adesso si scopriva addosso il timore di essere geloso di una squadra di calcetto.

«Comunque un certo controllo di palla ce l'ho ancora. Non credo di aver fatto rimpiangere la Ciurli».

Forse era un'impressione, eh. Ma l'allusione alla sua ex compagna di squadra sembrò improvvisamente cancellare la naturale atmosfera di rilassamento da risultato acquisito, e un accenno di malessere serpeggiò sensibilmente tra le ragazze. Ci fu, tanto per dirla in parole povere, un attimo di silenzio non facile da decifrare.

«Seì, la Ciurli. Altri tempi» intervenne il portiere, Viola Calcaterra, una stanga di un metro e ottanta che, oltre al numero uno sulla schiena, nella vita portava una orgogliosa misura quattro sul petto. «La Ciurli s'è sposata con un dentista di Pontassieve, ha partorito ad aprile dell'anno scorso e ora aspetta il secondo».

«Sempre stata veloce. E quindi chi c'era al posto suo?».

«C'è stata la Rovelli...».

«Quella di Prato? Quella tutta un po' un tegame?».

«Quella, quella. Poi c'era una ragazza, la Cini, che però s'è fatta male, e poi, vabbè...».

Come, vabbè?

«E poi?».

Adesso il malessere era ben più di un accenno. Tristezza, forse. Una puntina di rabbia, anche. Uno zinzino di delusione, potrebbe essere. Insomma, è già difficile tentare di descrivere lo stato d'animo di una singola donna, figuriamoci dodici tutte insieme.

«E poi c'è stata la Derringer, poveretta».

«Poveretta? Nel senso che...».

«Eh, sì».

LaVonne Derringer, di Mooresville, Alabama, USA, era arrivata a ottobre dell'anno prima grazie a una borsa di studio della Scuola Normale Superiore, con in tasca una tesi di laurea in topologia differenziale e una ventina di presenze nelle nazionali giovanili statunitensi di soccer.

Sulla competenza matematica, le ragazze non sapevano pronunciarsi; su quella calcistica, invece, pare non ci fosse niente da dire. Veloce, potente, ambidestra, caviglia flessibile e testa alta, e una voglia di vincere tutta statunitense che avevano portato la squadra a combattere per lo scudetto fino alla metà di febbraio, quando c'era stato l'incidente.

«Incidente?».

«Incidente» aveva detto la Parra, tentennando il capo.

Nel frattempo, Tiziana aveva portato via i piatti e il discorso aveva portato via l'atmosfera serena di pochi minuti prima. Talmente intristite, le ragazze, che anche la figura di Tiziana che veleggiava tra le commensali – e che al momento di servire in tavola aveva causato un buon numero di sguardi – era passata completamente inosservata.

«Una frenata a quaranta all'ora» aveva aggiunto Jennifer Rignanese, detta Tardelli per via del ruolo, della tendenza ad esultare urlando come un'esagitata quando segnava e per un doppio mento che sembrava fatto con lo scalpello.

«Per non tamponare un cervo» aveva terminato Viola Calcaterra, guardando da un'altra parte.

«Un cervo?».

Un cervo. Un cervo che era fuggito dalla tenuta di San Rossore la domenica precedente, e che già il lunedì aveva seminato il panico attraversando la strada a un paio di automobilisti, che erano finiti nel fosso della vecchia Livornese per evitare l'impatto con l'artiodattilo.

Il venerdì, le ragazze della squadra erano uscite a cena tutte insieme per festeggiare la vittoria in Coppa Italia contro il Brescia, che pare che a livello femminile fosse uno squadrone, insieme con tutta la società: il presidente, Giacomo Checcucci, i due dirigenti accompagnatori e lo sponsor storico della società, Badalassi geom. Giuliano, della Imprese Funebri Badalassi. («Cioè, il vostro sponsor è un'impresa funebre?» aveva chiesto Massimo, qualche giorno prima, quando l'aveva scoperto. «Sì, ma sulle maglie è scritto grosso solo il nome. "Impresa funebre" è stampato talmente piccino che quasi non si vede» aveva risposto Alice. «Menomale, sennò per toccassi i coglioni era un casino» aveva osservato Ampelio).

A cena, per la portata dell'impresa compiuta, la tensione che innegabilmente si era creata prima della partita si era sciolta parecchio; ciò nonostante, molte delle giocatrici avevano tenuto un comportamento da atleta inglese, ovvero si erano ubriacate in modo inverecondo. La serata si era conclusa quindi in indiscutibile allegria tra cori e lazzi per le future spose (Viola, il portiere, che sarebbe convolata a settembre con Daniele, portier anche lui, ma d'albergo, e Agnese, attaccante, che si sarebbe unita in matrimonio ad Andrea, centrocampista della Pro Patria, squadra rivale diretta per il secondo posto in classifica). Alla fine della serata, tra baci e vomitate, sporadici quanto semiclandestini entrambi, metà delle ragazze non erano in grado né di guidare né di fare cose diverse dall'addormentarsi profondamente: erano state quindi organizzate delle macchinate. Lo sponsor si era caricato in auto Bernardini, Ghirardelli e Lo Casciullo; il presidente aveva messo in macchina Esposito, Parra e Derringer. Tutte e sei le fanciulle si erano addormentate di schiocco non appena messo piede in auto, a parte Lo Casciullo che aveva costretto lo sponsor a un paio di improvvise frenate in mezzo alla strada per non ritrovarsi la macchina costellata di mojito parzialmente digerito.

L'auto del presidente, che come d'abitudine guidava a cinquanta all'ora, aveva fatto invece una sola frenata, quando – come lo stesso presidente aveva raccontato alla polizia stradale – un cervo aveva improvvisamente attraversato la strada.

«Che è successo?» aveva detto la Parra, svegliata all'improvviso dalla frenata, da un rumore sordo e dal contemporaneo ma ugualmente insolito bestemmione del guidatore.

«Un cervo, cazzo» aveva detto Checcucci, le mani sul volante e il cuore in gola.

«Hai preso un cervo?».

«Ma che preso, non lo vedi che è laggiù?».

«E allora cos'era 'sto rumore?».

'Sto rumore era stato dato dalla testa di LaVonne Derringer, che quando il presidente aveva frenato era stata proiettata violentemente in avanti verso il cruscotto, e quindi era ricaduta pesantemente sul sedile.

E da allora, non si era più mossa.

«Due vertebre spezzate. Hanno detto che è stato istantaneo». Le pupille della Parra, color ghiaccio, fecero un rapido zig zag come se cercassero chissà cosa sulla tovaglia. «Non ha avuto il tempo di sentire niente».

«E l'airbag non è partito?».

«Era disattivato. La macchina non era di Checcucci. Era della sorella, che ha un bimbo piccolo».

«Ho capito, sì. Lo metteva sul sedile davanti e disattivava l'airbag».

«Comunque non sarebbe cambiato molto» disse la Parra, con gli occhi bassi. «Senza cintura l'airbag è ancora più pericoloso. Ci rimbalzi sopra e picchi il collo nel poggiatesta».

«Ma perché non aveva la cintura?».

«È quello che mi fa star male. Avrei dovuto controllare. Ma lei la cintura se la metteva sempre. Era americana, non so se mi spiego. Una tutta d'un pezzo, che se non era bianco era nero».

«Annabella, eravamo tutte ubriache, si crollava dal sonno» disse Agnese, mettendo una mano sul dorso della destra della ragazza. «Lei s'è seduta e s'è addormentata subito. E anche te. Chi ci pensava?».

«Ma non dovrebbe suonare un avvisatore, un segnale acustico, qualcosa che...».

«No, figurati. Una Espace di vent'anni fa, o giù di lì».

«Mamma mia, poveraccia. Aldo, c'è qualcosa che non va?».

Aldo, in piedi accanto alla tavola, era rimasto infatti lì, immobile, con l'aria più imbambolata del solito. Alla voce di Alice, si riscosse.

«No, Alice, scusami. Ero solo soprappensiero. Qualcuna vuole un caffè?».

All'indecente proposta, la Parra smise di essere uomo e tornò mister.

«A quest'ora, manco a pensarci. Le ragazze devono dormire bene. Il caffè solo la mattina o prima dell'allenamento. Via, bimbe, che è già abbastanza tardi. Leviamo le tende, ci si vede domattina ore nove a colazione».

Le ragazze se ne erano andate da poco. Massimo, sparecchiando, impilava i piatti aiutato da Tiziana, mentre Aldo si era rinchiuso in cucina a confabulare con Tavolone di chissà che cosa.

«Ma cosa te ne frega di cosa parlano?».

«A me? Nulla. Sarei curioso di sapere per quale motivo...».

E Massimo stava per aggiungere «sta di là a chiacchierare invece di darci una mano, e noi qui come due stronzi a sparecchiare», quando gli venne in mente che Aldo ormai era in pensione da un paio di settimane, e in fondo aveva tutto il diritto di farsi gli affari suoi.

«Sì, lo so. Non torna, vero?».

«No, mi sa che ci metterò un po' a prenderci l'abitudine. Eccolo, il principe dell'harem». Massimo, posato l'ultimo piatto, si voltò verso Aldo che era uscito dalla cucina e adesso stava lì, impalato, come quello che aspetta il momento giusto. «Allora, rifatte o naturali?».

«Riconosco che la questione sia importante, ma al momento sono distolto da altri pensieri».

«Deve essere roba importante».

«Assolutamente. Senti, Massimo, dovrei fare un discorso con Alice. Prima però devo chiederti una cosa».

Massimo tentò di scacciare dalla mente l'immagine della sua fidanzata, sotto la doccia con l'intera squadra, che tastava le bocce insaponate del numero sedici tentando di saggiarne la consistenza.

«A me? Parlane con lei».

«Prima voglio parlarne con te. Alice è il tipo di persona che passerebbe sopra a un reato minore, pur di far condannare qualcuno per omicidio?».

«Omicidio?».

Alice guardò Tavolone con l'aria di chi pensa che proprio da lui non se lo sarebbe aspettato.

«Sì, signorina. O armeno incidente parecchio strano».

«Dài, ragazzi, via. Ora non cominciamo a vedere complotti da tutte le parti. Riconosco che è una storia triste, so benissimo che da quando sono qui non c'è il rischio di annoiarsi, ma è un incidente. Un cervo ha attraversato la strada, il Checcucci ha frenato e c'è scappato il morto».

«Ecco, appunto. A proposito di quer cervo, signorina...».

«Sì?».

Tavolone imbarazzato era uno spettacolo che raramente, a Massimo, era capitato anche solo di immaginare.

«Ecco, vede, ner senso, io quer cervo l'ho cucinato».
«Cucinato? Come, cucinato?».
«Coll'olive e la polenta».
«Sublime. Ne è avanzato anche un pochino?».
«Sì, scusi. È che son nervoso. Inzomma, quarche tempo fa m'ha chiamato ir Bertelloni, ir macellaio. Praticamente m'ha detto che c'era questo su' amìo che aveva stradato il cervo...».
«Aveva investito il cervo?».
«Sì, lui diceva così, che era stato un incidente, ma che insomma c'era questa bestia di provenienza... ecco, insomma, ormai ir danno era fatto...».
«... e il Bertelloni l'ha macellata e via collo spezzatino di cervo, dico bene?».
«Eh, ner senso...».
«Otello, io non mi occupo di bracconaggio. Non me ne frega niente se il Bertelloni va in giro di notte col fucile e il mirino a infrarossi. Quando l'ha cucinato questo cervo?».
«De', ir giorno di chiusura der ristorante. Ir lunedì sera».
Alice esalò un sospiro. Per un attimo era stata quasi sul punto di dargli retta.
«Cioè, tre giorni dopo l'incidente?».
«Sì, esatto».
«Allora non capisco» disse Alice, scuotendo la zazzera.
«Allora ne lo spiego» rispose Tavolone.

«Ha senso?».

«Sì, sì, avrebbe senso. Spiegherebbe tante cose. Cioè, no, in realtà spiegherebbe una cosa sola».

Era l'una e mezzo di notte, ed Alice e Massimo erano a letto, ma il sonno non arrivava. Almeno, non arrivava ad Alice. Massimo, a dire la verità, si sarebbe addormentato parecchio volentieri, visto e considerato che era in piedi dalle cinque e la mattina dopo si sarebbe dovuto svegliare alla stessa ora.

«Bene. Vediamo se è la stessa che non torna a me».

Col che Massimo intendeva due cose. La prima era che non capiva per quale minchia di motivo Alice non riuscisse a realizzare che, anche se lei era in ferie ancora per i due giorni successivi e si poteva svegliare alle otto per unirsi alla squadra, Massimo il giorno dopo aveva un bar da aprire. Per la seconda, un attimo di pazienza.

«Vedi, Massimo, io non è che sono così brava».

«Sì, in effetti è vero» sbadigliò Massimo. «Hai un piede solo, di sinistro manco la stoppi».

«Domani vediamo chi fa più palleggi? Vuoi rimediare una bella figura di merda come il tuo agitatore di liquidi, Marchino il Principe dello Shaker, che non me l'ha levata dai piedi manco una volta?».

«Io ho da fare al bar».

«È meglio. Comunque, sul serio, io già tre anni fa ero una riserva, giocavo e non giocavo. In questi anni la squadra ha cambiato livello, non c'è niente da fare. Queste giocano in serie A. Avevano anche una straniera. Però sono venute a cercare me. Perché? Se tiri fuori di nuovo la storia del branco di lesbiche ti arriva una cuscinata».

«Perché sei un commissario di polizia?».

«Eh, è la stessa cosa che penso io. Allora quello che diceva Tavolone stasera avrebbe senso. Potrebbero davvero essermi venute a cercare per raccontarmi questa cosa qui. Perché dietro la morte di questa poveretta in realtà c'è qualcosa di poco chiaro. Anche a te non torna, no?».

«Veramente, la cosa che non mi torna è un'altra».

Alice lo guardò in tralice.

«E sarebbe?».

«Se te lo dico poi mi lasci dormire?».

«Ma senti te che merda. Facciamo così, se non me lo dici ti tengo sveglio col forchettone».

«Il risultato è lo stesso». Massimo sbadigliò come un ippopotamo. «Allora, magari non c'entra niente. Però è una stranezza. Quanti spettatori ci sono a una partita di calcio femminile?».

«Mah, dipende. Ai Mondiali in Canada c'era il tutto esaurito...».

«Mi fa piacere. Alle partite di serie A italiana?».

«Al massimo si parla di migliaia. Ma è in crescita».

«C'è copertura televisiva? Le partite vengono mandate in diretta, o anche in differita?».

«Cominciano. Qualche mese fa hanno dato in diretta Fiorentina-Brescia. Tanto per dire, quella partita l'hanno dovuta giocare in uno stadio più grande, nel San Marcellino non sarebbero entrati tutti gli spettatori».

«Mh. Capisco. Comunque, la stranezza rimane».

«Ovvero?».

«Qual è lo sponsor della squadra?».

«Lo sai, l'altro giorno ci hai riso mezz'ora. L'impresa funebre...».

«Appunto. Per quale motivo?».

«È sempre stato, da quando sono arrivata a Pisa a studiare. Anche quando erano nelle serie minori...».

«Appunto. Nelle serie minori. Nelle serie minori ha un senso. Finché giochi a livello regionale, forse. Ma mi potresti spiegare, per favore, che senso ha una agenzia di pompe funebri come sponsor di una squadra a livello nazionale? Cos'è, da Brescia telefonano al geometra Badalassi per far tumulare il caro estinto? Nella bassa padana non ci sono imprese che reggono la concorrenza? Le bare del geometra Badalassi sono più comode? Oppure hanno un'aerodinamica superiore, così il giorno del giudizio il caro zio Ernesto arriva prima di fronte a Nostro Signore? Scusa, sai, ma non mi torna».

«Hm. Allora sai cosa faccio? Domani mattina dopo l'allenamento vado un attimo dai colleghi della Finanza. Vediamo un po' cosa mi dicono».

«Brava. Domani mattina. 'Notte».

La finale, che vedeva opposta la BESTYAW al LSB Lignano, era cominciata alle dieci in punto; ed era andata avanti per un'ora abbondante, di fronte a uno dei pubblici più eterogenei che si possano immaginare.

Coppie di nonni con passeggino e nipotino, coppie di futuri genitori col bimbo ancora ben custodito, ragazzotti e ragazzine, tegamoni e signorine; era praticamente impossibile passare di fronte al campo allestito sulla spiaggia che costeggiava la passeggiata senza restare ipnotizzati dallo spettacolo.

Anche perché era, effettivamente, uno spettacolo.

Il beach soccer è molto diverso dal calcio. È un gioco imprevedibile, dove i gol possono arrivare in qualsiasi momento, e in seguito a qualsiasi situazione. Non sono rari i gol in rovesciata, e nemmeno quelli del portiere; né tantomeno quelli dovuti a un rimbalzo imprevedibile della sfera su una delle tante cunette di sabbia, che se per caso sono vicino alla porta possono facilmente trasformarsi in immarcabili, seppur immobili, cannonieri. In più, è un gioco aereo, che richiede doti acrobatiche non comuni; e, anche se le donne sono meno potenti dei maschi, come equilibrio e coordinazione non hanno molto da invidiare all'una metà del cielo. Come grazia ed eleganza, invece, non c'è confronto.

Come dimostrò il presidente del club di Lucca, Checcucci, un quarantenne con una camicia a righine da ragioniere in pensione sotto cui si notava una vistosa canottiera, che al momento del fischio finale si tolse scarpe e calzini e si unì alle ragazze esultanti, saltellando sulla sabbia e dando il tempo con degli allegri applausi di suola.

«Presidente, poi domani mattina dovrei parlarle della prossima stagione...» aveva detto a un certo punto la Parra, mentre Checcucci era lì che si rendeva ridicolo.

«Eccola qua, la nostra Annabella. Non si rilassa mai. Ma festeggiare, ogni tanto, no? Se ne parla domani, eh?».

Lo studio del presidente Checcucci era la classica stanza da amministratore di una realtà sportiva minore.

Le coppe testimoniavano le non poche vittorie della squadra dall'alto di un armadio di metallo con le porte scorrevoli, aperto a metà; completavano l'arredamento tre sedie, due scrivanie ad angolo, un computer e nessun senso del buon gusto. Anche le foto delle vittorie, in cui il presidente compariva invariabilmente, sembravano messe lì per tappare i buchi nel muro, più che per celebrare un trionfo.

Su una delle due sedie, coi braccioli e le rotelline, era seduto il presidente; sulle altre due, una accanto all'altra, stavano Alice e Annabella Parra.

«Sono veramente contento di rivederti, Alice. Quanti anni erano? Due? Tre?».

«Sì, tre, più o meno».

«E ora lavori a Pineta, mi diceva Annabella».

«Sì, da un paio d'anni».

«Alice Martelli, che tipa» disse il presidente, accavallando le gambe. «Non le è bastata una laurea, se n'è dovuta prendere un'altra. Sarei curioso di sapere una come te, con tutte le lauree che ha, che mestiere è finita a fare. Versatile, ecco. Sei sempre stata versatile».

La Parra si schiarì la gola.

«Ecco, presidente. Volevo parlarle proprio di questo. Alice si è dimostrata un elemento versatile. Tecnicamente è a posto, poi è leggera e sono sicura che nel futsal funzionerebbe anche meglio che sulla sabbia. Tatticamente è un universale, vede bene il gioco, lo anticipa. Anche come variante in attacco può funzionare».

Checcucci, che nonostante il caldo non aveva rinunciato alla canottiera sotto la camicia a righine, dondolò un pochino il capo prima di rispondere.

«Non lo so, ci devo pensare. Ora non prendere male quello che ti sto per dire, Alice, ma il torneo estivo non è esattamente uguale all'attività vera e propria. Le squadre sono rilassate, si gioca per divertimento».

«Veramente c'erano duemila euro di premio. E io per divertirmi vado al cinema. Quando gioco, voglio vincere».

Forse era un'impressione, ma il tono di Annabella sembrava ancora più duro delle parole. Come se, per qualche motivo, ce l'avesse con il presidente.

«Sì, Annabella. Io, scusatemi entrambe, tento sempre di parlare per il bene della squadra. La cosa che mi interessa, e lo sapete entrambe, è la squadra. Se fa bene alla squadra, e la migliora, mi interessa. Se non fa bene alla squadra, se non sono sicurissimo che fa bene alla squadra, ci vado coi piedi di piombo».

«Allora forse è meglio iniziare dall'altra proposta» disse Alice, posando una mano sulla cosciona di Annabella, che nonostante l'abbandono dell'attività agonistica sembrava ugualmente fatta di marmo di Carrara. «Quella dovrebbe essere un obiettivo miglioramento».

«Altra proposta?».

«Il mio fidanzato e il suo socio hanno uno dei locali più belli del litorale. Hanno pensato che un po' di pubblicità anche a livello nazionale non farebbe male.

In fondo questo è un luogo di vacanze, ci gira tanta gente, e quindi...».

«Eh. Questo è un altro discorso. Ne dovrei parlare con lui. Tutto dipende...».

«Ventimila euro l'anno».

«Eh?».

«Massimo e il suo socio sono disposti ad offrire ventimila euro l'anno. Con la squadra in A1, con l'interesse che inizia ad esserci intorno al calcio femminile, e con la possibilità di poter rendere permanente il torneo estivo, credono che sia una grande opportunità».

«Giacomo, sarebbe la manna dal cielo. Non sei convinto?».

No, Giacomo Checcucci non era convinto. Si vedeva lontano un miglio. Anzi, la cosa sembrava innervosirlo parecchio.

«Sentite, di questa cosa ne dovrei parlare anche col Badalassi».

«Ma perché? È una proposta d'affari».

«Anche il Badalassi non offre poco».

«Ecco, parliamo un po' anche di questo. Quanto ti dà il Badalassi?».

«Ora non so se è il caso di parlarne».

«Direi di sì. È una trattativa. Se Alice non sa quanto deve oltrepassare come offerta, come fa a...».

«Diecimila» ragliò il Checcucci.

«Cacchio, Giacomo, è il doppio. Ventimila è il doppio».

Se la situazione fosse stata normale, Annabella avrebbe senza dubbio aggiunto «senza contare che ci leveremmo dalle maglie il logo delle pompe funebri, che è una roba che non si può vedere».

Ma la situazione, adesso anche il presidente cominciava a sospettarlo, non era normale.

«Perdonami, Annabella. Credo che il presidente si sia confuso. In realtà le Onoranze Funebri Badalassi hanno una sponsorizzazione da trentamila euro l'anno» disse Alice.

«Ma magari...».

«O meglio, dovrei dire, la YAW rilascia alla Badalassi una regolare fattura da trentamila euro l'anno. Non tenti di negarlo, ho qui la fattura».

E la voce, adesso, non era più quella di Alice. Era quella del vicequestore Martelli.

Il Checcucci guardò Alice con aria smarrita.

«Prima si è chiesto che lavoro faccia a Pineta una con due lauree. Soddisfo la sua curiosità: sono vicequestore in Polizia Giudiziaria. Adesso lei soddisfi la mia curiosità: perché diceva diecimila?».

«Certo, certo. Mi scusi, pensavo al passato» disse il Checcucci, passando inconsapevolmente al lei. «Quello che volevo dire è che Badalassi ha offerto diecimila euro per l'anno prossimo. Sa, la crisi...».

«Muore meno gente? La crisi ha effetto anche su questo?».

«Questo non lo so. Non vedo comunque cosa ci sia di illegale nel ricevere delle sponsorizzazioni».

«Ah, a livello qualitativo nulla. È a livello quantitativo che la cosa mi stupisce un pochino. Potrei chiederle come vengono impiegati questi soldi?».

«No, non può. A meno di non avere un mandato preciso. L'entità dei miei contratti è un problema che riguarda me e le mie...».

«Io guadagno mille euro l'anno» disse la Parra, senza togliere gli occhi dal presidente.

«Annabella, non eri tenuta...».

«E sono quella che prende di più. Siamo tredici in rosa, si arriva a diecimila euro a essere esagerati. In realtà meno. Ci sono ragazze che giocano gratis».

«E i restanti ventimila?».

«Eh, i restanti ventimila. Ci sono le trasferte, i palloni, la benzina...».

«E la manutenzione ordinaria e straordinaria. Per esempio, lei l'anno scorso ha impermeabilizzato il tetto della palestra. Dodicimila euro di lavori, attestati da fattura della ditta Mantellassi e figli, datata venti maggio duemilaquindici, che lei ha consegnato al suo sponsor».

E Alice, sempre guardando il presidente, estrasse da una tasca dello zainetto una cartellina e la mise sulle ginocchia.

«E quando sono stati fatti questi lavori? Noi non ce ne siamo mai accorte».

«Ah, se è per quello non se ne è accorta nemmeno la ditta Mantellassi e figli. La partita IVA non è più attiva dal 2006».

Alice, con calma, prese in mano la cartellina e la soppesò.

«Dodicimila euro di manutenzione mai spesi, ma fatturati da una ditta che ha smesso di esercitare più di dieci anni fa. Del resto, pare che lei e la ditta Mantellassi manteniate questo rapporto di fiducia da anni. Ci sono una ventina di fatture di questo tipo, due o tre ogni anno. Rifacimenti di bagni, imbiancatura, manutenzione. Tutti lavori mai fatti, anche questi degli anni scorsi, o sbaglio?».

«Sbaglia. Io secondo lei come faccio a sapere se le fatture che mi rilasciano sono vere o finte?».

«Bene. Allora mi faccia parlare con chi ha eseguito questi lavori».

«Eh, sì, valli a trovare adesso. Ora che lei mi dice che fanno le cose al nero...».

«Ha ragione. Per fortuna invece il geometra Badalassi è facilmente reperibile. E oltre a darmi le fatture mi ha raccontato una storiella interessante. Una storiella dalla quale viene fuori che lei e Badalassi avevate messo in piedi un bel sistemino per evadere le tasse».

«Ah. Scusa Alice...».

«Signor vicequestore».

«Scusa, signor vicequestore, ma le prove che mi hai portato non valgono un cazzo di niente. E io non ci credo, che tu sia andata dal Badalassi. Devi provare che questi lavori non siano mai stati fatti, e ti ci voglio vedere a dimostrarmi che non ho mai fatto imbiancare un muro. In questa faccenda chi evade il fisco non sono io, ma chi rilascia fatture false. E poi perché il Badalassi si sarebbe accusato da solo, così, senza uno straccio di prova che le cose siano andate come dici?».

«Per risparmiarsi un'altra accusa. Quella di omicidio premeditato».

Se prima il Checcucci era rosso di rabbia, adesso era visibilmente impallidito. Probabilmente perché tutto il colore disponibile nella stanza era andato nelle gote di Annabella Parra, che sembrava vicina a un infarto.

«Cosa?».

«Ha capito benissimo».

«Adesso si esagera. Qui, veramente, si esagera. E chi avrei ucciso?».

«LaVonne Derringer, una sua giocatrice».

«Ma quanto ancora dovrò essere messo in croce per questa storia? Andavo a cinquanta all'ora, mi ha attraversato quel cervo del cazzo e ho frenato, cristo santo! E lei non aveva la cintura!».

«E il cervo lì davanti non poteva esserci».

«Ah, no? Perché, era a casa sua?».

«No, ma quasi. Era lì vicino, in una cella frigorifera, a frollare. Vede, i cervi da queste parti sono piuttosto rari. Otello Brondi, detto Tavolone, il cuoco del ristorante del mio fidanzato, ha cucinato un cervo intero fresco fresco, che era stato casualmente abbattuto qualche giorno prima. Il lunedì sera, tre giorni dopo l'incidente. Sono ragionevolmente sicura che il cervo che Tavolone ha cucinato il lunedì sera non può essere altri se non il cervo fuggito dalla tenuta di San Rossore».

«Ma se l'ha cucinato il lunedì sera...».

«Significa che era a frollare da qualche parte come minimo dal mercoledì. La carne di cervo, se non viene lasciata riposare per almeno cinque giorni dal decesso, è immangiabile. Almeno cinque giorni, dieci sarebbe meglio».

Ed è così. La carne dell'animale appena abbattuto è durissima. Ma lasciandola riposare per qualche giorno, gli enzimi naturalmente presenti scindono le proteine delle fibrille dei muscoli scheletrici, e diventa morbida, cambiando colore e consistenza.

«Tu mi vorresti dire che mi stai accusando sulla base di una bistecca di cervo?».

«Spezzatino. Con le olive. Comunque no, sulla base di quanto riferitomi da Otello Brondi sono riuscita a rintracciare il cacciatore di frodo che l'ha abbattuto, tale Bertelloni, macellaio. Conferma di aver abbattuto l'animale il martedì notte».

Anche il Checcucci, negli ultimi trenta secondi, aveva cambiato colore e consistenza, diventando terreo.

Tentò un'ultima, disperata difesa.

«Ma se quel cervo l'ha visto anche Annabella...».

Annabella Parra, da giocatrice, era famosa per essere veloce.

Ancora adesso, in allenamento, spesso e volentieri Alice non riusciva a fermarla. E anche quella volta, non ci riuscì.

Alice aveva appena finito di dire «martedì notte» che la Parra, scattata in piedi, girò intorno alla scrivania e con il piede spinse contro il muro la poltroncina a rotelle con presidente e tutto. Il Checcucci rovinò in terra, e la Parra gli arrivò accanto. E siccome era una calciatrice, fece quello che la sua natura le suggeriva, e cominciò a prenderlo a calci.

«Io non ho visto un cazzo! Io – pedata – non ho visto un cazzo, hai capito? E non tentare – pedata – di farmi passare per cretina – pedata parecchio più forte – perché se continui a...».

«Basta! Baahahahsta, per carità, basta».

«Confessa e smetto – pedata – pezzo di merda, confessa e smetto!».

«Confesso! Confesso! Sì, sì, confesso!».

«... "ha confessato quindi di avere deliberatamente versato nel bicchiere della propria giocatrice, La-Vonne Derringer, una dose robusta di un potente sedativo. La ragazza, posta sul sedile accanto al guidatore, era senza cintura di sicurezza. La frenata, improvvisa, ha fatto sì che la giovane sbattesse violentemente il cranio sul cruscotto, privo di protezioni, riportando così la frattura di due vertebre cervicali che ne causò l'istantaneo decesso". Boia de', che schifo d'omo».

Ampelio, piegato il giornale, lo mise sul tavolino e lo allontanò. Massimo, per una volta, non poteva che approvare il commento del congiunto.

«Certo che era il delitto perfetto. Se non confessava non lo pigliavano mai».

«No, mi sa di no. Menomale che quando è venuto fuori il discorso c'era con lei quell'orco della Parra. Ha preso lei la situazione in mano, si fa per dire».

«Sì, ora facci crede' che 'un era tutto montato» disse Pilade, bello troneggiante sulla poltroncina. «La tu' fidanzata l'ha fatto parecchio apposta. Dico bene o dico giusto, Gino?».

«È-sthwfta-fwhurba...» digitò il Rimediotti.

«Io di questo non so niente» mentì Massimo, che invece non ci aveva dormito la notte. «Io so solo che a tirare fuori il casino che stavano facendo questi due è stata parecchio brava».

«Ecco, ma me la spieghi ammodino questa cosa delle sponsorizzazioni, che io 'un l'ho mìa capita?».

«È semplice. Funzionava così».

Massimo prese dalla cassa cinque monete da un euro e le appoggiò sul bancone; quindi, tolte quattro sfoglie dalla vetrinetta, le mise di fronte a Pilade.

«Lo sponsor dà alla società, con regolare fattura, cinquemila» disse Massimo, dando all'anziano le cinque monete. «Contemporaneamente, la società ridà allo sponsor quattromila, però in contanti, senza nessun tipo di ricevuta».

E Massimo, sotto lo sguardo deluso di Pilade, si riprese le quattro sfoglie; nel riprenderle, probabilmente ravvisò un qualche difetto in una delle suddette, e decise che non era il caso di esporla alla vendita.

«Adessho» continuò, dopo un morso giurassico alla pasta «la società deve solo giustificare di aver speso cinquemila, mentre in realtà spenderà mille. Niente di più facile che inventarsi lavori fittizi, fatti da una società che non esiste più».

Glom. Secondo morso.

«Così, lo sponsor detrae dalle tasse cinquemila, ma in realtà è come se avesse speso mille. La società si vede arrivare dallo sponsor mille, gratis et amore deo. Ci guadagnano tutti e due».

Massimo terminò la pasta con il terzo morso, mentre Pilade lo guardava con odio.

«Pare che negli sport di basso richiamo sia la prassi» continuò, dopo aver buttato giù. «È una di quelle voragini fiscali che sono difficilissime da scoprire. Addirittura, ci sono calciatori che scendono di categoria pur di essere pagati di più in nero. LaVonne Derringer aveva scoperto questa cosa, e voleva denunciare il Checcucci».

«E si ammazza per una cosa del genere?».

Massimo annuì vistosamente.

«Solo per questo, no. Ma questo delle società sportive, probabilmente, era solo uno dei modi che aveva il Badalassi per riciclare denaro sporco».

Gino guardò Massimo con aria smarrita.

«BhadlhAssi? O- 'un-ewhra-Chccucci?».

«Il Badalassi, l'impresario funebre. Alice ha scoperto che Badalassi sponsorizzava qualcosa come dieci società sportive diverse. Due di queste hanno come massaggiatore un tizio già condannato per spaccio una decina d'anni fa. Ho come l'impressione che durante le partite gli accompagnatori e il personale delle società sportive non facessero esattamente l'antidoping. Il giochino della restituzione trasformava del sudicissimo denaro contante ottenuto dalle dosi in lindo e nitido contributo allo sport, quindi non solo tracciabile, ma anche non tassabile».

«Cioè, spacciavano?» disse Pilade, incredulo.

«Esatto. Il signore vince una bella tisana. La vuoi di tiglio o di melissa?».

«Quella che è, basta che tu la dia a quarcun artro. Ma senti te in che mondo...».

«Davvero, Pilade» ridacchiò Ampelio. «Gira gira, è tutta questione di sordi. E ora ti tocca scuci' un po' anche a te».

«Ora 'un c'è bisogno di dillo a voce arta...».

«Cosa cosa?».

«Ma nulla, io piglicchiavo un po' per ir culo la tu' fidanzata per via di questa storia del pallone, e allora...».

«E allora Ardo ni fa: si scommette che vincano ir torneo?». Ampelio indicò Pilade col pollice, a bocca storta. «Cinquanta euro cià scommesso, questo gadòllo».

Eccoecco. Mi sembrava strano che quell'altro, così, tutto d'un tratto...

«Cinquanta euri» rimarcò Ampelio. «E ora ti tocca daglieli. Era pòo meglio se te li mangiavi».

«Per quer che mi tocca mangia'...» disse Pilade, mestamente.

Antonio Manzini
... e palla al centro

«Non ho capito, parla più lentamente» disse il vicequestore. Un raggio di sole penetrato dalla finestra della stanza di Schiavone colpì lo zigomo sudato dell'agente Deruta in serio debito di ossigeno dopo aver fatto le scale a due a due. Annaspava come una trota sul fondo di una barca. Faticava a tenere i suoi 100 e passa chili sulle gambette magre e tremanti.

«È... il... questore che... lo... dice... è per... beneficenza».

Rocco si alzò dalla sedia. Con calma indicò il divanetto sopra il quale Lupa dormiva beata. L'agente ringraziò con un cenno del capo, si sedette, si passò la mano sul viso asciugando il sudore, poi alzò gli occhi sul suo superiore: «Grazie...».

«Perchè hai fatto le scale a due a due?» gli domandò Rocco. «Sei tutto unto, sudato, non hai fiato».

«Perché... il medico... dice che... devo fare... movimento...».

Rocco attese che si calmasse il mantice che pompava disperato la cassa toracica del poliziotto.

«Ora che l'infarto è scongiurato, vuoi dirmi cos'è che ordina il questore?».

«Non ordina», Deruta ingoiò la saliva, «dice che è per beneficenza».

«E il concetto ormai è assodato. Il problema è: cosa è per beneficenza, Deruta?».

«La partita».

«Quale partita?».

«Di calcio».

Rocco tornò alla scrivania. Cercava di restare tranquillo. Lo aveva giurato a se stesso mentre fumava la prima canna mattutina: oggi resto calmo. È il fioretto della giornata. «Quale partita di calcio?».

«La questura deve affrontare la formazione dei magistrati... per beneficenza, appunto».

«Cioè, polizia contro magistratura?».

«Sì, la questura contro il tribunale! Lo facciamo ogni anno».

«Se fai attenzione, fuori dalla mia stanza c'è un cartello, l'ha fatto Italo Pierron. Su questo cartello ci sono riportate tutte le rotture di coglioni che mi ammorbano l'esistenza. Al nono livello, che è piuttosto in alto, troverai le attività aziendali nel tempo libero».

«Sì, ma il questore dice che è importante».

«Una partita di calcio?».

«È per beneficenza!».

«Ridillo e ti faccio azzannare da Lupa».

Sentendosi chiamata direttamente in causa, la cucciola aprì gli occhi e drizzò le orecchie. «Lupa? Ringhio!» comandò il vicequestore. E il cane obbedì, ma senza slancio. Lo fece più per dovere professionale che altro. «Capito, Deruta?».

L'agente si mise la mano in tasca e tirò fuori un foglio di carta. Lo aprì. Sopra c'era una macchia indistinta, bluastra. «O porca...».

«Cos'è?».

«Era la lista dei giocatori, l'avevo scritta col pennarello».

«Solo che i tuoi coscioni sudati l'hanno sbiadita... Deruta, mi fai schifo, alzati dal divano e esci dalla mia stanza, ora!».

Aveva perso la pazienza. Non ce l'aveva fatta. Il fioretto della giornata era durato poco più di due minuti.

L'agente si appoggiò al bracciolo, fece due tentativi cercando di slanciare il sedere verso l'alto senza successo. Allora Rocco allungò la mano e tirando con tutte le sue forze scrostò il collega dalla seduta. Un alone umido s'era disegnato sullo schienale di pelle del divanetto. Rocco lo guardò schifato. «Hai lasciato una macchia sul divanetto del mio ufficio. Una macchia umida, grassa, che probabilmente le donne delle pulizie non riusciranno a mandare via. Ora vai a lavorare, Deruta, e lascia perdere questa crociata. Io non gioco a calcio da quando avevo 18 anni e il menisco mi tradì portandosi dietro il crociato. Intesi?».

L'agente annuì e uscì rinculando. «Non vuole sapere chi ha già dato l'adesione?».

«No. Voglio che tu esca dal mio ufficio!» e sbatté la porta sul muso di Deruta.

Tornò alla scrivania, aprì il cassetto, prese le cartine e si rollò la seconda canna della mattinata. Stavolta senza fare proponimenti.

Non aveva incombenze, la giornata era tranquilla, fuori c'era il sole, decise dunque di andarsi a fare quattro passi per il centro con Lupa. Leggere il giornale al tavolino del bar di Ettore, guardare la gente passare per piazza Chanoux, respirare l'aria pulita di quella città e non pensare a niente. Un programma semplice, prepensionistico.

Aveva sceso il secondo gradino quando alle sue spalle suonò la voce di Italo Pierron: «Scusi, dottore!». Era uno dei tre colleghi a potergli dare del tu, ma in commissariato, a più di due metri di distanza e comunque a voce alta, Pierron manteneva ancora il lei ufficiale. Rocco alzò la testa e lo vide arrivare di corsa.

«Che vuoi, Italo?».

«Il questore, ti vuole...» gli disse una volta arrivato a distanza di sicurezza.

«Che succede?».

«È la storia della partita».

«Ancora? Digli che non mi hai visto» e fece per scendere le scale. Italo lo afferrò per un braccio. «Rocco... è lui ad averti visto!».

«Come?».

«Uscire dall'ufficio, 25 secondi fa».

Schiavone alzò gli occhi al cielo e risalì i due gradini che aveva appena sceso.

«La facciamo ogni anno, Schiavone. Da sempre. E anche quest'anno, come gli altri anni, noi scenderemo in campo al Mario Puchoz e gli incassi andranno tutti al reparto pediatrico dell'ospedale».

«È un'iniziativa lodevole, dottor Costa, ma io vede...».

Il questore alzò una mano per fermare il vicequestore. «So che lei in gioventù giocava».

«Alla Romulea. Poi mi sono partiti i legamenti del ginocchio sinistro e al destro ho seri problemi col menisco. Da allora non ho più sbucciato una palla».

Il telefono di Costa squillò. Lo alzò per riattaccarlo subito dopo. Segno che teneva più a quel dialogo che ad ogni altra incombenza. «Lei mi farà da allenatore-giocatore».

«Da?».

«Come Vialli con il Chelsea, una cosa simile».

Rocco sgranò gli occhi. «A parte che il paragone è quantomeno imbarazzante, per Vialli intendo, ma io...».

«Ma di cosa si preoccupa, Dio mio! Tanto da anni finiscono sempre in pareggio. È un accordo coi magistrati».

Rocco scoppiò a ridere. «Cioè la questura e il tribunale fanno una pastetta e si accordano per un pareggio?».

«È lo spettacolo, Schiavone. È una giornata di festa, mica è un campionato! La gente viene, si diverte, c'è pure una commentatrice che fa la radiocronaca in diretta, un'attrice bravissima, spiritosa, fa un sacco di battute».

«Dio che squallore...». Rocco abbassò la testa. «E quando sarebbe 'sta...» stava per dire pagliacciata, ma si morse le labbra e continuò «... 'sta cosa?».

«Fra una settimana. Ha tempo per preparare una squadra competitiva».

«Ma se dobbiamo pareggiare...».

«Sì, ma qualche gol ci deve pur essere!».

Schiavone allargò le braccia. «Perché io? Lo faccia lei!».

«Io sono il questore. Sarò sugli spalti insieme al presidente del tribunale. Quando sarà lei questore, allora passerà l'incombenza a un suo sottoposto».

«Io questore? Siamo d'accordo sull'impossibilità del verificarsi di una tale eventualità?».

«Ovvio». Costa sorrise con tutti i denti, segno che la riunione era terminata. Schiavone si alzò dalla sedia, salutò e tornò alla sua stanza, rinunciando al bar, al caffè e al viavai di piazza Chanoux.

Aveva riunito le uniche tre teste pensanti della questura. Italo, Caterina e Antonio. Li guardava in silenzio da un minuto. «Allora?».

«Il problema del portiere lo risolviamo alla fine» disse Antonio. «È una questione un po' delicata...».

«Perché?».

«Rocco, nessuno sa stare in porta».

«Benissimo. Cominciamo con la difesa».

Italo prese un respiro: «Metterei Curcio e Penzo».

«Sono prossimi alla pensione» obiettò Rocco.

«Ma fanno tutto insieme. Si capiscono al volo. Sono alti e per i corner vanno benone. Tanto il fuorigioco non è contemplato».

Rocco scrisse i nomi dei due agenti su un foglio. «Passiamo alle fasce».

«Qui, se permetti, ci sono io. A destra come spinta e come difesa me la cavo».

«Allora Italo fascia destra. Fascia sinistra?».

«L'agente napoletano del vomero, Miniero, ha 26 anni, è mancino e si è già offerto».

«Bene» fece Rocco e segnò il nome. «Passiamo al centrocampo».

«Io davanti alla difesa» e Antonio gonfiò il petto. «Contrasto e smisto. Lascia fare, mi volevano al Catania».

«Come cosa?» gli chiese Rocco, ma Antonio non colse l'ironia.

«E ora le note dolenti» fece Italo.

«Cioè?».

«D'Intino. Vuole giocare al centrocampo».

«Sa farlo?».

Rocco e Antonio alzarono le spalle. Il vicequestore guardò Caterina: «Tu non dici niente?».

«Io odio il calcio».

«E allora perché sei qui?».

«E che ne so? Mi hai chiamato tu!».

«D'Intino a centrocampo. Benissimo. A quanti siamo arrivati?».

Pierron contò velocemente i nomi. «Sei. Ora mancano ancora due centrocampisti il portiere e due punte».

Rocco si alzò dalla sedia. «Come la vedete che io mi sono già rotto i coglioni?».

«A chi lo dici» si unì Caterina.

«C'è Casella che si propone come centrocampista».

«E andiamo a sette».

«In porta mettiamo Deruta?» propose Antonio. Rocco e Italo lo guardarono. «Ma perché, Deruta è dei nostri?».

«Si sta allenando. Sale le scale a due a due. In porta ci può stare. Se non altro occupa molto spazio fisico stando solo in piedi».

«Già, i tiri centrali li dovrebbe prendere» disse positivamente Italo.

«D'Intino stopper, Deruta in porta». Rocco scosse la testa. «È un incubo».

«Con Deruta in porta andiamo a otto. Mancano ancora un centrocampista e due punte».

Calò il silenzio. Fu Italo a dirlo: «Tu giocavi in attacco, Rocco...».

Rocco guardò torvo l'agente Pierron.

«Ti mettiamo accanto Caciuoppolo, ricordi? L'agente che sta sulle piste a Champoluc? Lui pure è punta. Diciamo che lui fa quella avanzata e tu, abbastanza statico, gli offri le palle smarcanti. Alla Totti».

Rocco lo bruciò con un'occhiata. «Neanche per scherzo, neanche come boutade, neanche per gioco! Certi nomi restano fuori da questa stanza e da questa pagliacciata. Il capitano della AS Roma non va neanche citato. Non voglio sentire mai il suo nome, né quello di Baggio, Del Piero, Rivera e Mazzola e Maradona. Nessuno, ripeto nessuno di questi signori deve essere sporcato in questa stronzata che ci tocca fare e che voi chiamate partita di calcio. Intesi?».

Antonio e Italo abbassarono la testa. Caterina sorrise: «Secondo me non state bene» si alzò e lasciò la stanza.

«Allora!» disse Rocco. «A quanti siamo?».

«Contando te?».

«Posso fare altrimenti?».

Italo buttò un'occhiata al foglio: «Dieci. Ci manca l'undicesimo. Un centrocampista di fluidità».

Rocco ci pensò un paio di secondi. Sorrise mostrando tutti i denti. «E quello lo trovo io». E fischiettando l'aria *sì vendetta tremenda vendetta* del Rigoletto uscì dalla stanza.

Erano tutti schierati davanti a Rocco nel campetto appena fuori Aosta per la prima delle tre sedute di allenamento. Il vicequestore osservava i fisici dei suoi atleti. Poteva andare peggio. Scipioni, Pierron, Caciuoppolo e Miniero sembravano a posto. D'Intino, Deruta Curcio, Penzo e Casella erano improponibili. Sotto le magliette attillate spuntavano pance da birrificio. Le gambe molli sembravano dover cedere da un momento all'altro. Le ginocchia si toccavano formando una «ics» traballante, la pelle bianchiccia e la totale assenza di massa muscolare non deponeva a loro favore. La cosa che più lo schifò fu vedere D'Intino in calzoncini. Sapeva che quella era una visione che l'avrebbe accompagnato per tante notti a venire.

La squadra della questura era lì, in attesa dell'undicesimo giocatore che si stava ancora cambiando.

«Come hai fatto a convincerlo?» gli chiese Italo.

«Gli ho detto che sugli spalti ci sarebbe stata sicuramente la sua ex moglie, la Buccellato, la giornalista che ce l'ha con me. E le avrebbe fatto vedere che nonostante l'età lui era ancora un bel pezzo di uomo. E le avrebbe dimostrato che anni di scrivania, telefoni, buffet e conferenze stampa non avevano intaccato il suo corpo, il suo spirito combattivo e soprattutto la sua virilità».

Italo fece una smorfia. «E lui c'è cascato?».

«In pieno!».

E a suggellare la risposta di Schiavone proprio in quel momento fece l'ingresso in campo il questore. Tuta della Umbro, scarpini nuovi rossi della Nike, correva e scioglieva i quadricipiti con un esercizio risalente alla prima metà degli anni '80. Ma del XIX secolo.

«Bene, siamo tutti!» esordì Rocco. «Salutate il questore!».

Deruta e D'Intino si misero sull'attenti. Costa si schermì con un gesto delle braccia. «No no no, qui sul campo siamo tutti sulla stessa barca, non c'è questore, agente, ispettore. Siamo compagni di squadra! Bene, da dove cominciamo?» chiese stropicciandosi le mani.

«Io farei due giretti di campo tanto per scaldarci» propose Rocco. I più giovani partirono subito. Gli anziani si guardarono e incerti cominciarono a sgambettare sull'erba. Costa invece restò al centro del campo con Rocco. «Lei, Schiavone?».

«Menisco e legamenti, dottore. E lei?».

«Sono il questore! I giretti di campo li faccia fare a sua sorella!» e detto questo fece un po' di piegamenti in avanti tentando di toccarsi le punte dei piedi arrivando a malapena allo stinco.

Dopo il primo giro Deruta e Casella in debito di ossigeno si gettarono a terra. Poi stramazzarono nell'ordine D'Intino, Curcio e in ultimo Penzo. Il gruppo più giovane seguitava. Pierron scatarrava ogni tanto le sue 23 sigarette al giorno. «Bene!» fece Rocco al questore. «Direi che dal punto di vista fisico siamo messi discretamente».

«Lei è ironico?».

«No, dottore. Però esigo l'ambulanza a bordo campo. Qui qualche coronaria parte. E vista la panchina non corta, ma inesistente, dubito che chiuderemo la partita in 11».

Costa annuì grave.

«Tempo regolare, 45 minuti?».

«No, facciamo mezz'ora!».

«Buona notizia. Io farei degli schemi molto semplici. Pochi contrasti, palle precise e molta, molta staticità».

«Sono d'accordo con lei, Schiavone».

Fu Rocco a tirare il primo calcio indirizzando la palla verso Scipioni. S'erano messi in cerchio per fare dei passaggi, tanto per sgranchirsi e per mostrare la confidenza con lo strumento. Come c'era da aspettarsi, i più giovani se la cavavano, addirittura Caciuoppolo palleggiò e si mise il pallone sulla nuca per poi mandarlo a Pierron che con un mezzo tacco lo spedì a Miniero. Quello, tranquillo, con l'esterno lo rimandò a Rocco dando un bell'effetto a rientrare. Casella lo lisciò, D'Intino ci inciampò sopra rovinando a terra e sbucciandosi il ginocchio, Curcio e Penzo osservarono la sfera scivolargli di fianco come se non fosse un loro problema, Costa invece la calciò di punta secca spedendola in mezzo ai rovi. Deruta era ancora a terra a riprendere fiato per il giretto di riscaldamento.

E arrivò il momento più triste: i tiri in porta. Non tanto per i giovanotti che se la cavavano, il dramma era il portiere: Deruta. Si limitava a osservare il pallone insaccarsi nella porta e non faceva nessuno sforzo per tentare di bloccarlo. Gli costava già parecchia fatica andare a recuperare la sfera in fondo alla rete.

«Deruta, ma ti è chiaro il ruolo del portiere?» gli chiese Rocco.

«Certo, dottore».

«E mi vuoi dire cosa sai?».

«Il portiere è l'estremo difensore, l'unico che può prendere la palla con le mani e che deve impedire a quest'ultima di entrare in porta».

«Bene. Tu lo stai facendo?».

«No».

«Perché?».

«Non ce la faccio. Voglio dire se mi arriva addosso sì, ma gettarmi proprio no. Poi il tempo che ci metto a gettarmi per terra, la palla è già passata. Dovrei buttarmi in anticipo, ma non so dove arriverà il tiro, quindi ho poche possibilità di prenderla. Senza contare, dottore, che una volta a terra ci deve essere sempre qualcuno che mi rialza».

L'entità del problema era pachidermica. Rocco doveva trovare una soluzione. «Va bene, con questo pigliamo sedici fischioni a tempo. Chi si offre volontario per indossare la maglia numero uno?».

Abbassarono tutti la testa, tranne il questore che in solitaria proseguiva i suoi esercizi ginnici che tanto ricordavano i documentari dell'Istituto Luce delle manifestazioni del Sabato fascista nei lontani anni '30.

Non c'era nessun volontario. Ma in quel momento Rocco ebbe un'illuminazione, un ricordo dell'infanzia, di tanti anni prima quando andava al lunapark con suo padre. L'orso. Questo orso faceva su e giù e bisognava spargli e centrarlo. Una volta colpito, l'animale di latta si alzava sulle zampe posteriori, lanciava un ruggito e riprendeva l'insulso anda e rianda pronto a ricevere un'altra fucilata.

«Così farai tu, Deruta. Andrai su e giù lungo i sette metri della porta. Capace che la tua presenza larga e grassoccia coincida con l'arrivo del pallone. Se stai fermo al centro, siamo rovinati».

L'idea piacque e fu subito messa in opera. Deruta deambulava da un palo all'altro e stavolta, su venti tiri, ben sette gli rimbalzarono addosso.

«A fare un calcolo, Schiavone» osservò il questore «la sua pensata ha migliorato il problema di un 35 per cento. Mica poco!».

«Vero? E se riusciamo a farlo andare più veloce confido in un altro 5 per cento di margine di miglioramento».

E come a sottolineare la veridicità della cosa, un tiro al volo di collo pieno di Scipioni si stampò sul viso di Deruta che sorrise soddisfatto.

«Sarà un massacro...» fece Costa e si allontanò zompettando senza senso verso il centrocampo.

271

L'aveva pensata di notte, mentre non riusciva a prendere sonno. La tecnica degli opliti. La mise subito in opera nella seconda seduta di allenamento.

«Ascoltatemi bene. Parlo con la difesa. Quando le cose si mettono male, al mio grido: Forzavai! tutti e cinque vi piazzate sulla linea di porta, a falange ad aiutare Deruta».

Gli atleti annuirono. «Deruta, quando vedi i cinque della difesa e cioè Curcio, Penzo, Miniero, Scipioni e Casella piazzarsi sulla linea, la smetti con l'orso e ti metti centrale a parare i colpi, meglio, a rimbalzare i colpi, va bene?».

«Facciamo una specie di barrierone?» chiese Miniero.

«Esatto!». Fecero tutti sì con la testa. «È ovvio» continuò Rocco «che quando mettiamo in opera il barrierone, come l'ha chiamato Miniero, l'attacco indietreggia per coprire i buchi nell'area di rigore. Davanti resta solo Caciuoppolo che, chiaro, è la nostra star! Intesi?».

«E io» aggiunse Costa. «Io resto a centrocampo».

«E il questore che resta a centrocampo» si corresse Rocco.

«E pure lei, dottore, col menisco e i legamenti mica ce la fa a rientrare in area» aggiunse Italo.

«E pure io, sì. Quindi avremo sei giocatori in porta, uno in attacco, due a centrocampo e due in area di rigore a contrasto, ossia Pierron e D'Intino. Proviamo lo schema?».

«Io nun so capito» fece D'Intino. «Quando lei grida Forzavai! tutti vanno in porta e io resto in aria di rigore?».

«Area, sì, D'Intino».

«A fare che?».

«A contrastare».

«Chi?».

«Gli avversari».

«Quanti sono?».

«E questo non lo so».

«Ce la faccio?».

«Perché me lo chiedi?».

«Scusi». E D'Intino tornò al suo posto. Poi ci ripensò. «Io rinvio!» urlò.

Lo guardarono tutti senza capire. «Cosa rinvia?» gli chiese Costa.

«La palla. Io rinvio!».

A tutti apparve l'immagine di D'Intino che lisciava la sfera e si sbucciava il ginocchio cadendo miseramente a terra. «Sì, D'Intino, tu rinvii. Forte, eh?».

D'Intino felice fece due saltelli di riscaldamento. Fu uno Scipioni dubitante ad alzare la mano: «Posso? Io direi che in area ci resto io, D'Intino lo facciamo correre in porta».

Rocco ci pensò su un attimo. «Sì, Antonio, hai ragione. D'Intino? Cambio di programma!».

L'agente abruzzese si voltò. «Che?».

«Cambio di programma. Quando io grido Forzavai! tu corri in porta vicino al palo e fai il barrierone. In area ci rimane Scipioni».

D'Intino si intristì. «Non rinvio più?».

«No, non rinvii più. Proteggi la porta».

L'agente chinò il capo. Intervenne Italo: «Guarda,

D'Intino, che è molto importante proteggere la porta. Più che rinviare. Vero, dottore?».

«Porca miseria se è vero!» fece Rocco. D'Intino guardava Italo e il vicequestore, incerto se lo stessero prendendo in giro o fossero sinceri. «Tutti sono capaci a rinviare» intervenne Caciuoppolo, «ma a proteggere la porta è un lavoro delicato».

Il sorriso tornò sul volto di D'Intino. «Allora vado in porta?».

«Allora vai in porta!» lo rassicurò Rocco. Costa si avvicinò al suo orecchio. «Ma lei lavora con queste persone?» gli chiese sottovoce.

«Eh» fece Rocco. «Capisce adesso?».

Ripeterono per mezz'ora lo schema di difesa. Alla fine il meccanismo s'era oliato. La tecnica oplitica sembrava funzionare, il barrierone poteva essere l'arma segreta per contenere i danni e l'assenza di un portiere degno di questo nome. «Almeno nei casi disperati abbiamo un piano difensivo, dico bene?».

«Sì» risposero in coro quattro atleti. D'Intino era raggiante. «Appena lei dice Forzavai! io vado sul palo!».

«Bravo D'Intino. Mo' basta che mi sarei rotto i coglioni».

Era scesa la notte, la settimana stava per concludersi, Aosta era fredda e Rocco annoiato. S'era sorbito l'interrogatorio di uno spacciatore beccato ai soliti giardinetti della stazione, la chiamata di una novantenne affetta da Alzheimer convinta che suo nonno fosse in casa armato di un coltello da cucina. Non gli restava che prendere il loden, Lupa e tornarsene a casa. Entrò Italo in stanza chiudendosi la porta alle spalle. L'occhio guardingo e un po' eccitato.

«Che c'è?».

«Rocco, c'è una cosa che dovresti sapere» si infilò le mani in tasca e tirò fuori un paio di carte. «Fanno le scommesse clandestine. Guarda» le consegnò e Rocco le lesse. C'erano le quote per l'incontro di domenica magistratura-polizia. «Non ci posso credere!».

«Vero? Per una partita di beneficenza!».

«No, non ci posso credere che danno la nostra vittoria sette a uno. Quella dei magistrati invece 3 a uno e uno a uno il pareggio!». Andò a sedersi alla scrivania.

«Però...» fece Italo sedendosi sulla sedia di fronte. «La cosa che non si capisce è: per quale motivo mettono su queste scommesse? Sono anni che pareggiamo! Lo sanno tutti!».

Rocco studiava gli appunti di Italo. «Evidentemente no. Da chi e dove hai preso queste cifre?».

«Giù al bar, davanti alla cattedrale».

«Chi controlla il giro?».

«Un tale Maniconi. Egidio Maniconi».

Rocco gli restituì gli appunti. «Ci danno sette a uno. Avranno visto i nostri allenamenti».

«Che facciamo. Interveniamo?».

«E perché? Falli scommettere. Tanto se pareggiamo sempre, andrà tutto a farsi benedire». Si alzò. «Prendila con leggerezza, Italo. Maniconi avrà famiglia e figli da campare. Lupa!» e seguito dalla cagnolotta lasciò l'ufficio.

Domenica.
Lo stadio Mario Puchoz era colmo. Duemila persone pronte ad assistere alla partita procura-questura, mezz'ora a tempo, spettacolo garantito.

«Signore e signori benvenuti all'incontro in programma per questa mattina» urlava la voce della radiocronista, l'attrice Paola Sebastianis, seduta in platea che cercava di vivacizzare l'evento. «È una giornata splendida, nonostante Giove pluvio in mattinata abbia minacciato rovesci sulla città. Il campo oggi darà il suo responso, anche se il risultato fra le due compagini è in parità da almeno 12 anni. L'incasso della giornata si aggira sui 23.000 euro che andranno al reparto pediatrico dell'ospedale. Bravi!».

Ci fu un applauso scrosciante.

«La questura scende in campo con Deruta Curcio Penzo. Scipioni Miniero D'Intino. Casella Pierron Costa Schiavone Caciuoppolo. Allenatore in campo Schiavone. La procura risponde con Cambellotti Marini Calderoli. Morlupo Messina Stroppa. Sesti Cravero Solfrizzi De Santis Baldi. Allenatore il gip Carlo Criventelli. Arbitra il nostro presidente della regione Michelangelo Diemoz!».

Applausi ancora più roboanti.

«Guardalinee l'assessore alla cultura Carlo Venier e il nostro bibliotecario Filippo Bionaz!».

La voce dell'attrice rimbombava fin dentro gli spogliatoi, dove, al contrario degli spalti, regnava un silenzio carico di tensione. Fu Rocco a infrangerlo. «Allora è tutto chiaro?» fece il vicequestore guardando i suoi uomini seduti sulle panche. «La tattica è la stessa. Palla lunga alla viva il parroco su Caciuoppolo sperando che la butti dentro. Mi sono informato sul portiere della loro squadra. Cambellotti. Una pippa di 65 anni. Quello è il loro primo punto debole».

«Invece il portiere è il nostro punto di forza!» fece Scipioni e la squadra scoppiò a ridere.

«Ma loro non hanno la nostra tattica a falange. Che devi fare D'Intino quando urlo Forzavai?».

D'Intino scattò sull'attenti: «Corro a coprire il palo!».

«Ottimo! Allora giocate sporco, giocate duro, giocate maschio. Non voglio 11 agenti, e non voglio 11 mammolette. Voglio 11 belve e spietate, 11 macchine da guerra, 11 pitbull pronti a sbranare la preda! Ricordatevi Alamo!».

I poliziotti si guardarono incerti.

«Cazzo c'entra Alamo?» chiese il questore che ancora non s'era tolto la tuta.

«Vabbè, secondo me ci stava». Poi Rocco scoppiò a ridere e tutti lo seguirono in quella risata liberatoria. In quel momento entrarono due uomini in tuta rossa carichi di bottigliette d'acqua da un quarto di litro. «Omaggio!» dissero. Felici gli agenti ne presero una a testa. Rocco mollò due pacche agli operai. Costa invece buttò un'occhiata fuori il corridoio. «E i Gatorade? Per chi sono i Gatorade?».

I due uomini in tuta si guardarono imbarazzati. «Quelli sono per... per gli altri».

Costa sgranò gli occhi: «Cioè, a noi l'acqua minerale e ai magistrati il Gatorade?».

I due in tuta rossa non sapevano cosa rispondere. Alzarono le spalle.

«È uno schifo!» urlò Costa. «Il Gatorade... e magari pure un dolcetto, no?».

«No. Solo Gatorade...».

«Va bene» si intromise Rocco Schiavone, «ci sono preferenze, dottor Costa. Ormai lo sappiamo. A maggior ragione, amici, scendiamo in campo e facciamogliela vedere! Alla fine è lo sport che deve trionfare, no?».

E battendo le mani risvegliò i giocatori. I tacchetti e le grida di incitamento accompagnarono l'uscita della squadra. «Dai! Forza!», «Siamo i campioni!», «Li stracciamo!», «Viva la gnocca!».

Costa si tolse i pantaloni della tuta e si avvicinò a Schiavone: «Non sono più convinto di dover pareggiare».

Rocco gli puntò gli occhi addosso: «E chi ha mai parlato di pareggio?».

«Ecco i 22 atleti pronti al centrocampo...».

Le due squadre s'erano posizionate in fila lungo la linea centrale. Saltellavano sul posto, si scioglievano i muscoli, salutavano il pubblico che rispondeva calorosamente. Gli altoparlanti dello stadio suonarono l'Inno di Mameli al quale tutti assistettero in religioso silenzio. Fu il momento dello scambio dei gagliardetti. Costa e Sesti, i più anziani e alti di grado nei rispettivi uffici, si strinsero la mano. Tornarono alle panchine ognuno con la sua bandierina incellofanata. Tutti i giocatori, eccitati, cominciarono a togliersi la giacca della tuta.

E nello stadio calò un silenzio glaciale.

Erano tutti blu.

Si guardarono senza capire. Magistrati e poliziotti avevano scelto lo stesso colore. «Ma come è possibile?» chiese Rocco. «Nessuno ha comunicato alla procura che...».

«Blu dovevamo essere noi!» fece Baldi. «L'anno scorso eravamo gialli ma quest'anno abbiamo scelto noi il blu, prima di voi!».

«Ma di cosa parli, Maurizio?». Costa era rosso in viso e il collo della giugulare si stava gonfiando. Lo smacco del Gatorade ancora gli pesava, era evidente. Intanto fra gli spalti cominciò a serpeggiare contagioso un riso irrefrenabile.

«Come cazzo facciamo?» chiese l'arbitro, il presidente della regione che una figura di merda simile proprio non la voleva fare.

«E che ne so?» aggredì il giudice Messina. «Noi abbiamo mandato un fax alla questura che...».

«Ma chi legge più i fax!» esplose Costa.

«Non potevate mandare una mail?» si intromise Schiavone.

«A chi, che non leggete manco quelle?» gridò dalla panchina Cambellotti, il portiere avversario, che già s'era attaccato alla sua bevanda energetica.

«Le leggiamo, Cambellotti. Se voi le scrivete noi le leggiamo. E comunque, io stesso tre giorni fa ho mandato la mail al vostro ufficio di competenza che noi avevamo scelto la maglietta blu!».

«Ma che dici?», «Quando mai?», «Niente arrivò!».

«Signori!» gridò il presidente. «Signori, vi prego, non è il momento di rinfacciarci le cose».

«Ah, no?». Costa aveva lasciato i freni inibitori nello spogliatoio. «A loro le magliette blu, a loro il Gatorade e a noi l'acqua minerale. Diciamolo, c'è disparità di trattamento!».

Cambellotti si avvicinò al centro del campo. «Costa, non fare il ragazzino!».

«Io il ragazzino? Vorrei vedere te se ai tuoi gli mollavano un'acqua minerale, e neanche di marca, e a noi il Gatorade se non te la saresti presa!».

«Signori!» l'arbitro urlò per interrompere quel battibecco, «siamo davanti a un pubblico di duemila persone che ha già cominciato a ridere e ancora dobbiamo dare il fischio d'inizio. La stampa è presente e va trovata una soluzione».

Rocco si girò verso i suoi. «Che magliette avete sotto?».

«Bianca!», «Verde!», «Gialla!» risposero i dieci atleti.

«Bene!» fece Rocco. «Toglietevi la maglia buona e lasciate quella sotto. Noi siamo i colorati a cazzo di cane, voi siete i blu. Va bene così?».

La soluzione convinse il presidente, la squadra dei magistrati, non il questore. «No, scusa, Schiavone. Ma per quale motivo ce la dobbiamo togliere noi? Se la togliessero loro!».

«Dottor Costa. La prego!». Michelangelo Diemoz richiamò il dirigente. «La prego, non faccia i capricci. A me pare che la soluzione del vicequestore sia saggia e salvifica». Poi prese il questore sotto il braccio, si allontanò e cominciò a parlarci con una certa animosità. Era chiaramente una ramanzina, un pelo e contropelo che il questore, rosso in viso, incassò senza rispondere. Calmato il capo della questura, l'arbitro tornò al centrocampo. «Bene. Allora la squadra della questura si tolga la maglietta blu».

«Ma io quella sotto pure blu ce l'ho!» protestò Casella.

«Prestate 'na maglietta bianca a Casella!» gridò Rocco.

«Io ce l'ho nera!».

«Deruta, tu sei il portiere!».

«Ah, già...».

«Eccheccazzo!».

«Eccole finalmente, signore e signori, le due squadre schierate in campo...».

La diatriba delle magliette era durata dieci minuti. Sul prato verde del Puchoz una squadra blu e una arcobaleno erano finalmente pronte a dare il calcio d'inizio.

«Mi raccomando» fece il presidente della regione ai due capitani Schiavone e Baldi tenendo un piede sul pallone. «Gioco corretto e divertimento, ricordiamoci che è una partita di beneficenza e sugli spalti è pieno di bimbi». Lanciò un'ultima occhiata di ammonimento a Rocco, poi si allontanò col fischietto in bocca. Baldi sorrise al vicequestore. «Buon pareggio, Schiavone...».

«Pareggio? E chi ha parlato di pareggio?». Rocco deciso mise il pallone sul dischetto di centrocampo. Baldi preoccupato indietreggiò nella sua metà campo.

«Fischio d'inizio. È la squadra blu, quella dei magistrati, ad avviare la prima azione...».

Si notò subito l'impostazione della partita. Una decina di calciatori fra le due squadre, i più giovani, erano quelli che correvano. Il resto della truppa, blu o arcobaleno che fosse, stanziava in una zona del campo, ognuno con un raggio d'azione di qualche metro quadrato.

La palla rinviata malamente da un terzino della magistratura finì fra le gambe di Rocco che la stoppò. Notò un movimento di Caciuoppolo e lo lanciò sulla fascia. L'attento poliziotto, la star della questura, scartò due avversari con la stessa facilità che avrebbe usato con le caramelle Golia, entrò in area e fu atterrato da una scivolata assassina di Morlupo, il segretario, difensore centrale della magistratura. L'arbitro fischiò. Il fallo era netto e intenzionale.

«Punizione dal limite!».

«Dal limite!» protestò Schiavone. «Era in piena area!».

«In piena area tua madre!» rispose Morlupo.

«Abbassa la testa sinnò te corco!» minacciò Schiavone.

«Te staco i brassi e te' i meto in man» rispose Morlupo denunciando le sue origini lagunari.

«Ma magari ce provi!» ribatté Rocco.

«Arbitro! Questo è rigore netto!» gridò Italo. «E pure cartellino giallo!».

«Punizione dal limite!» insistette il presidente della regione col tono di chi non ammette repliche. Sugli spalti i «buu» soverchiarono gli applausi. Scuotendo la testa i giocatori della questura si prepararono al calcio piazzato. «Chi tira le punizioni?».

«Io!» disse Scipioni. «Ho una certa praticaccia».

Rocco preparò la palla e si allontanò. L'arbitro aveva piazzato la barriera. Più che i corpi, erano le pance il vero ostacolo da superare.

«Calcia forte e dritto sulla barriera» suggerì Rocco ad Antonio.

«Perché?».

«Perché quelli vedono arrivare la bomba e si tolgono. Senti a me».

Antonio annuì.

«Ecco, tutto è pronto per la punizione. L'arbitro fischia... tiro! Gooool!».

In un tripudio della folla Antonio Scipioni esultò abbracciando i suoi compagni di squadra. Come aveva previsto Schiavone, la palla aveva attraversato la barriera burrosa dei magistrati che si erano aperti al suo passaggio come il Mar Rosso con Mosè, e si era infilata nell'angolino alla destra dell'immobile Cambellotti.

«E uno!» gridò Pierron con l'indice in alto. Baldi umiliato raccolse la palla dal fondo della rete e la calciò rabbioso verso il centrocampo, centrando però un suo difensore sulla nuca tramortendolo. Il gup Calderoli fu accompagnato a bordo campo, in stato di semincoscienza.

I magistrati erano momentaneamente in dieci.

«Brutto incidente per Calderoli costretto ad abbandonare il campo... speriamo niente di grave» la voce eccitata della commentatrice rimbalzava sugli spalti dello stadio e si mischiava alle risate della gente. «Ora di nuovo i magistrati con la palla al centro. Ecco che Baldi passa la sfera a Messina che scatta... cioè scatta... si dirige con passo affrettato verso la porta avversaria, con un lancio assolutamente casuale pesca Sesti all'ingresso dell'area di rigore, ma un difensore della questura ferma la corsa del magistrato!».

Casella con un intervento al limite del regolamento, memore del grido di battaglia fatto da Schiavone nello spogliatoio, aveva bloccato l'azione offensiva. Passò la palla a Curcio che la passò a Penzo che poi ebbe l'ideona di darla a D'Intino. Il poliziotto abruzzese si trovò la sfera fra i piedi e cominciò ad avanzare verso il centrocampo guardandosi intorno, incerto di cosa farci con quella cosa rotolante che minacciava di farlo inciampare ogni secondo. Davanti a lui c'era Schiavone che allargò le braccia.

«Passala, D'Intino, qui! Qui, D'Intino, qui!» lo incitava. Poi il vicequestore batté le mani e commise un errore dicendo: «Forzavai!».

A quella parola, l'agente abruzzese ebbe una reazione meccanica, da automa. Sgranò gli occhi, mollò la palla e corse verso la porta piazzandosi sul palo.

«Cazzo fai?».

Ma era troppo tardi. Di quella distrazione ne approfittò Baldi che raccolse la sfera abbandonata dal difensore della questura e tirò una bomba. Il pallone si insaccò all'angolo destro di Deruta che in quel momento stava facendo l'orso, ma dall'altra parte della porta.

«Ed è gooollll! Un bel tiro dalla distanza pareggia i conti!» applausi convinti del pubblico. Costa mandò a quel paese il cielo e le nuvole, gli altri componenti della squadra della questura scuotevano la testa, Deruta non s'era accorto di niente e continuava a camminare da un palo all'altro. «Fermate Deruta! Hanno segnato!» gli gridò Rocco. Baldi e i magistrati si abbracciarono. Anche Calderoli da bordo campo col ghiaccio sulla nuca alzò timido un braccio.

«Uno a uno e palla al centro!» gridò Baldi alzando il dito medio verso gli avversari. Rocco inviperito andò verso D'Intino: «Si può sapere che cazzo fai?».

«Lei ha detto Forzavai! Era la parola d'ordine per la falange, no?».

Rocco imprecò. Costa invece sembrava improvvisamente calmo. «Che azione... bislacca, non trova?».

«No, non trovo!» rispose Rocco con la palla sotto al braccio. «Abbiamo preso un gol di merda per colpa di quel decorticato. Forse è meglio restare in dieci e cacciarlo!».

«La vedo troppo coinvolto. È una partita di beneficenza! Il pubblico si diverte, noi ci divertiamo...».

«No, io non mi diverto, dottor Costa. Io non mi diverto!» e sbatté la palla sul dischetto del centrocampo alzando una nuvola di gesso.

«Pensi allo spirito sportivo, Schiavone!».

«Dottor Costa, se lei ha cambiato opinione dopo il cazziatone del presidente, io no. Io a questi li voglio distruggere! Italo, Antonio, Caciuoppolo!» richiamò i tre agenti. «Antonio a destra, Italo centrale, Caciuoppolo a sinistra. Io lancio Antonio, voi due penetrate dritti in area, quando Antonio smarca quella pippa di Messina invertitevi, tu Caciuoppolo al centro e Italo a sinistra così confondiamo i centrali. Palla a Italo che la dà a Caciuoppolo e tu Caciuo' te ne vai in rete. Tutto chiaro?».

I tre annuirono.

«E io?» chiese Casella che voleva partecipare all'azione, ma non ebbe risposta.

«Doccia fredda per la questura per questo pareggio immediato e un po' inaspettato. Ma ecco che l'incontro riprende. La palla va al vicequestore che scarta Sesti, la passa a Scipioni, Scipioni evita l'intervento di Messina e la mette al centro...».

L'azione si sviluppò come Rocco l'aveva pensata, ma il tiro finale di Caciuoppolo si stampò sul palo che rimandò la sfera proprio in braccio al numero uno dei magistrati.

«Un tiro pazzescooooo, ma la dea bendata non schiaccia l'occhiolino alla questura! La palla ora è preda del portiere, il dottor Cambellotti. L'allenatore della squadra magistrati attira l'attenzione dell'arbitro. Sì, Calderoli intanto è pronto a rientrare!».

Il gup Calderoli zoppicando immotivatamente, dal momento che la sua uscita era dovuta a un colpo ricevuto sulla nuca, tornò verso il centrocampo. La partita riprese con un rinvio maldestro di Calderoli. Morlupo al volo allungò il viaggio del pallone che rimbalzò tre volte prima che Schiavone lo calciasse con violenza verso l'area avversaria. Ma la sfera di cuoio colpì nuovamente la nuca del gup Calderoli che, appena rientrato, ricadde a terra. Subito i soccorsi, il giudice fu portato nuovamente fuori campo. L'incidente provocò risate sugli spalti e apprensione nell'allenatore della compagine del tribunale.

«L'ha fatto apposta!» urlò Baldi a Schiavone.

«Ma che è matto? Avrei tirato in porta se fossi così preciso, no? Con quel pippone che avete!».

«Forte il vostro!».

«Che c'entra, il nostro è un caso umano».

Quel tiro maldestro era costato caro a Rocco. Aveva sentito una fitta al bicipite femorale e una punta di ghiaccio al ginocchio leso. Decise di adeguarsi ancora di più alla tecnica della stanzialità e di diminuire a dieci quadrati l'area del rettangolo erboso da controllare. La partita andò avanti senza troppi sussulti. Le azioni nascevano e morivano a centrocampo, a parte qualche sgambata sulle fasce dei rispettivi laterali che finivano con cross verso aree di rigore prive di attaccanti. Ci furono una decina di falli dovuti alla stanchezza e all'imperizia, ma nessuno dei giocatori riportò danni più gravi di qualche sbucciatura. Solo alla chiusura del primo tempo un'azione in solitaria di Stroppa, centrocampista della magistratura, aveva portato il calciatore all'ingresso dell'area di rigore, ma un intervento maldestro di D'Intino in scivolata aveva fermato la corsa del cancelliere che era rovinato a terra. D'Intino beccò un cartellino giallo dall'arbitro e Stroppa fu costretto ad uscire zoppicante lasciando la sua squadra momentaneamente in dieci.

«Ah! A D'Intino il giallo, e prima invece? Il fallo di Morlupo non l'ha sanzionato!» gridò Italo all'arbitro.

«Agente, se non chiude la bocca le do il rosso diretto!».

Italo allargò le braccia e si ritirò.

«Calcio di punizione per i nostri magistrati...» gridava l'attrice cercando di dare un po' di vivacità a quella partita che, passati i primi dieci minuti dove un po' d'azione c'era stata, s'era trasformata in una processione lenta, noiosa e senza nerbo.

«Batto io!».

«Lasci fare, Baldi, batto io! Io so fare la foglia morta».

Mentre i magistrati si litigavano il diritto di calciare in porta, Deruta urlava ordini dalla porta per posizionare la barriera. «A destra. D'Intino, a destra!». D'Intino si guardava le mani. «Sì, a destra, è quella con cui scrivi!». D'Intino annuì e si spostò alla sua destra. «Gli altri... seguite D'Intino... di qua, di qua!».

«Barriera nutritissima quella della squadra della questura che teme evidentemente questa punizione dall'ingresso dell'area. Contiamo almeno... sette giocatori più tre avversari in azione di disturbo...».

Alla fine l'aveva spuntata Messina che arretrò di tre passi e si preparò a calciare la punizione.

«A effetto, a effetto» suggeriva Morlupo.

«Col cazzo, tiro una bomba!» rispose il gip.

Schiavone guardava con terrore il suo portiere che aveva cominciato la camminata dell'orso da un palo all'altro. Se la palla avesse superato la barriera, le probabilità che finisse in braccio a Deruta erano poche. Decise di lasciare la marcatura e posizionarsi nell'area piccola, pronto a rinviare alla bisogna. Al fischio dell'arbitro, Messina prese la rincorsa, tirò una caracca con tutte le sue forze. La sfera impattò con violenza sul viso di D'Intino che cadde a terra senza emettere urlo, deviata verso la porta centrò la traversa, rimbalzò sulla nuca di Deruta e si insaccò nella porta.

«Goooool» il pubblico applaudì la magica carambola, Casella e Scipioni trascinarono D'Intino privo di sensi fuori dal campo, Schiavone bestemmiò, Baldi mostrò il medio al vicequestore. Costa aveva perso il sorriso.

I minuti restanti scivolarono senza avvenimenti degni di nota, tranne il fatto che Rocco, zoppicante, lasciò il campo in anticipo e se ne andò negli spogliatoi. Le due squadre fecero ancora un paio di azioni e il primo tempo finì fra gli applausi un po' stanchi del pubblico.

«Il triplice fischio dell'arbitro manda le squadre al riposo. Due a uno per la magistratura alla fine dei primi 30 minuti combattutissimi. Per allietare l'attesa, il gruppo folkloristico "Patois" eseguirà ora delle danze tipiche della valle...».

Rientrarono negli spogliatoi. D'Intino fu messo a sedere su una panca. Teneva gli occhi semichiusi. «Come va? Fa male? Ci vedi?» gli chiedeva Italo, ma quello non rispondeva.

«Non riusciamo a capire come si sente!» fece Italo. Costa guardò con apprensione l'agente ancora tramortito. «Chiamate un dottore. Dobbiamo capire se ha riacquistato le sue capacità cognitive!».

«Non ne ha» rispose Rocco che rientrava nello spogliatoio.

«Lei dov'era?» gli chiese Costa.

«A mettermi una pomata sul ginocchio, fa un male cane...».

In quel momento, e senza bussare, Baldi entrò come una folata di vento. «Mi dite che cazzo state facendo?» urlò verso Rocco e Costa.

«Stiamo giocando, no?» disse Costa alzando le spalle.

«Sono anni che finiamo in pareggio. Mi pare che l'accordo sia saltato».

«Quale accordo? E chi l'ha mai fatto?» intervenne Rocco. «Questa è una partita di calcio, e le partite di calcio si giocano sul campo, non negli uffici o nei bar a fare pastette!».

«Giusto, bravo, è così» commentarono a mezza voce gli atleti della questura, tranne D'Intino ancora immerso in una dimensione parallela.

«Pastette? Pastette?».

«Perché lo dici due volte, Maurizio?» chiese candido Costa.

«Ma chi ha mai fatto una pastetta!».

Rocco alzò le spalle e se ne andò al suo armadietto. Baldi guardò fisso Costa. «Ritira quello che hai detto».

«Io non ho detto niente. È stato Schiavone».

«Che è un tuo sottoposto, quindi ritira oppure controlla meglio i tuoi uomini».

«Oh, per favore Maurizio, ma cos'hai che non va? State pure vincendo!».

«Non va che ci sono leggi non scritte e che tali diventano per consuetudine. Il nostro pareggio è una consuetudine».

«La consuetudine, ossia la prassi, non è fonte del diritto!».

«Ma che cazzo c'entra, Andrea? È consuetudine, perché concorrono due elementi concomitanti: Primo! quello materiale, cioè il comportamento osservato in maniera reiterata e concreta da un gruppo di soggetti. E cioè noi, i giocatori che scendono in campo e da anni pareggiano. Secondo! L'elemento psicologico. La opinio juris, amico mio, di noi tutti che questo comportamento, questo uso del pareggio in questo tipo di partita, sia obbligatorio!».

«Ma non venirmi a fare la lezioncina di diritto, Maurizio, che me la sbatto sul belino!» ribatté Costa. «Questo accade fino a prova contraria perché qui, e tu lo sai, non stiamo parlando di usi civici! Non stiamo neanche parlando di consuetudini provinciali, qui stiamo parlando di un accordo non meglio identificato siglato da due soggetti a noi sconosciuti secondo il quale noi si debba pareggiare. Ma chi l'ha mai detto?».

Baldi alzò ancora di più la voce: «Quando si rompe una consuetudine, si avverte!».

«E dove sta scritto?».

«Da nessuna parte, è consuetudine!».

Costa perse la pazienza: «E dove sta scritto che noi dobbiamo rinunciare alle magliette blu? Consuetudine anche quella?».

«Andrea, ma che cazzo dici. È scritto sui nostri fax!».

«Che non sono mai arrivati. E che voi dobbiate avere il Gatorade e noi un'acqua minerale di una marca peraltro sconosciuta, dove sta scritto? È consuetudine anche quella?».

«Allora di' la verità, ti rode che noi abbiamo la maglietta blu e beviamo il Gatorade e allora hai ordinato ai tuoi uomini l'arrembaggio?».

Costa scosse la testa. «I miei uomini, come li chiami tu, sono esseri umani dotati di pensiero e di autodeterminazione! Loro hanno deciso, insieme a me, di giocarsi questa partita, e se tu e i tuoi giocatori non ve la sentite, abbandonate il campo e ritiratevi. Noi abbiamo deciso democraticamente di farvi il culo a strisce, o a bande, o se preferisci a nastri. È chiaro?».

Baldi strizzò gli occhi, raccolse il guanto di sfida e ringhiò: «Ci vediamo sul campo!» e senza aggiungere altro, uscì dallo spogliatoio.

Partì un applauso. «Bravo, signor questore» disse Scipioni.

«Gliel'hai cantate!» aggiuse Pierron. Costa lo guardò storto. «Agente Pierron, cos'è, mi dà del tu? Torni nei ranghi e pensi alla partita!».

Calò il silenzio rotto solo da un mugugno di D'Intino. «Forse si riprende» disse speranzoso Curcio.

Gli atleti tornarono ai loro armadietti, bevvero un po' d'acqua dalle bottigliette. «Ci vorrebbe un Gatorade» gli scappò a Scipioni, e un'occhiataccia di Costa lo bruciò. Quella bevanda, nonostante la sfuriata con Baldi, era ancora argomento tabù.

«Come affrontiamo il secondo tempo?» domandarono in coro Curcio e Penzo.

«Dov'è Schiavone?» fece Caciuoppolo.

Ma Rocco era sparito un'altra volta.

«Schiavone!» lo chiamò il questore. «Dottor Schiavone?».

Si guardarono incerti, poi decisero che era il momento di tornare in campo.

«Ed ecco le squadre rientrare...» urlava l'attrice cercando di riportare l'attenzione sul terreno di gioco. Il pubblico infatti era distratto. Chi guardava il cellulare, chi chiacchierava col vicino, molti si erano alzati in piedi voltando le spalle al campo. «Non ci sono sostituzioni, anche perché non ci sono riserve. Notiamo che la squadra della questura anche detta arcobaleno è in dieci!».

D'Intino infatti era steso sulla panchina con uno straccio in fronte.

L'arbitro contò i giocatori in campo. «Che facciamo? Giocate in dieci?».

D'Intino non dava ancora segni apprezzabili di ritrovata coscienza. «In dieci, in dieci» fece Schiavone. Poi, rivolto al questore: «Non mi pare una gran perdita» e poggiò il pallone sul dischetto del centrocampo.

«Direi di no» concordò Costa.

«Allora? Che facciamo?» chiese Scipioni.

«Attendisti!» rispose Rocco.

«Cioè difendiamo il 2 a 1?» domandò sbalordito Miniero.

«Attendisti. Fidati!».

E cominciò il secondo tempo. La questura aveva il possesso palla, una serie infinita di passaggi. Giudici e magistrati cercavano di rincorrere la sfera, ma non riuscivano a prenderla stretti in quella sequenza inutile, laboriosa e noiosa di passaggi senza costrutto.

«Incredibile! La questura nonostante lo svantaggio temporeggia. Fa melina! Una strana tattica!» commentò la voce della radiocronista.

Antonio lanciò Caciuoppolo sulla fascia che tirò da fuori area. La palla per la terza volta colpì la nuca del gup Calderoli e finì in corner. Il magistrato ricadde a terra tramortito. Stavolta i compagni si limitarono a scaricarlo fuori dalle righe del campo.

«La magistratura di nuovo in dieci per l'ennesimo incidente al dottor Calderoli».

Applausi del folto pubblico.

Italo si preparò a battere il calcio d'angolo, Rocco si avvicinò. «Non centrarla, passala a me». Italo eseguì. Rocco la stoppò e attese un avversario. Baldi si lanciò in marcatura, ma Schiavone si mise nella lunetta del corner a proteggere il pallone. Come se volesse far passare il tempo. Come se mancassero pochi secondi alla fine e la sua squadra stesse vincendo.

«Passala, passala!» gridavano i compagni. Ma niente, Rocco non la passava. I difensori diventarono tre, ma Rocco restava lì, nella lunetta, corpo a protezione della sfera fino a guadagnare un secondo calcio d'angolo.

«Ma che stai facendo?» gli chiese Antonio. «Perdi tempo?».

«Fidati!» rispose Rocco. «Fai passare tempo!».

«Ma perché?».

Rocco non rispose. Ribatterono il calcio d'angolo ripetendo la cosa. E il pubblico, affamato di spettacolo e di azione, cominciò a spazientirsi. Anche Calderoli, barcollando, rientrò in campo andandosi a posizionare il più lontano possibile dalla sfera. Partirono prima i fischi, poi i «buuu», infine urla sgraziate. Poi qualcosa fece cambiare di colpo idea a Rocco. Morlupo, uno dei difensori più arcigni della magistratura, scappò via dal campo come se avesse ricevuto una telefonata dall'ospedale. Per il vicequestore quello era un segnale preciso. Passò la palla a Caciuoppolo che la smistò a Miniero. Il napoletano scartò Messina e Calderoli, ancora intontito dalla pallonata, consegnò la sfera al questore che tirò una bomba di punta che andò ad insaccarsi sotto il sette.

«Goooolllllll» urlarono pubblico e radiocronista. I poliziotti si abbracciarono.

«Bellissima azione di alleggerimento che si conclude con un gol meraviglioso del questore!».

Applausi dagli spalti. Costa era al settimo cielo. Petto gonfio d'orgoglio, salutava il pubblico sperando ci fosse anche la sua ex, che lo vedesse ora in quel trionfo di testosterone. «Lei mi sta facendo un bellissimo regalo, Schiavone!» e rimettendo la palla al centro aggiunse: «Questo suo spirito sportivo, questo suo senso di squadra, non me l'aspettavo! Grazie!».

«Bel gol, capo!».

L'arbitro fischiò la ripresa delle ostilità e Solfrizzi, attaccante di fascia della magistratura, scappò negli spogliatoi, seguendo l'esempio di Morlupo. Tre secondi dopo anche De Santis imitò i colleghi. «Ma dove cazzo andate?» gridò Messina. Rocco rubò palla, lanciò il solito Caciuoppolo che aveva davanti un solo difensore che aveva già il fiatone solo per restare in piedi. Anche la porta era sguarnita. Cambellotti infatti aveva appena abbandonato i pali. Il poliziotto tirò e la palla facile facile entrò in porta.

«Goooooollll».

Baldi scuoteva la testa. Guardò Rocco in cagnesco che gli aveva alzato tre dita sul viso: «E tre, Baldi!».

«Ma che succede?» chiese a Messina. Che in quel momento si toccò lo stomaco e uscì dal campo, mentre Morlupo, dopo un'assenza di sei minuti, pallido rientrava sul terreno di gioco.

«Tre a due per la questura. Incredibile il gioco del calcio, un momento sei in cantina e pochi secondi dopo alle stelle! Devo rimarcare la strana diaspora continua degli atleti della magistratura» sottolineò la radiocronista. «C'è un viavai sconcertante con lo spogliatoio e non riusciamo a capire... ecco che è rientrato Morlupo, ma intanto Messina se n'è appena andato. Impressionante, non c'è neanche Cambellotti in porta!».

La partita riprese, ma i magistrati rimasti in campo erano sette.

Il quattro a due, siglato da Scipioni, fu questione di un attimo.

«Goooollll! Quattro a due per la questura!».

Baldi allargava le braccia disperato. Cambellotti era rientrato fra i pali, emaciato, tremava come un cucciolo abbandonato sotto la pioggia. Fu la volta di Sesti a lasciare il terreno di gioco. «Ma che cazzo fate tutti?» gridò Baldi ai suoi. L'arbitro fischiò e la partita riprese.

Italo insaccò il cinque a due.

«Gooooolllll».

Un massacro.

Mentre magistrati giudici e cancellieri uscivano dal campo per rientrare minuti dopo bianchi come cadaveri, i poliziotti inanellavano un gol dopo l'altro. La dodicesima segnatura la firmò addirittura D'Intino di tacco su una palla vagante in area di rigore. Deruta aveva smesso di fare l'orso, s'era seduto vicino al palo e sbocconcellava una merendina che s'era portato da casa. In tutto il secondo tempo non ci fu infatti neanche un tiro verso la sua porta.

Mezz'ora dopo il presidente emise il triplice fischio. La questura aveva battuto la magistratura per 18 a 2.

Una débâcle.

Nello spogliatoio della questura si stappò addirittura lo spumante. In quello della magistratura regnava invece un silenzio assordante.

«Siamo noi, siamo noi, i campioni dell'Italia siamo noi!» cantavano i poliziotti abbracciandosi in mutande. Costa sorrideva. «Schiavone, io non ho capito cos'è successo, ma è una suonata che si ricorderanno per una vita. Così imparano a darci l'acqua e loro a tenersi il Gatorade!».

«Mi creda, dottor Costa» fece Rocco ammiccando,

«ringrazi che avevano il Gatorade. Non credo avremmo vinto altrimenti».

Fuori dallo stadio, Baldi attendeva Rocco e i suoi. Appena li vide uscire, andò dritto col dito indice accusatore puntato su di loro: «Io non so cosa sia successo, ma un sospetto ce l'ho. E le giuro, Schiavone...».

«Siamo noi, siamo noi i campioni dell'Italia siamo noi!» il coro giubilante degli atleti della questura soffocò le proteste del magistrato. Lo superarono e ognuno salì sulla sua macchina abbandonando il magistrato in mezzo al parcheggio.

Il giorno dopo, Italo entrò nella stanza di Rocco. Lo trovò seduto, le mani sotto la scrivania ad armeggiare. «Guarda un po'!» e gettò il giornale sotto gli occhi del suo superiore. Il titolo era: «18 a 2, una lezione che al tribunale ricorderanno a lungo!». Costa s'era lasciato andare coi giornalisti: «Ha vinto lo sport. E la nostra squadra ha dimostrato compattezza, spirito di sacrificio e costanza! Lo so che 18 a 2 somiglia più a un risultato rugbistico, ma evidentemente le forze in campo erano molto squilibrate. È una bellissima giornata per la questura di Aosta!».

Rocco dette una scorsa all'articolo, poi riprese la misteriosa operazione.

«Che stai facendo?».

«Ottocentocinquanta, novecento, novecentocinquanta, quattordicimila!». Alzò il viso raggiante. In mano aveva un pacco di banconote.

«Che cosa...?».

«Quattordicimila euro giocandone solo due. Che ne dici?».

Italo sgranò gli occhi: «Hai... hai scommesso?».

«Duemila che vincevamo. Ci davano uno a sette, no?» e agitò le banconote davanti a Italo. «Tieni, te le sei meritate!» e gli sganciò un millino.

«Eri così sicuro di vincere?».

«Sì» rispose Rocco. Si mise la mano in tasca, tirò fuori una boccetta trasparente e la mise in mano all'agente. «Tieni, magari ti può tornare utile».

Italo la osservò. «Guttalax?».

«Nel Gatorade, è la morte sua! Buona giornata, amico mio!» e seguito dal cane uscì dall'ufficio diretto al suo sportello bancario.

Esmahan Aykol
Rifugiato

Ho indicato col dito il piatto che volevo ordinare nella lista, fra le «scelte salutari».

Il cameriere ha sorriso mentre mi ripeteva: «"Buongiorno principessa"! Come sempre...». È un tipo simpatico. Inoltre è l'unica persona che in questo periodo mi accoglie con questi «Buongiorno principessa». Anche se si tratta di un banale müsli alla frutta della lista del caffè Mavra, sentirselo dire di buon mattino mi fa bene.

Mentre aspettavo ha suonato il cellulare. Era Fofo, la voce concitata:

«Dove sei, Kati?».

«Perché me lo chiedi?».

«Il Liceo tedesco oggi è chiuso per un allarme bomba. Se per caso ti trovi da Mavra... La scuola è subito dietro...».

Ho fatto un sospiro rumoroso. Non c'è giorno in cui non ci alziamo con la notizia di qualche allarme bomba, o di una bomba esplosa in qualche metropoli. Da una parte, nel sudest del paese, è in corso una sanguinosa guerra intestina, senza nome, con i curdi; dall'altra, nelle grandi città della parte occidentale, esplodono bombe, una dietro l'altra. Le menzogne del potere che cerca di nascondere la sua incapacità, la pressione sui mass media e la censura non permettono di capire cosa stia succedendo. Devo essere sincera: neanch'io, nonostante il mio pessimismo, avrei mai immaginato che il paese sarebbe stato trascinato in una crisi e in un caos del genere.

«Come fai a saperlo?».

«Twitter è impazzito. È in cima ai Trending Topic. Lo stesso vale per Facebook...».

Non essendo più possibile avere informazioni con i mezzi di comunicazione tradizionali come giornali, radio e tv, a causa della censura, i social network sono diventati l'unica nostra fonte di notizie. Penso che non ci sia bisogno che dica che mi sono presa un iPhone e mi sono iscritta a tutti i social network.

«Controlla subito. La scuola stanotte ha mandato un messaggio per informare gli studenti. Anche il consolato generale tedesco rimane chiuso un paio di giorni».

Quando il camerire è apparso davanti a me con un piattino ornato da una fragola enorme, rossa e vistosa, ho messo giù il telefono.

«C'è stato un allarme bomba, hanno chiuso il Liceo tedesco... Avete sentito?».

Il cameriere non ha risposto ma di sfuggita ha dato un'occhiata ai tavoli vuoti. Visto che eravamo proprio accanto al Liceo tedesco, in viale Serdarı Ekrem, era una situazione che rientrava nella norma. L'unica cosa anormale era che io, prima, non avessi sospettato nulla.

«Sì. Sì. L'abbiamo saputo da Twitter...». Ha fatto una smorfia di disappunto. «Non penso che si tratti di un pericolo rea...». La frase è stata soffocata dal rumore di un elicottero che volava sopra di noi. Ho detto: «Posso avere il conto? Non so se è reale o no, ma secondo me anche voi oggi dovreste chiudere e andarvene».

«Sul serio? Se una persona come lei, appassionata di gialli, dice così, forse magari... Vado a parlare un attimo col titolare e vediamo... E poi non c'è nessuno, guardi... Tutti i locali qui intorno sono vuoti: dicono che ci sono pochi turisti arabi in giro, e loro comunque non sono clienti del nostro locale...». Si è sforzato di sorridere. «Faccio mettere in un pacchetto il suo "Buongiorno principessa"?».

Il prezzo di vivere nel cuore della città si paga con la preoccupazione di morire dilaniati da una bomba. Qualche volta mi fermo a Taksim e mi guardo intorno. Davanti agli occhi mi appare una scena in cui uno dei passanti diventa un kamikaze. Mi faccio prendere dal terrore. Invece, come è tranquilla la vita un attimo prima dell'esplosione... Una donna siriana che elemosina con il suo bambino neonato – è evidente che è rimasta incinta dopo il suo arrivo a Istanbul –, un qatariota che torna dal suo giro di acquisti con le mogli che lo seguono un passo indietro, le studentesse che ridacchiano, uomini stanchi dalle spalle pesanti, donne infelici...

Se ti scoppia una bomba accanto... Uno ha paura anche di sopravvivere. Non riesco a guardare le foto dei luoghi in cui sono esplose delle bombe. Strade conosciute, marciapiedi dove ho camminato ieri e camminerò domani... Questo si chiama «terrorismo cieco». Sia i suoi occhi sia il suo cuore sono ciechi. Invece noi vediamo. E moriamo platealmente.

Sono stata profondamente toccata dalla frase pronunciata da uno studente della facoltà di Giurisprudenza morto durante uno degli attacchi di Ankara: «È amore questo, non aspetta». Un altro, prima dell'esplosione, ha telefonato a suo padre e gli ha detto di non preoccuparsi, stava tornando a casa. Sui social network per un paio di giorni appaiono le storie e le foto delle vittime... Poi c'è un'altra esplosione in un altro luogo, oppure arriva una brutta notizia dalle città curde, così si parla di altre vittime.

La tragedia della seconda guerra mondiale è un ricordo ancora fresco nella memoria degli europei. La mia generazione e quelle successive, anche se non ne sono state testimoni, l'hanno conosciuta tramite i ricordi dei loro famigliari anziani. Abbiamo accolto dentro la nostra vita le conseguenze dei massacri, ci siamo nutriti delle opere artistiche del dopoguerra che hanno rispecchiato l'orrore del conflitto. Invece, in molta parte della Turchia, se escludiamo la zona curda dove da quarant'anni si vive in uno stato di allerta, dopo la proclamazione della Repubblica nel 1923 non si è avvertita nessuna minaccia. Questo significa che ora nessuna generazione ha sentito parlare di guerra da coloro che l'hanno vissuta direttamente! La cosa peggiore è che non esiste un'arte che sappia trasmetterne la brutalità.

L'influenza dell'Islam, che vietava la pittura e la scultura, il cinema e il teatro, è svanita dopo la proclamazione della Repubblica, e con l'istruzione laica è aumentata la produzione artistica. Ma mentre in Europa, in Russia, in America e nell'Estremo Oriente l'arte prende forma dalla ferocia della guerra, la giovane Repubblica turca si nutre di un illuminismo effervescente ed è staccata dal destino del resto del mondo...

La mancanza di una memoria collettiva sulla brutalità della guerra, e il clima culturale creato dall'Islam politico, in cui si guadagnano voti elogiando il martirio e promettendo un paradiso pieno di vergini, hanno fatto sì che nel paese nessuno avesse paura della guerra. Ma adesso che il conflitto bussa alla loro porta, i turchi imparano che cos'è, e come si possono barcamenare dentro quello scontro lento, quel supplizio chiamato «terrorismo cieco». Non c'è più allegria nelle strade, gli abitanti di Istanbul si sono barricati in casa spinti dalla preoccupazione che in ogni momento possa esplodere una bomba, e ormai non si vedono più quei vivaci turisti che venivano qui da tutte le parti del mondo, ma ci sono solo impavidi villeggianti arabi.

I primi a ritirarsi sono stati i russi, dopo la crisi fra i due paesi. Li hanno seguiti i tedeschi e gli altri europei, in seguito agli avvertimenti dei loro ministeri degli Esteri. Israele ha invitato i suoi cittadini ad abbandonare la Turchia. L'America ha richiamato le famiglie dalle sue basi.

Ormai i musicisti di strada di viale Istiklal sono tutti arabi. E anche il loro pubblico... Pure coloro che vanno su e giù per il viale sono arabi. I mendicanti sono arabi, e sono arabi anche quelli che gli danno l'elemosina. Sono loro a tenere in piedi il settore edilizio, a riempire gli alberghi, a comprare dai venditori di baklava che sono ovunque, a rifornirsi dei prodotti tessili a buon mercato. Una parte di loro è scappata dalle guerre in Iraq e in Siria per rifugiarsi in Turchia; altri sono turisti del Qatar e dell'Arabia Saudita. Istanbul è diventata un «melting pot» per gli arabi di diversi paesi e di differenti realtà socioeconomiche.

Gli arabi sono in ogni angolo della città... Non hanno però intenzione di adattarsi. Non ce n'è bisogno. L'altro giorno l'autista del taxi su cui ero salita ha detto: «Sorella, i soldi li hanno gli arabi!». I ristoranti hanno il menu in arabo, insegne e volantini pubblicitari sono scritti in lettere arabe, le commesse parlano l'arabo. Va di moda dare nomi arabi ai neonati: dappertutto ci sono bambini che si chiamano Hira, Kubra, Emir... Siamo circondati da un gusto arabo che non si può definire eccelso. La città si riprogetta secondo le nuove necessità. Si aprono catene di ristoranti di kebab e di baklava mentre le librerie chiudono una dopo l'altra.

Misero destino: l'unico luogo dove gli arabi di qualsiasi paese non vanno e non ci passano neanche vicino sono le librerie. Corrono a visitare la torre di Galata – diventata negli ultimi anni il simbolo di Istanbul – per ammirare la città dalla sua balconata, senza badare al freddo fanno code lunghissime che occupano l'intera piazza, si accaparrano i souvenir da due soldi ma nessuno mette piede nella nostra libreria... sembra che siano sempre pronti ad allungare la strada pur di non passarci davanti.

Da viale Serdarı Ekrem sono arrivata nella piazza. Se si escludono le domeniche mattina, erano almeno dieci anni che non vedevo questo quartiere così deserto. Si capiva che l'allarme bomba al Liceo tedesco era una minaccia rivolta all'intera zona. Visto che la sinagoga più grande della città, Neve Shalom, si trova nella strada accanto, era forse giusto così. Inclusa la torre di Galata, simbolo di una tradizione precedente all'Islam, intorno era pieno di straordinari obiettivi per un kamikaze.

La piazza di Galata su cui si erge la torre, in tutto il suo splendore, è una delle poche rimaste in città. Le altre, Eminönü, Beşiktaş, Beyazıt e Taksim, sono scomparse, vittime del senso architettonico dell'arte araba e dell'avidità dei politici islamici che hanno amministrato la città negli ultimi vent'anni e l'intero paese negli ultimi quindici: una è diventata la stazione degli autobus, l'altra ha cavalcavia sopra, passaggi pedonali sotto ed è attraversata dai binari dei tram, un'altra ancora è stata sventrata e ristretta. In mezzo alla bella piazza di Beyazıt, davanti all'Università di Istanbul, hanno costruito una misera fontana. E anche se il parco Gezi non è stato trasformato in un centro commerciale grazie all'enorme resistenza popolare, piazza Taksim è diventata comunque un cimitero di cemento armato e granito e non ha più contatti con la città.

Galata, anche perché è un quartiere piccolo, ha cambiato aspetto solo in virtù di un modesto processo naturale, senza che l'élite politica islamica si accorgesse degli affari che poteva sviluppare: a partire dagli anni Novanta, i «bohème gentrifier» hanno iniziato a comprare a lotti i palazzi e li hanno ristrutturati per viverci, con le loro piccole somme, rimanendo però fedeli alla costruzione originale. Così buona parte del quartiere e molti edifici sono stati salvati prima che finissero nelle mani delle holding e delle catene di alberghi alla ricerca di lauti guadagni.

La bellissima colonia genovese del periodo bizantino, i resti delle mura cittadine, le viuzze e le scalinate tipiche delle città italiane, il piccolo porto all'ingresso del Corno d'Oro, lo splendido «Corso delle Banche» – centro finanziario durante il periodo ottomano –, i passaggi tra i cortili, le chiese e le sinagoghe dimostrano che, nonostante tutto, dentro questa città respira ancora un'altra città.

Appena entrata in libreria, non ho visto subito Fofo. Era inginocchiato e toglieva la polvere dallo scaffale giù in basso.

Quando si è accorto di me si è raddrizzato e ha detto: «Oggi non si lavora».

«È deserto dappertutto». Guardava fisso il pacchetto chiuso da un elegante fiocco che tenevo in mano come fosse una scatola di gioielli. Non gli ho dato la possibilità di chiedermi cosa fosse. «"Buongiorno principessa", ne vuoi?».

Ha arricciato le labbra come se si sforzasse di non dire qualcosa di brutto ma poi non ce l'ha fatta e ha iniziato a lamentarsi.

Il mio caro Fofo non voleva assolutamente che affittassimo il negozio accanto e trasformassimo il locale in un caffè-libreria, e non si può dire che col tempo abbia cambiato idea. Per lui ogni occasione è buona per ferirmi.

«Se non lo faresti neanche tu, perché un cliente dovrebbe venire qui? Me lo spieghi?». Ha scosso la testa.

«È bello che non trovi che mi faccia bene cambiare ogni tanto! Adesso però dimmi se vuoi il müsli».

«Io vado a fare una passeggiata. Tu stattene qui tranquilla».

«Come "qui tranquilla"? Mi hai chiamato perché c'era un allarme bomba e adesso te ne vai?».

Si è piazzato davanti a me con le braccia conserte, come in atteggiamento di sfida.

«Vado dove non c'è minaccia di bombe. Non è una città enorme, Istanbul?».

Ho scrollato le spalle.

«Certo che puoi girare dove vuoi... Ma visto che oggi non ci sono clienti...». Dal cassetto ho tirato fuori un cucchiaino. La fragola gigante, tutta coperta di yogurt, sembrava debordare.

«E io bevo un tè allora» ha detto. È andato verso la macchinetta del tè alla turca. «Approfittiamone per chiacchierare un po'. D'accordo?».

La tristezza della sua voce mi ha riempito di dolore. Ci trattavamo male come una coppia di una certa età. Quanto tempo era passato da quando ci perdevamo in chiacchiere, ci confidavamo i nostri problemi, mangiavamo insieme, facevamo colazione per ore e ore...

Adesso lavoravamo senza dirci una parola tutto il santo giorno, schiacciati dalle responsabilità aumentate dopo l'apertura del caffè; la sera poi ognuno si ritirava nel proprio angolo dopo aver mangiato al volo qualcosa. Io come sempre a leggere, e Fofo con l'occhio sul cellulare a seguire i social network, davanti alla tv.

A causa della dittatura che si faceva sempre più opprimente e minacciosa, condividevamo la stessa sorte della moltitudine di gente che aveva una visione pessimistica della vita. Le persone sole continuavano a stare sole, le famiglie si erano ormai ritirate nel loro guscio. E noi? La nostra era una solitudine divisa in due.

«Certo, caro il mio Fofo» ho risposto con un affetto che non gli mostravo da tempo. Per sedermi ho scelto il tavolo col piano di marmo venato che amavo di più tra tutti quelli che, uno diverso dall'altro, erano stati raccolti dai robivecchi.

«Voglio parlarti di una cosa...». Ha lasciato i bicchieri da tè sul tavolo e poi è tornato con un piattino vuoto e un cucchiaino: «Mi dai un po' di quel müsli?».

«Me lo dovevi chiedere prima, ormai l'ho finito».

Ha emesso un gemito. Non ci credeva: ha allungato la testa per guardare dentro il piattino di plastica vuoto.

«Le porzioni sono minuscole» ho detto.

Ha piazzato la sua sedia davanti a me e ha accavallato platealmente le gambe.

«Voglio parlarti di una cosa» ha detto. «Per favore, cerchiamo di essere seri».

L'unico argomento che Fofo può definire «serio» è l'amore. Facile a innamorarsi, con un'energia inesauribile cercava partner dalla mattina alla sera, nei posti più impensabili, cominciando da GayRomeo fino alle app e ai gay club pieni di ragazzi anatolici piccoli, magri e bruni.

«Prego... Bitte schön... continua».

«Hai probabilmente notato che da un po' di tempo sono strano...».

A dire il vero non avevo avuto questa impressione. Sono rimasta zitta. «Io...». Ha portato le mani sul petto, incrociando le dita. «... Circa tre settimane fa...». Il resto della frase l'ha detto molto in fretta, come se io mi fossi mossa per chiudergli la bocca. «Mi sono innamorato».

Ho tossito. Era utile che uno di noi restasse con i piedi per terra.

«Già in passato ti ho sentito dire cose simili... Questa volta che c'è di diverso?».

«Come fai a dire una cosa del genere?». Si è alzato dal suo posto, con rabbia. E ha iniziato ad andare su e giù in mezzo al caffè, le mani sui fianchi. Essendo la proprietaria del negozio, inevitabilmente ho pensato a come apparisse la scena da fuori.

«Vuoi sederti per favore... Cosa ho detto di male? Stai forse dicendo che ti sei innamorato per la prima volta?».

«No, ma... Il modo in cui l'hai detto non mi è piaciuto affatto».

Ho annuito. In simili situazioni era meglio non discutere con lui.

«Va bene... Hai detto che vi siete conosciuti tre settimane fa... Allora ti chiedo: chi è? Cosa fa nella vita?».

Come una farfalla si è posato sulla sedia davanti a me.
«Quando lo conoscerai, ti piacerà... Sul serio...».
«Fofo...».
Si è appoggiato alla sedia.
«Sei curiosa, vero? Vediamo se sai che lavoro fa?».
Allargando disperata le braccia, ho chiesto: «Come faccio a saperlo?». Già, Fofo non era particolarmente selettivo nella scelta degli uomini di cui innamorarsi. È così, nella massa di persone, ci potevano essere venditori di simit o qualche funzionario di consolato, cioè uomini di tutte le età e tutti i mestieri. «Abbi pazienza!».
«Ti do un aiutino» ha detto. E con la punta della scarpa ha sferrato un calcio a un pallone immaginario. «E adesso?».
«Un calciatore?» ho chiesto.
«Hai indovinato, ma ti ho dato davvero troppi indizi».
«Dài, Fofo, racconta quello che devi raccontare!».
Ha emesso un suono, quasi un singhiozzo. Teneva il broncio e aveva storto il naso come un bimbo infelice.
«Se non vuoi, non te lo racconto...».
Gli ho preso la mano. Chi di noi non ha bisogno di affetto...
«Per favore, raccontamelo. Che succede?».
Ha tirato fuori dalla tasca il fazzoletto e si è asciugato le lacrime.
«Questa volta mi sono innamorato veramente, forse...».
Ecco, aggiunge «forse» alla fine della frase, allora può non essere vero amore, ho pensato.
«Dài, racconta!».

Ha unito le mani sul cuore.

«Penso di sposarmi con Saeed». Aveva gli occhi lucidi. «Non riesco a immaginare una vita senza di lui. Dimmi se questo non è amore...».

«Certo, può darsi... Vi sposerete col rito islamico?».*

È scattato pieno di rabbia.

«Prendimi pure in giro!».

«Perché sei così teso? Non ti prendo in giro, ti chiedo dove vi sposerete...».

Mi ha guardato con occhi pieni di lacrime.

«In Spagna, e probabilmente abiteremo a Barcellona...».

Istintivamente ho alzato le sopracciglia.

«È un grande progetto, questo. Stai parlando di cambiare vita».

«Prima o poi tutti dobbiamo cambiare vita... Non eri tu quella che diceva che nel giro di poco tempo non sarebbe stato più possibile vivere in Turchia?».

«Sì, ma...». Non sapevo cosa rispondere. Il cuore mi diceva di non prendere sul serio le sfuriate di Fofo. Però d'altra parte aveva ragione. Non c'era più niente da aspettarsi, era arrivato il momento di andare via. In più ero stata io a mettergli questa idea in testa.

«Sì... E allora perché dici "ma"?».

«Secondo te non è una decisione un po' troppo frettolosa? Andartene via con uno che conosci da tre settimane... Non so...».

---

* In Turchia non ha alcun valore legale il matrimonio celebrato col rito religioso.

«Con te non è possibile parlare! Fai discorsi strani, come se non sapessi cos'è l'amore...». Aveva di nuovo cominciato a camminare su e giù... «Come faccio a innamorarmi di uno che conosco da tanto tempo? È ovvio che mi innamoro di uno che ho appena conosciuto!».

Ho riso.

«Non dire sciocchezze. Ti sto solo dicendo di pensarci bene prima di prendere decisioni così radicali riguardo alla tua vita. Non sono contro il tuo colpo di fulmine».

Mi si è messo davanti e ha unito le mani dietro la schiena.

«Stai dicendo che non c'è nessun problema se mi sono innamorato ma devo pensarci bene prima di sposarmi?».

Ho annuito.

«Secondo te questo non è un atteggiamento da eterosessuali? Perché dovrei comportarmi come un borghese eterosessuale? Se voglio vivere come mi pare e fino in fondo, che male c'è? Se voglio sposarmi, ad occhi chiusi, con l'uomo che amo ma che ho appena conosciuto, ancora, che male c'è?».

Ci siamo fissati senza dire nulla. Ho cercato di nuovo di essere accondiscendente.

«Vivi come ti pare, mio caro Fofo... Solo che...».

«Adesso sei contro il matrimonio?».

«Non ho detto neanche una parola contro il matrimonio».

«Uffa! Non lo so...». Si è abbandonato sulla sedia. Si è preso la testa fra le mani. «Forse sono un po' teso in questo periodo. Te ne sarai accorta...».

Era impossibile non accorgersene...

«Ma...» ho detto; ho preso i bicchieri e sono andata verso il banco per riempirli di nuovo di tè. «Vuoi che ne parliamo?».

«Non c'è niente da dire». Mi è venuto vicino. «Ma forse sì... Uffa... Non lo so... Davvero...».

«Che sta succedendo, Fofo? Da dove è spuntato questo Said?».

Mi ha corretto: «Saeed».

«Cioè, non è turco?».

Ha scosso la testa.

«È nigeriano. È molto bello. Ha trentadue anni».

Cominciavo a capire. Quell'uomo aveva tutte le qualità perché Fofo se ne innamorasse follemente... Lui adora gli uomini giovani, belli e sportivi. Se state pensando «Ma a chi non piacerebbe uno così?», avete ragione.

«Dove vi siete conosciuti?».

«Quante domande mi fai!».

Questa frase significava che si erano conosciuti in un contesto che io non avrei ritenuto ragionevole. «Vi siete conosciuti su internet? Su uno di quei siti gay?».

Ha preso i bicchieri pieni di tè che avevo lasciato sul banco.

«Che importanza ha dove ci siamo conosciuti? Davvero... Diciamo che ci siamo conosciuti su internet... E allora?».

«Va bene» ho detto, arrendendomi. «Se lo dici tu... E di che cosa volevi parlarmi?».

Mi ha guardato in faccia con vero stupore.

«Sono stato io a voler parlare con te? Ne sei sicura? Sono stato io a voler parlare?».

Forse tutti cercavano di farmi impazzire. Da una parte gli attentatori e Fofo, dall'altra gli arabi che non leggono libri... Comunque mi sono sforzata di non perdere la calma.

«Volevi andare a passeggiare... vai, se vuoi. Fra poco chiudo e vado a casa anch'io. Non penso che qualcuno avrà il coraggio di venire qui a comprare libri. Hai visto, una volta scomparsi i turisti, il quartiere è diventato deserto...». Ho indicato con la testa fuori dalla vetrina. «Guarda, è completamente deserto, come se fosse caduta la bomba atomica».

Si è abbandonato sulla poltrona Joséphine comprata da un robivecchi, il mobile principale del caffè, con l'atteggiamento di una principessa asburgica.

«Adesso inizio a dare i numeri!».

«Che coincidenza» ho mormorato. «Se va avanti così, pure io...».

«Ci mancavano solo le bombe... La nostra vita non è già abbastanza difficile?».

«A dire il vero, se guardi le altre vite... Per esempio i siriani che vivono per strada... Non penso che abbiamo una vita così difficile...».

Si è tirato su.

«Se lo pensi davvero, mentre io sono a Barcellona a divertirmi tu, qui, ti puoi consolare osservando la vita degli altri».

I nostri sguardi si sono incrociati.

«Cosa succede?» ho mormorato. Perché c'era tutta quella tensione tra noi? «Per via degli allarmi bomba?».

Ha messo su il broncio.

«Sì, le bombe hanno dato il loro contributo, ma in realtà Saeed...».

«Che problemi ci sono con lui?».

«Nessuno. A dire il vero non so se ci siano problemi o meno, tuttavia... Saeed è scomparso. È da cinque giorni che non ho più sue notizie. L'ultima volta ci siamo visti nel suo giorno libero... Sabato... Da allora non si è più fatto sentire. Ha sempre il telefono spento. Pensi che gli sia successa qualcosa di brutto?».

«Ma cosa vuoi che succeda, non è mica un bambino... Forse ha perso il telefono, oppure si trova in un posto dove non può chiamare. Per esempio, non potrebbe essere andato in ritiro con la sua squadra?».

«Ma che dici? Ti ho forse detto che gioca nel Barcellona? Di quale ritiro stai parlando? La squadra non ha i soldi per andarci. È solo una squadra di un campionato amatoriale...». Gli sono spuntate le lacrime agli occhi. «Mi vengono in mente solo cose brutte. Saeed è una persona che ha avuto una vita piena di disavventure... È così simile a me...».

«Ma cosa dici? Tu hai avuto una vita piena di disavventure?».

«Certo. Solo a questa età ho trovato il vero amore... Se questa non è una grande disavventura...». Quando ha notato l'espressione sul mio viso ha aggiunto: «Ho capito. Non riuscirò a convincerti che questa volta mi sono innamorato davvero».

«Non c'entra nulla. Sono rimasta meravigliata perché pare che tutto sia successo in pochissimo tempo». A dire il vero mi ero anche offesa. «Perché non me l'hai detto prima?».

Ha sollevato le mani al cielo come se pregasse.

«Perché?... Forse è come dici tu: magari perché tutto è successo in pochissimo tempo. Inoltre ti sarai accorta che non abbiamo neanche più tempo per parlare, visto che lavoriamo sette giorni su sette e dieci ore al giorno...».

Accorgendomi che la discussione avrebbe preso una brutta piega per me, ho fatto marcia indietro. «Che disavventure ha avuto Saeed?».

«Non ne parliamo nemmeno... L'hanno scoperto quando giocava al pallone in Nigeria...».

«Che bello! Ogni giovane talento vorrebbe essere scoperto».

«Non è come immagini... La persona che ha scoperto il mio povero sventurato era un truffatore... Uno che diceva di essere un manager, sbarcato in Africa in cerca di giovani talenti per le squadre di calcio turche. Un giorno ha bussato alla sua porta. Ti parlo di sedici anni fa. Era il periodo in cui il calcio turco era al suo apice e tutto il mondo ne parlava... Se ti ricordi, dopo un paio di anni la Nazionale sarebbe arrivata terza ai Mondiali...».

«Mi stai dicendo che quello lì non era un manager ma solo un truffatore?».

«E certo! Ma quale manager! Una volta arrivati a Istanbul, ha abbandonato i giovani calciatori presi in

Nigeria ed è sparito dalla circolazione. Di lui non si sono più avute notizie».

«Ma almeno li ha portati fino a Istanbul» ho detto. «Allora, le condizioni di vita erano migliori rispetto a quelle africane».

«Sei proprio uno spasso!». Ha riso. «Non l'ha fatto mica per beneficenza! Tra il viaggio, il visto e le altre spese, gli ha chiesto cinquemila dollari».

Mi è scappato un piccolo urlo. «E lui glieli ha dati?».

«Certo che glieli ha dati. Però non cinquemila, solo tre. Come faceva a non darglieli? La sua vita sarebbe cambiata, sarebbe diventato ricco sfondato, avrebbe giocato nel Galatasaray... Un terno al lotto».

«Scusami, ma se l'è cercata. Come fai a dare così tanti soldi a uno sconosciuto?».

«Non era uno sconosciuto qualsiasi... Aveva la tessera della Federazione calcistica turca, lettere scritte sui fogli con lo stemma del Galatasaray, e poi la corrispondenza dall'indirizzo mail del club... Erano tutte balle, certo. Il tipo era un truffatore di professione...».

«Ma che peccato! Meno male che ha contrattato. In realtà non sono pochi neanche tremila dollari. E poi in Africa...».

«Non ne parliamo nemmeno! Non ti dico come ha trovato quei soldi... Ha convinto la sua famiglia a vendere la casa dove abitavano».

Avevo la pelle d'oca.

«Incredibile! Quante cose succedono al mondo».

Ha annuito.

«Deve aver pensato: Tanto vado a giocare nel Galatasaray, guadagno un sacco di soldi e gli compro la migliore delle case».

«È una storia molto amara questa».

«È una storia amara per tutti noi, ma è la storia della sua vita... Non è più riuscito a tornare, per la figura che avrebbe fatto con la famiglia e tutti i suoi conoscenti...».

«E cosa ha fatto quando è rimasto completamente solo a Istanbul?».

«Certo, non era completamente solo... C'erano altri giocatori nigeriani caduti nella trappola dello stesso tizio. In quel periodo c'erano un sacco di sedicenti manager che raccattavano giovani in ogni angolo dell'Africa e li portavano qui. Quando il Comune di Fatih si è reso conto della situazione, ha messo su una squadra con questi giocatori africani truffati. Per un certo periodo ha giocato lì nella speranza di essere scoperto, e poi è passato a una squadra di provincia; ora, da un paio di anni, gioca nel Vahdettinspor...».

Quando ho sentito il nome del club, mi è scappato da ridere.

«Forse in onore dell'ultimo sultano ottomano Vahdettin...».

«Probabilmente sì. Magari sono persone che si possono definire neo-ottomani...».

«Cosa vuol dire magari? E che grande amore è mai questo? Non hai conosciuto i suoi compagni di squadra? Non hai seguito una loro partita o un loro allenamento?».

Ha abbassato lo sguardo.

«Io avrei voluto vederlo giocare ma lui non voleva».
«E perché?».
«Sia il presidente sia la maggior parte dei giocatori sono islamisti e conservatori. Se venisse fuori che è gay, lo caccerebbero subito via». Ha abbassato il capo. «Non voleva farsi vedere in giro con me...».

Era possibile che fino ad ora non mi avesse mai parlato di Saeed a causa di questa situazione umiliante. Ho provato un moto d'affetto.

«Andando a Barcellona, si risolverebbero tutti questi problemi...». Gli tremava la voce. Non potevo affliggerlo ancora di più. Ho annuito come se fossi convinta di queste sue parole.

«Aiutami, Kati, ti prego!».
«Cosa posso fare, tesoro?».
«In realtà ho un'idea...».
L'ho guardato arricciando la fronte.
«Ah sì?» ho detto. «Dimmi un po'...».
«Non è una cosa che ti farebbe perdere troppo tempo...». Sembrava come risuscitato. Ha iniziato a parlare, senza interruzioni, per convincermi. «Non mi priverai di un piccolo aiuto per una questione così importante per me, vero? E poi l'hai detto anche tu, in una giornata come questa nessuno viene a comprare libri. Pensavi di chiudere il negozio e andartene a casa. Non è lontano, è a Kurtuluş... Così facciamo una breve passeggiata...».

Con la mano gli ho fatto segno di fermarsi.

«Se vuoi, prima illustrami la tua idea».

Ha raccontato senza prendere fiato: insieme saremmo andati alla sede della squadra e lì io avrei cercato di sapere che fine avesse fatto Saeed, con Fofo accanto a me bravo e buono, così non sarebbe stata intaccata la virilità di Saeed.

«Che ne dici? Non è una buona idea? Se te lo chiedono, rispondi che sei la moglie di Saeed e vi siete sposati col rito religioso».

«Non esageriamo!» ho detto. Anch'io ho il mio orgoglio. Non posso accettare neanche come ipotesi di essere una delle tante mogli di un uomo sposato col rito religioso. «Questo assolutamente no!».

«Allora dici che sei la sua ragazza. Cioè... non lo dici apertamente, lo lasci intendere».

«Mah... Lui è molto più giovane di me... Ai conservatori non piacciono queste cose».

«Figurati, che problemi ti fai! Come fanno a sapere quanti anni hai? Tu non dimostri assolutamente la tua età... Al massimo, trentacinque o quarant'anni».

Ho riso di gusto: a essere sincera, mi aveva fatto piacere quell'osservazione.

«Pur di convincermi, diresti di tutto».

Si è alzato ed è andato davanti allo specchio che copriva una delle pareti del caffè.

«Vieni tu stessa a vedere».

«Sei buffo. Io mi vedo ogni mattina» ho detto tutta compiaciuta. In realtà, in una giornata così, invece di stare in quel quartiere dal quale scappavano tutti, era una buona idea andare a Kurtuluş. «Va bene, proviamo... Hai una foto di Saeed? Così almeno so com'è».

«Certo che ce l'ho! Ho fatto un sacco di selfie». Mi ha passato il cellulare. La foto di Fofo con un uomo bruno, guancia a guancia, occupava l'intero schermo. «È bello, vero? Questa è la nostra ultima foto... L'ho fatta sabato scorso, quando ci siamo visti. Se scorri indietro ce ne sono altre...».

Mi sono messa gli occhiali e ho iniziato a osservarle tutte, da quella più recente fino alle vecchie, poi di nuovo in ordine cronologico, piena di stupore.

«Fofo!» ho detto. «C'è qualcosa di strano in queste foto».

Ha guardato da sopra le mie spalle. «Una coppia innamorata... Cosa c'è di strano?».

«È cambiato il colore della sua pelle! Non te ne sei mai accorto? Guarda, nelle prime foto...».

«Ah sì», ha detto tutto tranquillo. «Si vede anche nelle foto, vero? La pelle gli si è schiarita un po'. Per via della crema che usa...».

«Si è schiarita?... Un po'?... Crema?... Ma di quale crema parli?».

«Quando ci siamo conosciuti, nel giro di pochi giorni ci sarebbe stato il suo compleanno. Come regalo mi ha chiesto una crema... Una crema speciale che schiarisce la pelle; si compra su internet». Ha scrollato le spalle. «Non costa molto, non ti preoccupare».

Quello che mi puzzava non c'entrava col prezzo del regalo. Assolutamente.

«Ho capito, non sapevo che ci fosse una crema in grado di schiarire la pelle...».

«Produzione speciale per gli africani... Le persone possono avere delle ossessioni...».

«Più che ossessioni...» ho detto, ma poi non ho continuato la frase. La mia curiosità aumentava sempre più. «Dài, andiamo».

Fofo si è dato da fare in un modo incredibile. Non ha voluto che toccassi niente: da solo, in dieci minuti, ha messo a posto tutto, ha spento la cassa, il computer e le macchine del locale, con rumore ha tirato giù le saracinesche. Siamo passati lungo le strade deserte e siamo saliti verso Şişhane nella speranza di trovare un taxi.

Siamo arrivati nella piazza che una volta si chiamava Tatavla: sembrava bisbigliarci di essere stato, a suo tempo, uno dei posti più incantevoli della città, con quella sua bella chiesa greco-ortodossa, con la fontana ottomana ormai in disuso un po' più giù e, in un angolo, il caffè all'aperto dove potevi sederti comodamente sotto gli alberi. Anche questa, come tante altre, aveva già da tempo perso la sua funzione di piazza. Oggi è usata come fermata principale, un parcheggio dove gli autobus stanno uno accanto all'altro, e il nuovo nome indica il suo scopo attuale: Kurtuluş – Ultima Fermata. Ho pensato che l'unico scopo per cui le piazze erano state sistematicamente eliminate non poteva essere il lucro, o una sbagliata concezione urbanistica. I regimi totalitari e dittatoriali ce l'avevano proprio con le piazze, luoghi dove la gente si raduna.

Fofo si è diretto verso la discesa che andava a Dolapıdere. L'ho seguito a passi veloci.

«Secondo Google Maps, il club dovrebbe essere da queste parti...». Mi ha guardato con la coda dell'occhio. «Se vuoi, chiedi a qualcuno...».

Mi sono avvicinata ai signori che erano seduti sugli sgabelli sotto un pergolato, sul marciapiede, a fumare sigarette. Dopo aver augurato loro una buona giornata, ho detto che cercavamo la sede del Vahdettinspor. Tutti insieme ci hanno squadrato da capo a piedi, senza rispondere. Uno di loro ha indicato con la mano la discesa.

«Dovete scendere da lì, e passato il droghiere Şevket...». Per un attimo ha esitato. «Non so se riuscirete a trovarlo... Quelle zone sono piuttosto complicate».

«Lo troviamo» ho detto. «Lei ce lo indichi pure, semmai chiediamo a qualcun altro ancora».

Ci ha osservati di nuovo con attenzione e ha scosso il capo.

«Non potete trovarlo!» ha risposto sicuro di sé. «Vi ci porta il garzone». Ha chiamato il giovanotto di circa quindici anni che spazzava il marciapiede poco lontano. «Rasim! Ascolta la signora...».

Il ragazzo ha lasciato la scopa e di corsa è venuto da noi.

«Mi dica, sorella!».

L'uomo, senza darmi la possibilità di parlare, si è lanciato nella spiegazione.

«Stanno cercando la sede del Vahdettinspor. Accompagnali tu. Al ritorno passa anche da casa...».

«Va bene, padrone!».

Ci siamo messi dietro a Rasim e abbiamo cominciato a scendere la strada ripida. Non avevo intenzione di perdere questa occasione, e anche Fofo ha iniziato ad alzare le sopracciglia e a socchiudere gli occhi, per spingermi a parlare.

«Ti piace il calcio?».

Mi ha guardato con un'espressione sorpresa: pareva avesse trovato assurda la mia domanda.

«Come no, sorella? Il calcio, ormai, piace anche alle donne... Io tifo per il Beşiktaş! Quest'anno, sicuro, il campionato è nostro...».

«Siamo tutti tifosi del Beşiktaş» ho detto.

Dopo queste mie parole, Rasim ha chinato la testa per salutarci come se ci avesse appena visti.

«Demba Ba!» ha detto Fofo.

«Lui, l'estate scorsa, ha lasciato il Beşiktaş, fratello. È andato in Cina».

«E tu giochi a calcio? Vai a vederlo spesso il Vahdettinspor?».

«No, io non gioco, sorella. Guardo le partite del Beşiktaş, quando le danno in tv».

«E che ne pensi del Vahdettinspor? Secondo te gioca bene?».

«No, sorella, ma che giocare bene... Loro sono in un campionato amatoriale».

«Avranno pure dei bravi calciatori...».

«Non lo so, sorella. Forse sì». Si è fermato un attimo a ragionarci su. «Ma no, sorella. Un bravo calciatore cosa ci fa in una squadra di dilettanti?».

Con Fofo ci siamo guardati furtivamente.

«Noi stiamo cercando uno dei loro calciatori...» ho replicato. «Forse tu lo conosci».

Rasim sembrava preoccupato di aver detto qualcosa di sbagliato.

«Forse ce l'hanno qualche bravo giocatore... Io non

lo so, sorella. Non li conosco». Poi ha alzato la mano come se volesse impedirmi di fare altre domande. «Ascolta, sorella, da qui dovete prendere la prima via a sinistra e poi la terza a destra. Vedrete un palazzo azzurro con un pennone per bandiera. Se non lo trovate, potete chiedere di nuovo». Appena finita la frase, si è allontanato a passi veloci senza neanche salutarci.

Fofo, guardando Rasim, ha commentato: «Strano, vero? Un ragazzo strano».

«Secondo me, invece, è un ragazzo normalissimo che non vuole avere guai... Non sa chi siamo, chi cerchiamo e perché. Non può avere nessun tornaconto. Perché dovrebbe occuparsi di noi?».

«Gli abbiamo solo fatto un paio di domande...».

«Anche meno. Stiamo vivendo in un periodo dove la gente ha paura della propria ombra».

«Pure lui aveva paura, vero? Ecco. Sì, ha avuto paura di noi. Ma perché?».

«Esattamente come te, che hai paura di parlare, di far capire che sei gay. La paura è così... Se ti prende l'anima, diventa poi difficile scacciarla. Anche se non ha alcun fondamento, la porti con te, sempre e ovunque».

«Che ne sai tu?».

Ho riso amaramente.

«Io sono figlia di un padre ebreo, sopravvissuto al nazismo. I miei parenti sono morti nei campi di concentramento...». Mi è venuto il magone; ho deglutito. «È tutto scritto nei miei geni...».

Mi ha messo la mano sulla spalla, con tenerezza, e abbiamo fatto qualche passo, appoggiati l'uno all'altra.

«Mio caro Fofo, vorrei farti una domanda... Sei sicuro che Saeed non sia sposato?».

Ha tolto la mano.

«Certo che sono sicuro» ha risposto con voce rotta, senza guardarmi in faccia. «Ci sono cose che tu non sai di noi... Avevamo intenzione di sposarci».

«Me l'hai già detto...».

«Ti sto parlando di una cosa che va oltre questo desiderio. Venerdì mattina saremmo andati insieme al consolato per avviare le procedure».

«Venerdì mattina... Cioè domani».

«Sì». Ancora non mi guardava in faccia.

«Chi di voi due ha avuto l'idea di sposarsi?».

«Abbiamo deciso insieme... Guarda che situazione... Qui ormai l'aria è diventata davvero irrespirabile. Anche con te, quante volte ne abbiamo parlato? Io avevo già in mente di andare via da qui... Saeed pensava di poter trovare migliori opportunità di lavoro in Spagna. Diciamo che è stata una buona coincidenza».

«Ho capito».

«Sei arrabbiata con me perché non te l'ho detto?».

Non gli ho risposto.

«Mica ci si può sposare appena fatta la domanda... C'è la burocrazia, e poi tutto il resto: i documenti da inviare in Spagna, le risposte che si fanno attendere. E poi, una volta sposati, non finisce mica lì. Il visto, il permesso di soggiorno... Dicono che tutte queste procedure durano mesi, forse un anno. Nel frattempo te l'avrei detto». Con voce piagnucolante ha aggiunto: «Non posso anch'io avere un segreto?».

«Chiudiamola qui» ho risposto.

Ugualmente, mi rodeva il dubbio che mi stesse ancora nascondendo qualcosa.

Lo stendardo che fluttuava al vento davanti all'edificio di un solo piano faceva intendere che i colori della squadra erano il bianco e l'azzurro, e aveva come stemma la tughra ottomana dorata. Quando siamo entrati, abbiamo sentito un forte odore di cloro; bruciava la gola. Un addetto stava lavando il pavimento. Fofo si è diretto verso la stanza dove c'era scritto «Direttore tecnico»; l'ho preso per un braccio e l'ho spinto via. In situazioni del genere, la cosa migliore è cominciare dal personale meno importante.

«Buon lavoro» ho augurato con un sorriso all'addetto.

«Grazie, sorella. Chi state cercando?».

«Saeed...».

«Saeed il bruno?».

«Sì, il bruno. L'africano».

«Perché ci sono due Saeed in squadra, perciò ho chiesto...».

Ho sorriso di nuovo, nel modo più affabile possibile.

«Dove lo possiamo trovare?».

«Non so, sono andati via tutti. A quest'ora non viene più nessuno...».

«Non c'è qualcuno che sappia dirci come possiamo rintracciarlo?».

«Sì che c'è, ma come vi ho già detto, sono andati via tutti. Se foste venuti stamattina durante l'allenamento... Però... Un attimo... Forse fratello Sami non è ancora uscito. Se è qui, lui vi può essere d'aiuto. Aspettate, vado a vedere». Ha appoggiato al muro lo zerbino che aveva in mano. È uscito dalla porta da cui poco prima eravamo entrati noi.

«Hai visto, siamo arrivati tardi» si è rammaricato Fofo. «Se fossimo arrivati stamattina...».

«Vieni, andiamo anche noi nel giardino» ho replicato. L'addetto stava parlando con un signore di circa cinquant'anni, in tuta azzurra e bianca, che stava davanti a un chiosco: sembrava un venditore di tè. Quando ci ha visti, con la mano ha fatto segno di avvicinarci.

«Siete voi che cercate Saeed?» ha chiesto. «Chi siete?».

Fofo era una statua di sale.

«Noi... diciamo che... siamo suoi amici...» ho borbottato.

«Ah, sì?». Questa volta mi ha guardato fisso negli occhi. «Siete suoi amici...».

Ho annuito.

«E lei... Probabilmente lavora per la squadra...».

«Io sono l'aiuto allenatore».

«Non avendo più notizie di Saeed, ci siamo preoccupati» ho detto.

«A dire il vero, anche noi non abbiamo sue notizie da una settimana. Non si è presentato agli allenamenti, e anche i ragazzi non l'hanno più visto. Potrebbe essere che sia andato in un'altra squadra, ma da noi non ha ricevuto la buonuscita... Ieri è venuta una signora... Ha detto di essere la sua fidanzata. Anche lei lo stava cercando».

Fofo era impallidito, faceva fatica a stare in piedi. Era difficile indovinare se stesse male per la notizia che

Saeed avesse una fidanzata o per la conferma della sua sparizione.

«Siediti un attimo» ho detto indicando le sedie di plastica davanti al venditore di tè. Fofo ha accettato subito la mia proposta e ha portato una delle sedie vicino a noi, in modo da sentire i nostri discorsi.

«A chi possiamo chiedere? Ha qualche idea?».

L'uomo ha storto la bocca.

«Quando la signora di ieri se n'è andata, ho chiesto un po' in giro. Ho cercato di far parlare i ragazzi con cui aveva più confidenza».

Fofo era agitato. «Allora?» ha urlato.

«Nessuno ha informazioni precise» ha risposto l'uomo. «Ma...».

«Sì, ma...» ho replicato.

«Secondo me è molto probabile che sia andato all'estero».

«Come all'estero? È tornato in Nigeria?».

«No, non credo. Cosa ci andrebbe a fare lì?». Ha abbassato la voce. «Fanno a pezzi gli uomini, non le leggete le notizie? Lì non c'è Boko Haram? Poi dicono che sono musulmani...».

«Allora, dicendo l'estero...».

«Secondo me, Saeed è andato in Europa» ha detto con espressione seria. «Voi quando l'avete visto per l'ultima volta?».

Ho guardato Fofo con la coda dell'occhio. Speravo che mi avesse detto la verità almeno su questo.

«Sabato scorso».

«Ha notato qualcosa in particolare?».

Ho scrollato le spalle.

«Nooo».

«Quindi non ha notato niente...».

«Forse non ho capito cosa intende dire».

«Nell'ultimo mese... o forse nelle ultime due o tre settimane, la carnagione del viso di Saeed era diventata più chiara».

«Ah, sì!» ho replicato. «Certo che l'ho notato, come no! Pare che stesse usando una crema».

«Una crema?... Adesso che me lo dice... Io mi chiedevo se facessero un intervento o chissà cos'altro. Quindi usavano una crema...».

«Perché parla al plurale? Ce ne sono altri?».

«Quattro mesi fa è sparito un altro nostro calciatore, proprio come Saeed. Prima gli si era schiarita la faccia e poi è scomparso».

«Un attimo, un attimo» ho detto. «Che legame potrebbe esserci tra il colore più chiaro del viso e la loro sparizione?».

«Ecco! Anch'io continuavo a chiedermelo. Quando due persone spariscono una dopo l'altra nello stesso modo, uno si insospettisce».

Ho annuito.

«Vi ho già detto che ho cercato di mettere alle strette i suoi compagni di squadra...».

Fofo non ce l'aveva più fatta, si era alzato e ci era venuto vicino: ora ascoltava l'uomo senza fiatare.

«Quando li ho messi alle strette, hanno vuotato il sacco. Sapete che l'Europa in quest'ultimo periodo accetta soltanto rifugiati siriani... Perciò il passaporto di quel

paese ha acquistato valore. Ad Aksaray, un passaporto siriano lo trovi a tremila euro. Non so se è la mafia, o rubano i passaporti, oppure i siriani li vendono per arricchirsi, ma... come ho già detto, ad Aksaray c'è tutto un mercato... Questi qua cercano di somigliare ai siriani e si mettono in tasca il passaporto, poi si avviano verso l'Europa... Se la svignano. Voi che ne dite?».
Ho deglutito.
«Non so cosa rispondere».
Anche Fofo non aveva la forza di aprir bocca. Si è abbandonato sulla sedia dove era seduto prima.
«Vedete quante cose succedono? Se avessi quei soldi, pure io non starei qua un minuto di più» ha detto. «Ma con lo stipendio che prendo dal club, potrei solo sognarmi sia il passaporto siriano sia l'Europa».
Quando siamo usciti, Fofo ha chiesto: «Che ne dici se camminiamo un po'?».
«Certo, tesoro». L'ho preso sottobraccio.
Aveva chinato la testa.
«Ma stai piangendo?».
Mentre diceva: «Vorrei che venisse ripristinata la pena di morte per quelli che infrangono i cuori della gente», si è messo a singhiozzare. «Ero così innamorato di lui...».
«Vuol dire che lui non ne era convinto».
«E questo che cosa significa ora?».
«Penso che Saeed, se fosse stato sicuro dei tuoi sentimenti, non ti avrebbe lasciato, non sarebbe andato via. Visto che aveva intenzione di scappare in Europa, sarebbe stato molto più logico andarci insieme a te».

«Vuoi dire che non sono innamorato di Saeed quanto penso?».

«È una cosa passeggera... Fra un paio di giorni lo dimenticherai».

«Lo dici solo per consolarmi».

«No, dico quello che penso».

«Hai sentito? Aveva pure una fidanzata...».

«Sì, c'è una donna che dice di essere la fidanzata di Saeed, ma non sappiamo se è vero. Anch'io avrei potuto essere sua moglie, lo sai».

«Mi dici queste cose solo per consolarmi» ha ripetuto.

«Almeno ci riesco?».

«Sì. Le tue parole mi stanno facendo bene». Ha alzato la testa per guardarmi. «Mi sento a pezzi. Non te lo dovevo nascondere».

«Ormai è successo. Basta, è finita».

Per un po' abbiamo camminato in silenzio.

Arrivati quasi a metà della salita, ha detto: «Kati, ti devo rivelare una cosa. Ce n'è ancora un'altra che devi sapere».

«Per esempio, dove Saeed ha trovato quei tremila euro...».

Mi ha guardato in faccia sbigottito. Aveva le guance paonazze.

«L'hai immaginato! Sei tremenda!».

«Ti ha preso solo tremila euro?».

Quando ho visto che era mortificato gli ho detto: «Fregatene. Non voglio saperlo. Chiudiamola qui. Ormai è andata».

«È volato via tutto il denaro ereditato dalla mia zia paterna». Gli scendevano le lacrime agli occhi.

«Poverino» mi sono detta. «Non ci pensare più. Dài, vieni, andiamo a casa». Ho alzato la mano per fermare un taxi.

Fofo si è lanciato dicendo: «La fermata dell'autobus è subito lì... Cosa ce ne facciamo di un taxi? E poi c'è un autobus diretto da qui...».

Indice

Il calcio in giallo

Alicia Giménez-Bartlett Una sinistra speranza	9
Gian Mauro Costa Il passo dell'anatra	61
Francesco Recami Progresso-Audace 3-2	99
Gaetano Savatteri È solo un gioco	147
Marco Malvaldi Donne con le palle	221
Antonio Manzini ... e palla al centro	257
Esmahan Aykol Rifugiato	301

Questo volume è stato stampato
su carta Palatina
delle Cartiere di Fabriano
nel mese di maggio 2016
presso la Leva Printing srl - Sesto S. Giovanni (MI)
e confezionato
presso IGF s.p.a. - Aldeno (TN)

La memoria

Ultimi volumi pubblicati

601 Augusto De Angelis. La barchetta di cristallo
602 Manuel Puig. Scende la notte tropicale
603 Gian Carlo Fusco. La lunga marcia
604 Ugo Cornia. Roma
605 Lisa Foa. È andata così
606 Vittorio Nisticò. L'Ora dei ricordi
607 Pablo De Santis. Il calligrafo di Voltaire
608 Anthony Trollope. Le torri di Barchester
609 Mario Soldati. La verità sul caso Motta
610 Jorge Ibargüengoitia. Le morte
611 Alicia Giménez-Bartlett. Un bastimento carico di riso
612 Luciano Folgore. La trappola colorata
613 Giorgio Scerbanenco. Rossa
614 Luciano Anselmi. Il palazzaccio
615 Guillaume Prévost. L'assassino e il profeta
616 John Ball. La calda notte dell'ispettore Tibbs
617 Michele Perriera. Finirà questa malìa?
618 Alexandre Dumas. I Cenci
619 Alexandre Dumas. I Borgia
620 Mario Specchio. Morte di un medico
621 Giorgio Frasca Polara. Cose di Sicilia e di siciliani
622 Sergej Dovlatov. Il Parco di Puškin
623 Andrea Camilleri. La pazienza del ragno
624 Pietro Pancrazi. Della␣tolleranza
625 Edith de la Héronnière. La ballata dei pellegrini
626 Roberto Bassi. Scaramucce sul lago Ladoga
627 Alexandre Dumas. Il grande dizionario di cucina
628 Eduardo Rebulla. Stati di sospensione
629 Roberto Bolaño. La pista di ghiaccio
630 Domenico Seminerio. Senza re né regno

631 Penelope Fitzgerald. Innocenza
632 Margaret Doody. Aristotele e i veleni di Atene
633 Salvo Licata. Il mondo è degli sconosciuti
634 Mario Soldati. Fuga in Italia
635 Alessandra Lavagnino. Via dei Serpenti
636 Roberto Bolaño. Un romanzetto canaglia
637 Emanuele Levi. Il giornale di Emanuele
638 Maj Sjöwall, Per Wahlöö. Roseanna
639 Anthony Trollope. Il Dottor Thorne
640 Studs Terkel. I giganti del jazz
641 Manuel Puig. Il tradimento di Rita Hayworth
642 Andrea Camilleri. Privo di titolo
643 Anonimo. Romanzo di Alessandro
644 Gian Carlo Fusco. A Roma con Bubù
645 Mario Soldati. La giacca verde
646 Luciano Canfora. La sentenza
647 Annie Vivanti. Racconti americani
648 Piero Calamandrei. Ada con gli occhi stellanti. Lettere 1908-1915
649 Budd Schulberg. Perché corre Sammy?
650 Alberto Vigevani. Lettera al signor Alzheryan
651 Isabelle de Charrière. Lettere da Losanna
652 Alexandre Dumas. La marchesa di Ganges
653 Alexandre Dumas. Murat
654 Constantin Photiadès. Le vite del conte di Cagliostro
655 Augusto De Angelis. Il candeliere a sette fiamme
656 Andrea Camilleri. La luna di carta
657 Alicia Giménez-Bartlett. Il caso del lituano
658 Jorge Ibargüengoitia. Ammazzate il leone
659 Thomas Hardy. Una romantica avventura
660 Paul Scarron. Romanzo buffo
661 Mario Soldati. La finestra
662 Roberto Bolaño. Monsieur Pain
663 Louis-Alexandre Andrault de Langeron. La battaglia di Austerlitz
664 William Riley Burnett. Giungla d'asfalto
665 Maj Sjöwall, Per Wahlöö. Un assassino di troppo
666 Guillaume Prévost. Jules Verne e il mistero della camera oscura
667 Honoré de Balzac. Massime e pensieri di Napoleone
668 Jules Michelet, Athénaïs Mialaret. Lettere d'amore
669 Gian Carlo Fusco. Mussolini e le donne

670 Pier Luigi Celli. Un anno nella vita
671 Margaret Doody. Aristotele e i Misteri di Eleusi
672 Mario Soldati. Il padre degli orfani
673 Alessandra Lavagnino. Un inverno. 1943-1944
674 Anthony Trollope. La Canonica di Framley
675 Domenico Seminerio. Il cammello e la corda
676 Annie Vivanti. Marion artista di caffè-concerto
677 Giuseppe Bonaviri. L'incredibile storia di un cranio
678 Andrea Camilleri. La vampa d'agosto
679 Mario Soldati. Cinematografo
680 Pierre Boileau, Thomas Narcejac. I vedovi
681 Honoré de Balzac. Il parroco di Tours
682 Béatrix Saule. La giornata di Luigi XIV. 16 novembre 1700
683 Roberto Bolaño. Il gaucho insostenibile
684 Giorgio Scerbanenco. Uomini ragno
685 William Riley Burnett. Piccolo Cesare
686 Maj Sjöwall, Per Wahlöö. L'uomo al balcone
687 Davide Camarrone. Lorenza e il commissario
688 Sergej Dovlatov. La marcia dei solitari
689 Mario Soldati. Un viaggio a Lourdes
690 Gianrico Carofiglio. Ragionevoli dubbi
691 Tullio Kezich. Una notte terribile e confusa
692 Alexandre Dumas. Maria Stuarda
693 Clemente Manenti. Ungheria 1956. Il cardinale e il suo custode
694 Andrea Camilleri. Le ali della sfinge
695 Gaetano Savatteri. Gli uomini che non si voltano
696 Giuseppe Bonaviri. Il sarto della stradalunga
697 Constant Wairy. Il valletto di Napoleone
698 Gian Carlo Fusco. Papa Giovanni
699 Luigi Capuana. Il Raccontafiabe
700
701 Angelo Morino. Rosso taranta
702 Michele Perriera. La casa
703 Ugo Cornia. Le pratiche del disgusto
704 Luigi Filippo d'Amico. L'uomo delle contraddizioni. Pirandello visto da vicino
705 Giuseppe Scaraffia. Dizionario del dandy
706 Enrico Micheli. Italo
707 Andrea Camilleri. Le pecore e il pastore
708 Maria Attanasio. Il falsario di Caltagirone
709 Roberto Bolaño. Anversa

710 John Mortimer. Nuovi casi per l'avvocato Rumpole
711 Alicia Giménez-Bartlett. Nido vuoto
712 Toni Maraini. La lettera da Benares
713 Maj Sjöwall, Per Wahlöö. Il poliziotto che ride
714 Budd Schulberg. I disincantati
715 Alda Bruno. Germani in bellavista
716 Marco Malvaldi. La briscola in cinque
717 Andrea Camilleri. La pista di sabbia
718 Stefano Vilardo. Tutti dicono Germania Germania
719 Marcello Venturi. L'ultimo veliero
720 Augusto De Angelis. L'impronta del gatto
721 Giorgio Scerbanenco. Annalisa e il passaggio a livello
722 Anthony Trollope. La Casetta ad Allington
723 Marco Santagata. Il salto degli Orlandi
724 Ruggero Cappuccio. La notte dei due silenzi
725 Sergej Dovlatov. Il libro invisibile
726 Giorgio Bassani. I Promessi Sposi. Un esperimento
727 Andrea Camilleri. Maruzza Musumeci
728 Furio Bordon. Il canto dell'orco
729 Francesco Laudadio. Scrivano Ingannamorte
730 Louise de Vilmorin. Coco Chanel
731 Alberto Vigevani. All'ombra di mio padre
732 Alexandre Dumas. Il cavaliere di Sainte-Hermine
733 Adriano Sofri. Chi è il mio prossimo
734 Gianrico Carofiglio. L'arte del dubbio
735 Jacques Boulenger. Il romanzo di Merlino
736 Annie Vivanti. I divoratori
737 Mario Soldati. L'amico gesuita
738 Umberto Domina. La moglie che ha sbagliato cugino
739 Maj Sjöwall, Per Wahlöö. L'autopompa fantasma
740 Alexandre Dumas. Il tulipano nero
741 Giorgio Scerbanenco. Sei giorni di preavviso
742 Domenico Seminerio. Il manoscritto di Shakespeare
743 André Gorz. Lettera a D. Storia di un amore
744 Andrea Camilleri. Il campo del vasaio
745 Adriano Sofri. Contro Giuliano. Noi uomini, le donne e l'aborto
746 Luisa Adorno. Tutti qui con me
747 Carlo Flamigni. Un tranquillo paese di Romagna
748 Teresa Solana. Delitto imperfetto
749 Penelope Fitzgerald. Strategie di fuga
750 Andrea Camilleri. Il casellante

751 Mario Soldati. ah! il Mundial!
752 Giuseppe Bonarivi. La divina foresta
753 Maria Savi-Lopez. Leggende del mare
754 Francisco García Pavón. Il regno di Witiza
755 Augusto De Angelis. Giobbe Tuama & C.
756 Eduardo Rebulla. La misura delle cose
757 Maj Sjöwall, Per Wahlöö. Omicidio al Savoy
758 Gaetano Savatteri. Uno per tutti
759 Eugenio Baroncelli. Libro di candele
760 Bill James. Protezione
761 Marco Malvaldi. Il gioco delle tre carte
762 Giorgio Scerbanenco. La bambola cieca
763 Danilo Dolci. Racconti siciliani
764 Andrea Camilleri. L'età del dubbio
765 Carmelo Samonà. Fratelli
766 Jacques Boulenger. Lancillotto del Lago
767 Hans Fallada. E adesso, pover'uomo?
768 Alda Bruno. Tacchino farcito
769 Gian Carlo Fusco. La Legione straniera
770 Piero Calamandrei. Per la scuola
771 Michèle Lesbre. Il canapé rosso
772 Adriano Sofri. La notte che Pinelli
773 Sergej Dovlatov. Il giornale invisibile
774 Tullio Kezich. Noi che abbiamo fatto La dolce vita
775 Mario Soldati. Corrispondenti di guerra
776 Maj Sjöwall, Per Wahlöö. L'uomo che andò in fumo
777 Andrea Camilleri. Il sonaglio
778 Michele Perriera. I nostri tempi
779 Alberto Vigevani. Il battello per Kew
780 Alicia Giménez-Bartlett. Il silenzio dei chiostri
781 Angelo Morino. Quando internet non c'era
782 Augusto De Angelis. Il banchiere assassinato
783 Michel Maffesoli. Icone d'oggi
784 Mehmet Murat Somer. Scandaloso omicidio a Istanbul
785 Francesco Recami. Il ragazzo che leggeva Maigret
786 Bill James. Confessione
787 Roberto Bolaño. I detective selvaggi
788 Giorgio Scerbanenco. Nessuno è colpevole
789 Andrea Camilleri. La danza del gabbiano
790 Giuseppe Bonaviri. Notti sull'altura
791 Giuseppe Tornatore. Baarìa
792 Alicia Giménez-Bartlett. Una stanza tutta per gli altri

793 Furio Bordon. A gentile richiesta
794 Davide Camarrone. Questo è un uomo
795 Andrea Camilleri. La rizzagliata
796 Jacques Bonnet. I fantasmi delle biblioteche
797 Marek Edelman. C'era l'amore nel ghetto
798 Danilo Dolci. Banditi a Partinico
799 Vicki Baum. Grand Hotel
800
801 Anthony Trollope. Le ultime cronache del Barset
802 Arnoldo Foà. Autobiografia di un artista burbero
803 Herta Müller. Lo sguardo estraneo
804 Gianrico Carofiglio. Le perfezioni provvisorie
805 Gian Mauro Costa. Il libro di legno
806 Carlo Flamigni. Circostanze casuali
807 Maj Sjöwall, Per Wahlöö. L'uomo sul tetto
808 Herta Müller. Cristina e il suo doppio
809 Martin Suter. L'ultimo dei Weynfeldt
810 Andrea Camilleri. Il nipote del Negus
811 Teresa Solana. Scorciatoia per il paradiso
812 Francesco M. Cataluccio. Vado a vedere se di là è meglio
813 Allen S. Weiss. Baudelaire cerca gloria
814 Thornton Wilder. Idi di marzo
815 Esmahan Aykol. Hotel Bosforo
816 Davide Enia. Italia-Brasile 3 a 2
817 Giorgio Scerbanenco. L'antro dei filosofi
818 Pietro Grossi. Martini
819 Budd Schulberg. Fronte del porto
820 Andrea Camilleri. La caccia al tesoro
821 Marco Malvaldi. Il re dei giochi
822 Francisco García Pavón. Le sorelle scarlatte
823 Colin Dexter. L'ultima corsa per Woodstock
824 Augusto De Angelis. Sei donne e un libro
825 Giuseppe Bonaviri. L'enorme tempo
826 Bill James. Club
827 Alicia Giménez-Bartlett. Vita sentimentale di un camionista
828 Maj Sjöwall, Per Wahlöö. La camera chiusa
829 Andrea Molesini. Non tutti i bastardi sono di Vienna
830 Michèle Lesbre. Nina per caso
831 Herta Müller. In trappola
832 Hans Fallada. Ognuno muore solo
833 Andrea Camilleri. Il sorriso di Angelica
834 Eugenio Baroncelli. Mosche d'inverno

835 Margaret Doody. Aristotele e i delitti d'Egitto
836 Sergej Dovlatov. La filiale
837 Anthony Trollope. La vita oggi
838 Martin Suter. Com'è piccolo il mondo!
839 Marco Malvaldi. Odore di chiuso
840 Giorgio Scerbanenco. Il cane che parla
841 Festa per Elsa
842 Paul Léautaud. Amori
843 Claudio Coletta. Viale del Policlinico
844 Luigi Pirandello. Racconti per una sera a teatro
845 Andrea Camilleri. Gran Circo Taddei e altre storie di Vigàta
846 Paolo Di Stefano. La catastròfa. Marcinelle 8 agosto 1956
847 Carlo Flamigni. Senso comune
848 Antonio Tabucchi. Racconti con figure
849 Esmahan Aykol. Appartamento a Istanbul
850 Francesco M. Cataluccio. Chernobyl
851 Colin Dexter. Al momento della scomparsa la ragazza indossava
852 Simonetta Agnello Hornby. Un filo d'olio
853 Lawrence Block. L'Ottavo Passo
854 Carlos María Domínguez. La casa di carta
855 Luciano Canfora. La meravigliosa storia del falso Artemidoro
856 Ben Pastor. Il Signore delle cento ossa
857 Francesco Recami. La casa di ringhiera
858 Andrea Camilleri. Il gioco degli specchi
859 Giorgio Scerbanenco. Lo scandalo dell'osservatorio astronomico
860 Carla Melazzini. Insegnare al principe di Danimarca
861 Bill James. Rose, rose
862 Roberto Bolaño, A. G. Porta. Consigli di un discepolo di Jim Morrison a un fanatico di Joyce
863 Stefano Benni. La traccia dell'angelo
864 Martin Suter. Allmen e le libellule
865 Giorgio Scerbanenco. Nebbia sul Naviglio e altri racconti gialli e neri
866 Danilo Dolci. Processo all'articolo 4
867 Maj Sjöwall, Per Wahlöö. Terroristi
868 Ricardo Romero. La sindrome di Rasputin
869 Alicia Giménez-Bartlett. Giorni d'amore e inganno
870 Andrea Camilleri. La setta degli angeli
871 Guglielmo Petroni. Il nome delle parole
872 Giorgio Fontana. Per legge superiore

873 Anthony Trollope. Lady Anna
874 Gian Mauro Costa, Carlo Flamigni, Alicia Giménez-Bartlett, Marco Malvaldi, Ben Pastor, Santo Piazzese, Francesco Recami. Un Natale in giallo
875 Marco Malvaldi. La carta più alta
876 Franz Zeise. L'Armada
877 Colin Dexter. Il mondo silenzioso di Nicholas Quinn
878 Salvatore Silvano Nigro. Il Principe fulvo
879 Ben Pastor. Lumen
880 Dante Troisi. Diario di un giudice
881 Ginevra Bompiani. La stazione termale
882 Andrea Camilleri. La Regina di Pomerania e altre storie di Vigàta
883 Tom Stoppard. La sponda dell'utopia
884 Bill James. Il detective è morto
885 Margaret Doody. Aristotele e la favola dei due corvi bianchi
886 Hans Fallada. Nel mio paese straniero
887 Esmahan Aykol. Divorzio alla turca
888 Angelo Morino. Il film della sua vita
889 Eugenio Baroncelli. Falene. 237 vite quasi perfette
890 Francesco Recami. Gli scheletri nell'armadio
891 Teresa Solana. Sette casi di sangue e una storia d'amore
892 Daria Galateria. Scritti galeotti
893 Andrea Camilleri. Una lama di luce
894 Martin Suter. Allmen e il diamante rosa
895 Carlo Flamigni. Giallo uovo
896 Maj Sjöwall, Per Wahlöö. Il milionario
897 Gian Mauro Costa. Festa di piazza
898 Gianni Bonina. I sette giorni di Allah
899 Carlo María Domínguez. La costa cieca
900
901 Colin Dexter. Niente vacanze per l'ispettore Morse
902 Francesco M. Cataluccio. L'ambaradan delle quisquiglie
903 Giuseppe Barbera. Conca d'oro
904 Andrea Camilleri. Una voce di notte
905 Giuseppe Scaraffia. I piaceri dei grandi
906 Sergio Valzania. La Bolla d'oro
907 Héctor Abad Faciolince. Trattato di culinaria per donne tristi
908 Mario Giorgianni. La forma della sorte
909 Marco Malvaldi. Milioni di milioni
910 Bill James. Il mattatore

911 Esmahan Aykol, Andrea Camilleri, Gian Mauro Costa, Marco Malvaldi, Antonio Manzini, Francesco Recami. Capodanno in giallo
912 Alicia Giménez-Bartlett. Gli onori di casa
913 Giuseppe Tornatore. La migliore offerta
914 Vincenzo Consolo. Esercizi di cronaca
915 Stanisław Lem. Solaris
916 Antonio Manzini. Pista nera
917 Xiao Bai. Intrigo a Shanghai
918 Ben Pastor. Il cielo di stagno
919 Andrea Camilleri. La rivoluzione della luna
920 Colin Dexter. L'ispettore Morse e le morti di Jericho
921 Paolo Di Stefano. Giallo d'Avola
922 Francesco M. Cataluccio. La memoria degli Uffizi
923 Alan Bradley. Aringhe rosse senza mostarda
924 Davide Enia. maggio '43
925 Andrea Molesini. La primavera del lupo
926 Eugenio Baroncelli. Pagine bianche. 55 libri che non ho scritto
927 Roberto Mazzucco. I sicari di Trastevere
928 Ignazio Buttitta. La peddi nova
929 Andrea Camilleri. Un covo di vipere
930 Lawrence Block. Un'altra notte a Brooklyn
931 Francesco Recami. Il segreto di Angela
932 Andrea Camilleri, Gian Mauro Costa, Alicia Giménez-Bartlett, Marco Malvaldi, Antonio Manzini, Francesco Recami. Ferragosto in giallo
933 Alicia Giménez-Bartlett. Segreta Penelope
934 Bill James. Tip Top
935 Davide Camarrone. L'ultima indagine del Commissario
936 Storie della Resistenza
937 John Glassco. Memorie di Montparnasse
938 Marco Malvaldi. Argento vivo
939 Andrea Camilleri. La banda Sacco
940 Ben Pastor. Luna bugiarda
941 Santo Piazzese. Blues di mezz'autunno
942 Alan Bradley. Il Natale di Flavia de Luce
943 Margaret Doody. Aristotele nel regno di Alessandro
944 Maurizio de Giovanni, Alicia Giménez-Bartlett, Bill James, Marco Malvaldi, Antonio Manzini, Francesco Recami. Regalo di Natale
945 Anthony Trollope. Orley Farm

946 Adriano Sofri. Machiavelli, Tupac e la Principessa
947 Antonio Manzini. La costola di Adamo
948 Lorenza Mazzetti. Diario londinese
949 Gian Mauro Costa, Alicia Giménez-Bartlett, Marco Malvaldi, Antonio Manzini, Francesco Recami. Carnevale in giallo
950 Marco Steiner. Il corvo di pietra
951 Colin Dexter. Il mistero del terzo miglio
952 Jennifer Worth. Chiamate la levatrice
953 Andrea Camilleri. Inseguendo un'ombra
954 Nicola Fantini, Laura Pariani. Nostra Signora degli scorpioni
955 Davide Camarrone. Lampaduza
956 José Roman. Chez Maxim's. Ricordi di un fattorino
957 Luciano Canfora. 1914
958 Alessandro Robecchi. Questa non è una canzone d'amore
959 Gian Mauro Costa. L'ultima scommessa
960 Giorgio Fontana. Morte di un uomo felice
961 Andrea Molesini. Presagio
962 La partita di pallone. Storie di calcio
963 Andrea Camilleri. La piramide di fango
964 Beda Romano. Il ragazzo di Erfurt
965 Anthony Trollope. Il Primo Ministro
966 Francesco Recami. Il caso Kakoiannis-Sforza
967 Alan Bradley. A spasso tra le tombe
968 Claudio Coletta. Amstel blues
969 Alicia Giménez-Bartlett, Marco Malvaldi, Antonio Manzini, Francesco Recami, Alessandro Robecchi, Gaetano Savatteri. Vacanze in giallo
970 Carlo Flamigni. La compagnia di Ramazzotto
971 Alicia Giménez-Bartlett. Dove nessuno ti troverà
972 Colin Dexter. Il segreto della camera 3
973 Adriano Sofri. Reagì Mauro Rostagno sorridendo
974 Augusto De Angelis. Il canotto insanguinato
975 Esmahan Aykol. Tango a Istanbul
976 Josefina Aldecoa. Storia di una maestra
977 Marco Malvaldi. Il telefono senza fili
978 Franco Lorenzoni. I bambini pensano grande
979 Eugenio Baroncelli. Gli incantevoli scarti. Cento romanzi di cento parole
980 Andrea Camilleri. Morte in mare aperto e altre indagini del giovane Montalbano
981 Ben Pastor. La strada per Itaca

982 Esmahan Aykol, Alan Bradley, Gian Mauro Costa, Maurizio de Giovanni, Nicola Fantini e Laura Pariani, Alicia Giménez-Bartlett, Francesco Recami. La scuola in giallo
983 Antonio Manzini. Non è stagione
984 Antoine de Saint-Exupéry. Il Piccolo Principe
985 Martin Suter. Allmen e le dalie
986 Piero Violante. Swinging Palermo
987 Marco Balzano, Francesco M. Cataluccio, Neige De Benedetti, Paolo Di Stefano, Giorgio Fontana, Helena Janeczek. Milano
988 Colin Dexter. La fanciulla è morta
989 Manuel Vázquez Montalbán. Galíndez
990 Federico Maria Sardelli. L'affare Vivaldi
991 Alessandro Robecchi. Dove sei stanotte
992 Nicola Fantini e Laura Pariani, Marco Malvaldi, Dominique Manotti, Antonio Manzini, Francesco Recami, Gaetano Savatteri. La crisi in giallo
993 Jennifer Worth. Tra le vite di Londra
994 Hai voluto la bicicletta. Il piacere della fatica
995 Alan Bradley. Un segreto per Flavia de Luce
996 Giampaolo Simi. Cosa resta di noi
997 Alessandro Barbero. Il divano di Istanbul
998 Scott Spencer. Un amore senza fine
999 Antonio Tabucchi. La nostalgia del possibile
1000 La memoria di Elvira
1001 Andrea Camilleri. La giostra degli scambi
1002 Enrico Deaglio. Storia vera e terribile tra Sicilia e America
1003 Francesco Recami. L'uomo con la valigia
1004 Fabio Stassi. Fumisteria
1005 Alicia Giménez-Bartlett, Marco Malvaldi, Antonio Manzini, Santo Piazzese, Francesco Recami, Gaetano Savatteri. Turisti in giallo
1006 Bill James. Un taglio radicale
1007 Alexander Langer. Il viaggiatore leggero. Scritti 1961-1995
1008 Antonio Manzini. Era di maggio
1009 Alicia Giménez-Bartlett. Sei casi per Petra Delicado
1010 Ben Pastor. Kaputt Mundi
1011 Nino Vetri. Il Michelangelo
1012 Andrea Camilleri. Le vichinghe volanti e altre storie d'amore a Vigàta
1013 Elvio Fassone. Fine pena: ora
1014 Dominique Manotti. Oro nero

1015 Marco Steiner. Oltremare
1016 Marco Malvaldi. Buchi nella sabbia
1017 Pamela Lyndon Travers. Zia Sass
1018 Giosuè Calaciura, Gianni Di Gregorio, Antonio Manzini, Fabio Stassi, Giordano Tedoldi, Chiara Valerio. Storie dalla città eterna
1019 Giuseppe Tornatore. La corrispondenza
1020 Rudi Assuntino, Wlodek Goldkorn. Il guardiano. Marek Edelman racconta
1021 Antonio Manzini. Cinque indagini romane per Rocco Schiavone
1022 Lodovico Festa. La provvidenza rossa
1023 Giuseppe Scaraffia. Il demone della frivolezza
1024 Colin Dexter. Il gioiello che era nostro
1025 Alessandro Robecchi. Di rabbia e di vento
1026 Yasmina Khadra. L'attentato
1027 Maj Sjöwall, Tomas Ross. La donna che sembrava Greta Garbo
1028 Daria Galateria. L'etichetta alla corte di Versailles. Dizionario dei privilegi nell'età del Re Sole
1029 Marco Balzano. Il figlio del figlio
1030 Marco Malvaldi. La battaglia navale
1031 Fabio Stassi. La lettrice scomparsa